美国中文传承语教育的历史演进

刘丽敏 著

Historical Evolution of
Chinese Heritage Language Education
in the United States

上海交通大学出版社
SHANGHAI JIAO TONG UNIVERSITY PRESS

内容提要

美国中文传承语教育已走过 170 余年的历史,尽管几经沉浮却依然砥砺前行。这既得益于一代代华人的坚守,也离不开祖籍国中国的扶持以及住在国美国的推动。本书以时间为序,系统梳理了美国中文传承语教育的发展历程,重点关注其与中美两国宏观语言规划之间的互动关系;同时,结合俄克拉何马州静水中文学校的具体案例,从微观层面展示美国华人支持中文传承语教育的动因与行动,前瞻性地讨论了其在全球化背景下面临的新机遇和新挑战。希望本书能让读者对美国中文传承语教育有一个全面而深入的了解,并为后续的讨论与研究提供有价值的启示。

图书在版编目(CIP)数据

美国中文传承语教育的历史演进 / 刘丽敏著.
上海 : 上海交通大学出版社,2025. 4. -- ISBN 978-7-313-
32002-5

Ⅰ. H195. 1

中国国家版本馆 CIP 数据核字第 2024FE9034 号

美国中文传承语教育的历史演进
MEIGUO ZHONGWEN CHUANCHENGYU JIAOYU DE LISHI YANJIN

著　　者:刘丽敏			
出版发行:上海交通大学出版社	地　　址:上海市番禺路 951 号
邮政编码:200030	电　　话:021 - 64071208
印　　制:常熟市文化印刷有限公司	经　　销:全国新华书店
开　　本:710mm×1000mm　1/16	印　　张:13.5
字　　数:223 千字	
版　　次:2025 年 4 月第 1 版	印　　次:2025 年 4 月第 1 次印刷
书　　号:ISBN 978 - 7 - 313 - 32002 - 5	
定　　价:82.00 元	

序

　　当我接到为本书撰写序言的邀请时，内心满是欣喜与感慨。作为导师，见证学生在学术道路上的成长与收获，无疑是一种莫大的幸福。而此次为学生的书稿作序，更是我教学生涯中的一次特别经历，因为这是我第一次为自己学生的书稿写序。

　　这本关于美国中文传承语教育的著作犹如一颗璀璨的明珠，在学术的海洋中熠熠生辉。它不仅是作者读博数年潜心研究的结晶，更是对美国中文传承语教育发展历程的一次认真梳理和深入研究。

　　中文传承语教育，这个概念在过去曾被称为华文教育或中文教育。如今，美国外语界统一将其改为中文传承语教育，这一转变有其独特历程和深刻原因。华文教育和中文教育这两个概念在一定程度上强调了教育的内容是中文以及与华人文化相关的教育活动。然而，随着时代的发展和学术研究的深入，人们逐渐认识到中文传承语教育这一概念更加准确地传达了其本质内涵。

　　中文传承语教育强调的是对中文这一语言的传承。它不仅仅是一种语言教学，更是一种文化的传承和身份认同的构建。对于在美国的华人来说，中文是他们与祖籍国联系的重要纽带，是他们传承家族文化、保持民族特色的关键。通过中文传承语教育，华人后代能够了解和传承中华文化的精髓，增强对自己民族身份的认同感。

　　本书作者以其严谨的学术态度和扎实的研究方法，对美国中文传承语教育的历史演进进行了全面而深入的分析。通过对不同历史时期的政策、社会环境以及华人社区的行动进行研究，作者揭示了美国中文传承语教育发展的内在规律和动力。

　　本书具有重要的学术价值和现实意义。在学术上，它为我们深入了解美国中文传承语教育的发展历程提供了宝贵的资料和参考。通过对历史的回顾，我们可以更好地理解中文传承语教育在不同历史背景下的特点和挑战,为未来的研究提供启示。在现实中,本书也为推动中美文化交流和美国中文传承语教育的发展提供了有益的借鉴。随着全球化的加速和中美关系的不断发展,中文传承语教育在两国的重要性日益凸显。本书的出版有助于促进中美之间的教育合作和文化交流,增进两国人民的相互了解和友谊。

作为作者的导师,我为学生的成就感到骄傲和自豪。还记得在攻读博士学位的过程中,丽敏付出了巨大的努力,展现了坚韧不拔的毅力和卓越的学术能力。丽敏在读博期间曾与我有过一次合作,我们共同在 2018 年第 4 期《福建师范大学学报》(哲学社会科学版)上发表了《我国外国教育史研究方法现状及其反思——基于 1994—2015 年 104 篇博士学位论文的统计分析》一文。

其后,丽敏去美国作了为期一年的访学。期间,根据博士论文主题的需要,她在美国华人间做了广泛的调研。回国后,她完成了《美国华裔子女汉语继承语教育现状与问题》一文的写作,这是一篇几乎没有让我操心的论文。丽敏以独立作者的身份将论文投给了《比较教育研究》,这应当是她首次向该杂志投稿。幸运的是,首稿即中,于 2019 年 12 期刊出。在这里,作为导师,我也非常感谢《比较教育研究》杂志对年轻学者的支持。如果说,《比较教育研究》上的论文是对美国中文传承语教育现状与问题的研究的话,那么本书则是对这一领域的历史回溯,两者相得益彰,大致实现了我一直倡导的希望门下的每位求学者都能打通外国教育史和比较教育学两个研究领域的学术愿望。

我相信,本书只是作者学术生涯的一个新起点,未来她将在学术的道路上继续前行,取得更加丰硕的成果。

我衷心希望本书能够得到广大读者的关注和喜爱,为推动美国中文传承语教育的发展和中美文化交流作出贡献。祝愿作者学有所成、研有所获,不仅将论文写在纸面上,也写在工作中,在学术和工作的天空中都绽放更加绚烂的光彩。

洪 明

2024 年 9 月 10 日

写于福建师范大学

前言

　　2018 年 8 月至 2019 年 8 月,我于美国访学期间,在俄克拉何马州立大学一位华人学者的引荐下,到静水中文学校担任中文教师志愿者。这段经历让我近距离接触了一些美国华人,深刻感受到了他们对子女传承中文的殷殷期望与辛勤付出。缘于此,我萌生了梳理美国中文传承语教育发展历程的想法,这是撰写此书的初心。换言之,希望通过回望来时路,为美国中文传承语教育的阔步向前和永续发展尽绵薄之力。

　　美国中文传承语教育是华人移民美国的产物,其历史可追溯至 19 世纪中叶。1848 年以降,在美国加利福尼亚州"淘金热"的驱使下,我国广东沿海一带的大批民众踏上跨越太平洋的漫漫长路,历经艰险抵达承载着他们"黄金梦"的美洲大陆。在新的土地上,他们聚族而居、互助守望,逐渐形成华人社区。凭借对祖籍国文化的眷念和对子女教育的重视,他们在中国城开办传统私塾,由此揭开美国中文传承语教育的序幕。

　　然而,中文传承语教育在美国的发展并非一帆风顺。在历史的进程中,它经历了诸多的挑战和困难。1882 年美国政府通过《排华法案》,华人的社会地位急剧下降,他们被封闭隔离于中国城之中;二战时,社区中文学校在战时面临着生源和师资紧张的问题;中华人民共和国成立后,中美关系的敌对以及中国政府对双重国籍制度的调整,促使历代华人曾经苦苦保持的"中国性"逐渐减弱。以上种种均对其发展产生严重的影响。尽管如此,美国华人始终没有放弃,在坚守与抗争中维系着与祖籍国语言和文化的联系。

　　随着时间的推移,美国政府的语言政策也在不断变化。在不同的历史时期,美国政府对中文传承语教育采取了不同的态度,从容忍到抑制,再到如今的优先发展。这种变化反映了美国社会对多元文化的逐渐认可和对中文重要性认识的不断提升。

同时,中国政府对美国中文传承语教育的态度也经历了从无视到关注再到重视的转变。中国历届政府不断加大对美国中文传承语教育的帮助和扶持,为其发展提供了有力的支持。特别是改革开放以来,随着中国经济的快速发展和国际影响力的增强,中国政府更加重视国际中文教育事业,积极推动中文在全球的传播。

在这个过程中,华人社区自身也发挥了重要的能动作用。从自发组织到区域性联合,再到全国性联合,华人社区语言规划的自主性逐步提高,并且积累了长久逆境前行、夹缝求生的丰富经验。通过成立各种中文学校组织,华人社区为中文传承语教育的发展搭建了平台,促进了资源的整合和共享。

综上所述,美国中文传承语教育的发展是一个复杂而动态的过程,涉及住在国和祖籍国政府的语言规划、华人社区的主体作用以及华人身份认同的变化。在未来的教育实践中,继续关注这些因素的交互作用将有助于进一步推动中文传承语教育的发展,为中美跨文化交流搭建更为坚实的桥梁。

百余年来,美国中文传承语教育虽几经沉浮却依然砥砺前行,并在 21 世纪迎来新的机遇与挑战。本书对其发展历程进行了初步的整理,希望以此抛砖引玉,助推读者对美国中文传承语教育的认识。倘若能为后续的研究带来些许的启发,则更感荣幸。

刘丽敏

2024 年 9 月 1 日

写于福建农林大学

目录

第一章

概　论

  19 世纪 40 年代,在加利福尼亚州"淘金热"的驱使下,中国广东珠江三角洲一带的民众开始大规模奔赴美国。他们满怀"黄金梦",经历险象环生的跨越太平洋之旅,最终踏上陌生而新奇的美国大地。华人移民在社区兴办中文学校以保持和传承祖籍国的语言和文化,中文传承语教育应运而生。截至目前,美国中文传承语教育已经走过 170 余年的风雨历程。在漫漫的历史长河中,它虽然几经沉浮,但在一代代华人的坚守之下始终砥砺前行,并在 21 世纪以来愈加蓬勃发展,呈现出欣欣向荣的面貌。本章开宗明义,说明研究缘起,界定核心概念,阐释研究目的、理论依据以及研究意义。

第一节　研究缘起

  笔者之所以选择探讨美国中文传承语教育的历史演进,主要缘由可归结为以下几点:

  首先,工作经历和学业背景引领研究兴趣。2018 年 8 月至 2019 年 8 月,笔者在美国俄克拉何马州立大学访学期间,于当地静水中文学校担任两个学期的中文教师志愿者。静水市(Stillwater City)是一座大学城,华人数量少,中文学习资源缺乏。20 余年前,俄克拉何马州立大学的几位华人学者为了帮助子女学习中文,自发组建了这所社区中文传承语学校(下文简称社区中文学校)。类似的社区中文学校在美国已超过 1 000 所,它们规模或大或小,是华人开展中文传承语教育的主要场所。①

---

  ①　Wang S. C. Building Societal Capital:Chinese in the US [J]. Language Policy,2007(6):27 - 52.

笔者在担任志愿者期间，耳濡目染了美国华人对中文传承语教育的辛勤付出，感慨于他们对子女学习和传承中文的殷殷之心和拳拳之望，于是萌生了梳理美国中文传承语教育发展历程的想法，期望能为推动美国中文传承语教育的发展尽绵薄之力，此为撰写本书的初心。除此之外，跨学科的学业背景也促使笔者尝试进行跨学科的研究。笔者在本科阶段学习的是英语教育专业，硕士阶段是英语语言文学专业，毕业后一直在高校从事英语教学工作，博士阶段攻读的是外国教育史专业。在分析过程中，笔者主要借鉴语言规划研究的理论，关注在不同的历史时期，美国中文传承语教育与祖籍国中国和住在国美国宏观层面语言规划之间的互动与张力。2017年，美国希拉姆学院率先提出"新文科"的概念，主张对传统文科进行学科重组、文理交叉。2018年8月，我国开始探索新文科建设，中共中央明确提出高等教育要努力发展"新工科、新医科、新农科、新文科"。2019年4月，"六卓越一拔尖"计划2.0启动大会在天津召开，标志着国家"四新"建设工程的启动，"新文科"战略正式走向实施。在此背景下，当前我国高等教育正在积极推进学科的交叉融合与协同创新，所以在一定程度上本书顺应了新时代学术发展的前沿趋势，也对接了国家新文科建设的发展战略。

其次，传承语教育是外语教育研究与应用语言学研究中的新兴热点。传承语（heritage language）是指"与学习者有特殊家庭关系的除英语以外的其他语言"①。这一术语最早出现在1977年加拿大一个旨在帮助少数族裔传承母语和文化的传承语项目，但它的推广则发轫于20世纪90年代末期的美国。彼时的美国，由于移民数量的持续增长以及民众权利意识的显著增强，少数族裔愈发关注自身语言的保护和传承。9·11事件以后，联邦政府为了维护国家安全，着力实施关键语言教育政策，将少数族裔的传承语视为"联邦的财富"，积极开发和利用国内的传承语资源。"传承语"这一术语由此被广泛应用于语言规划和语言教育领域。尤其值得一提的是，1996年美国外语教学委员会（American Council on the Teaching of Foreign Languages）制定的《外语学习标准：为21世纪做准备》（Standards for Foreign Language Learning: Preparing for the 21st Century）中已多次出现"传承语说话者"（heritage speaker）一词。传承语教育研究的兴起

① Fishman J. A. 300-plus Years of Heritage Language Education in the United States [M]// Peyton J. K., Ranard D. A. & McGinnis S. Heritage Language in America: Preserving a National Resource. Washington, D. C. & McHenry, IL: Center for Applied Linguistics & Delta Systems, 2001: 81-96.

无疑是具有进步意义的,因为它背后体现的是语言态度的转变,即少数族裔的语言不再是外来的或者边缘化的语言,而是本国的国家资源和文化遗产。在全球化快速发展的今天,跨国或跨区域人口流动使移民语言和少数族裔语言的保护和传承成为世界各国普遍面临的挑战。因此,20 余年来传承语教育研究在国际上方兴未艾,已经成为外语教育研究和应用语言学研究的热门领域。

再者,中文传承语教育在美国历史悠久且其重要性与日俱增。在美国,英语以外的其他语言均被称为传承语。作为一个移民国家,美国拥有的传承语数量和种类远胜于其他国家。费什曼(Fishman)把为数众多的传承语分为三类:移民传承语(如中文、日语等)、原住民传承语(印第安语)以及殖民国传承语(德语、西班牙语等)。随着华人移民数量的持续攀升,中文已经成为继西班牙语之后美国的第二大传承语。据统计,全美共有超过 260 万名中文传承语说话者。① 21 世纪以来,在传承语教育快速发展的大背景下,中文传承语教育在全美各地快速蔓延开来,中文学校的数量已经超过 1 000 所。就现状而言,虽然中文传承语教育的发展仍然面临着种种挑战,但与其他少数族裔的传承语教育相较,却拥有数量最多的学校以及最为完善的组织。② 就历史而言,美国中文传承语教育可以追溯至 19 世纪中期,至今已走过 170 余年的风雨历程。1848年,在加利福尼亚州"淘金热"的驱使下,大批华人远渡重洋抵达美国,华人移民聚族而居形成华人社区,接踵而来的便是华人社区中文学校的建立以及中文传承语教育的产生。作为华人移民美国的产物,中文传承语教育随着华人移民数量的潮涨潮落而起起伏伏,经历了由兴而衰,由衰而盛的历史变迁。因此,无论从现状或是历史来看,中文传承语教育在美国传承语教育中都占据着重要的一席之地,其作为传承语教育的成功实践,可为人类语言传承研究提供借鉴,具有广阔的学术前景。

最后,美国中文传承语教育是中文国际传播的重要组成部分。据《中国国际移民报告》(2020)显示,在 2015 至 2019 年中国大陆移民输出目的国中,美国一

---

① McGinnis S. From Mirror to Compass: The Chinese Heritage Language Education Sector in the United States[M]// Brinton D. M., Kagan O., Bauckus S. Heritage Language Education—A New Field Emerging. London & New York: Routledge Taylor & Francis Group, 2008: 229-242.

② Peyton J. K., Ranard D. A. & McGinnis S. Heritage Languages in America: Preserving a National Resource[M]. McHenry, IL: Delta Systems Co. Inc., 2001: 56.

直位于前列,移民数量从 2 676 697 人增至 2 899 267 人。① 海外华人的中文教育历来是中文国际传播的重要组成部分,华人移民就像是中文传播的星星之火,他们所到之处都蕴含着中文国际传播的宝贵资源。譬如东南亚的一些国家拥有非常完备的中文教育体系,为中文传播搭建了良好的平台。美国是东南亚之外华人移民数量最多的国家,但美国华人的中文传承语教育具有其独特之处:一方面,美国的主流语言是英语,已有的相关研究表明,移民迁居美国之后,通常在第三代完成母语向英语全部转用的过渡②;另一方面,与东南亚国家不同,美国与中国在文化上存在巨大的差异,这种差异在距离遥远时似乎是无害的,但当两种文化近距离地相互作用时则有可能产生较多的问题和冲突③。可想而知,华人迁移到美国之后将面临更多的矛盾与挣扎:为了融入主流文化,不可避免地面临着传承语流失、语言转用和由此带来的身份认同的解构等问题;但是为了寻求身份认同的重建,回答"我是谁"这个问题,他们又希望对本民族的语言和文化有所维系和传承。这样的撕裂必然给美国华人的中文传承语教育带来更多的困难与挑战,但是对于中文国际传播而言,在异质文化中传承与传播遇到的困难以及从中得出的经验对中文真正走向世界也更具借鉴作用和参考价值。

第二节 概 念 界 定

一、华人、华侨与美国华人

据庄国土考证,"华侨"一词由"华人"演变而来,首次出现在 1883 年郑观应呈交给李鸿章的《禀北洋通商大臣李傅相为招商局与怡和、太古订合同》中。但在 20 世纪以前的典籍中,"唐人""闽粤人""汉人""华民""华人""华工""华商"等词更加通用,这些词的意义相差甚微,均用来指称海外的中国侨民及其后裔。④ 1909 年,清政府颁布中国第一部国籍法《大清国籍条例》。该法在国籍问题上奉

① 西南财经大学发展研究院,全球化智库(CCG). 中国国际移民报告(2020)[M]. 北京:社会科学文献出版社,2021:38 - 40.

② Fishman J. A. Reversing Language Shift: Theoretical and Empirical Foundations of Assistance to Threatened Languages[M]. Clevedon: Multilingual Matters,1991:32 - 45.

③ 塞缪尔·亨廷顿. 文明的冲突与世界秩序的重建[M]. 北京:新华出版社,2010:200 - 202.

④ 庄国土. "华侨"一词名称考[J]. 南洋问题研究,1984(1):13 - 19.

行血统原则,规定"生而父为中国人者;生于父死后而父死时为中国人者;母为中国人而父无可考或无国籍者",无论是否生于中国,均属于中国国籍。此后民国时期,尽管政权频繁更迭,但是历届政府都十分重视保护和笼络海外华人。"华侨"一词流行起来,既显示海外华人对中国和中华民族的国家民族归属,又表明他们侨寓海外的状态。1914 年北洋军阀政府的《修正国籍法》和 1929 年国民政府的《国籍法》均延续了《大清国籍条例》的血统原则,规定对于"数世不归"的海外华人,继续保留其中国国籍,旨在调动和发挥他们的支援作用。中华人民共和国成立初期,中国政府也仍然延续"华侨"这一说法。因此在此之前,中国历届政府针对海外华人教育出台的政策基本使用"华侨教育政策"一词。为了不引起混乱,本书在提及这些政策时也沿用这种说法。

　　然而,20 世纪 50 年代以后,由于西方国家利用海外华人的双重国籍挑拨中国与东南亚国家之间的关系,不少东南亚国家出现反华端倪。为了消除这些国家的疑虑、保持与它们的友好关系,1955 年中国与印尼签订《中华人民共和国和印度尼西亚共和国关于双重国籍问题的条约》。条约规定"定居外国的中国公民,自愿加入或取得外国国籍的,即自动丧失中国国籍",中国自此正式取消双重国籍制度。基于上述变化,大多数"华侨"归化为住在国国民,成为外籍"华人",而"华侨"则专门用来指侨居海外的中国公民。华侨教育因而成为住在国辖下教育的一部分。中国政府原来对海外华人的"华侨教育"也改称为"华文教育",因此本书将中国国籍法改变之后,针对海外华人教育出台的政策称为"华文教育政策"。需要说明的是,从历史发展看,二者是连续统一的,因为从本质上说,华侨教育和华文教育都是依托于海外华人社会而存在,其教育的民族性是一致的。

　　对于美国华人,有的文献采用"美国华侨华人"的说法,以体现中国国籍法改变带来的影响,但这种说法不免显得累赘,因此本书选择更简洁、更具包容性的说法,将 1955 年之前和之后赴美的华人移民及其在美国出生的后代统称为"美国华人"。

二、传承语与传承语教育

　　"传承语"译自英文术语"heritage language",国内目前关于这一术语的中文翻译并不统一,常见的有"传承语""继承语""祖语""祖裔语言""遗产语言"等。笔者曾经采用"继承语"这一译名在《比较教育研究》发表论文《美国华裔子女汉语继承语教育现状与问题》,但随着研究的深入,后决定将这一术语译为"传承语"。理由基于以下三点：其一，"传承语"的翻译从"传承语学习者"（heritage language learner）的视角出发，反映出传承语学习者和传承语之间特殊的传承关系，这种传承关系包含独特的家庭教育、文化渊源、与祖籍国的联系、双语或双文化的成长环境以及族群聚居的社区；其二，根据《现代汉语词典》（第7版），"传承"的释义是"传授和继承"，汉典网将其解释为"泛指对某某学问、技艺、教义等，在师徒间的传授和继承的过程"，包含"传"和"承"的过程，即教与学的过程，相较于"继承"的被动接受更加准确达意；其三，为了推动社区中文学校融入主流，实现其未来的永续发展，全美中文学校联合总会已于2015年召开第一届中文传承教育大会，主动吸纳了蓬勃发展的传承语教育理论，因此选用"传承语"这一译名能与之形成呼应和统一。严复说："新理踵出，名目纷繁，索之中文，渺不可得，即有牵合，终嫌参差。译者遇此，独有自具衡量，即义定名。"本书最终将"heritage language"翻译为"传承语"，相应地，将"heritage language education"译为"传承语教育"，将"heritage language learner"译为"传承语学习者"。

关于传承语的概念，学者们主要从社会历史和语言教学两种视角进行界定。从社会历史的视角出发，康明斯（Cummings）根据加拿大实际情况，认为传承语是"除英语和法语外的其他语言"[①]；费什曼根据美国实际情况，将传承语定义为"与学习者有特殊家庭关系的除英语以外的其他语言"；范德森-肖尔（Van Deusen-Scholl）指出传承语学习者是"在与某种语言有很强文化联系的家庭中长大，具有传承动机的人"[②]。社会历史视角聚焦于追溯个体的语言文化之"根"，具有社会政治学方面的意义，主张学习者拥有在住在国重拾或保持祖籍国语言和文化传统的权利。这一视角下的传承语定义被认为是传承语的广义定义。

语言教学视角则聚焦于传承语学习者与外语学习者的区别。瓦尔德斯（Valdés）提出传承语学习者是指"在非英语家庭中成长，并且在一定程度上是掌握英语和传承语的双语者"[③]；格雷斯（Grace）等人认为传承语是"与个体文化背

① Cummings J. A Proposal for Action: Strategies for Recognizing Language Competence as a Learning Resource Within the Mainstream Classroom[J]. Modern Language Journal, 2005, 89: 585-591.

② Van Deusen-Scholl N. Toward a Definition of Heritage Language: Sociopolitical and Pedagogical Considerations[J]. Journal of Language, Identity, and Education, 2003(3): 211-230.

③ Valdés G. Heritage Language Students: Profiles and Possibilities [M]// Kagan O. & Rifkin B. The Learning and Teaching of Slavic Languages and Cultures. Bloomington, Indiana: Slavica, 2000: 375-403.

景相关的语言,但这种语言不一定还在家庭中使用"①;波林斯基(Polinsky)提出传承语是"个体因语言环境改变而未能完全掌握的母语或第一语言"②。语言教学视角主张传承语学习者需要具有一定程度的传承语能力,排除了那些虽然具备族裔关系但不具有任何传承语能力的人,因为这类人和外语学习者没有显著差异。这一视角下的传承语定义通常被认为是传承语的狭义定义。

本书以社会历史的视角来梳理美国中文传承语教育的发展历程,因此采用的是传承语的广义定义,即费什曼提出的"与学习者有特殊家庭关系的除英语以外的其他语言"。那么,针对传承语学习者的语言文化教育就是传承语教育,这种教育旨在培养学习者的传承语能力,增强他们对自身语言和文化的信心和认同,从而提高传承语社区及文化的地位,保护美国丰富的传承语资源,提升美国的国家语言能力。总体而言,传承语理论和传承语教育研究的兴起打破了传统上从第一语言和第二语言、母语和外语来划分语言教育的二元模式,为语言教育开辟了新的领域,探索了新的路径。③

三、中文传承语教育

中文是美国众多传承语中的一种,中文传承语教育指的是在美国将中文作为传承语进行的教育,可区别于将中文作为外语进行的教育。中文传承语教育的对象与中文具有特殊的家庭关系,这种特殊的家庭关系使他们相较于将中文作为外语的学习者,接触中文的时间较早且使用中文的机会较多,从而更容易达到接近母语者的高级语言水平。美国华人与中文具备这样特殊的家庭关系,因此本书中的中文传承语教育也可界定为"以美国华人为对象开展的中国语言文化教育"。

事实上,关于"以美国华人为对象开展的中国语言文化教育",此前学界使用的名称并不一致。较早对该话题进行研究的学者来自中国台湾地区,他们使用

---

① Cho G., Cho K. S. & Tse L. Why Ethnic Minorities Want to Develop Their Heritage Language：The Case of Korean-Americans[J]. Language, Culture and Curriculum, 1997(2)：106-112.

② Polinsky M. Heritage Language Narratives[M]// Brinton D. M., Kagan O. & Bauckus S. Heritage Language Education—A New Field Emerging. New York：Routledge, 2008：149-164.

③ 曹贤文.“继承语”理论视角下的海外华文教学再考察[J]. 华文教学与研究,2014(4)：48-56.

的是"美国华侨教育",以刘伯骥于 1955 年出版的《美国华侨教育》为代表。而20 世纪 70 年代以后,美国华人学者也开启相关研究,但是在讨论时使用的名称仍不尽统一,有使用"美国华文教育"的,也有使用"美国中文教育"的。"华文教育"是沿用东南亚华人移民使用的说法,但美国华人传统上将对子女的中国语言文化教育称为"中文教育",而且美国的中文学校先天受强势的主流教育体系制约,无法发展出类似东南亚国家的独立华校体制。考虑到其特殊性,有的学者索性根据美国华人的习惯,使用"中文教育"的说法。中国学界于 20 世纪 90 年代以后兴起对海外华人中国语言文化教育的研究,在探讨美国的情况时,同样出现"美国华文教育"和"美国中文教育"混用的情况。使用"美国中文教育"的主要弊端在于无法将针对华人的中文教育和针对非华人的中文教育加以区分——针对华人的中文教育属于中文的代际纵向传承,而针对非华人的中文教育则属于中文的横向群外传播。随着中国国际影响力的增强,美国社会兴起"中文热"现象,越来越多其他族裔的美国人加入学习中文的行列,如果不将两者加以区分,不利于针对不同的教学对象进行深入的研究和探讨。

20 世纪 90 年代以来,传承语教育研究的兴起使称谓不统一的问题迎刃而解。美国的华人学者对此反应迅速,大批以"Chinese heritage language education"为研究对象的论文及专著出现,其中最早的一本是 1994 年出版的华人学者论文集《内部视角:以美国社区中文传承语学校为例》(*A View from Within: A Case Study of Chinese Heritage Community Language Schools in the United States*)。该论文集收录的论文涉及"社区中文传承语学校",包含传统上所说的社区中文学校的管理、课程设置、课外活动、中文夏令营、获得学区学分认定、加强与主流学校合作等话题。此后美国学界对"以美国华人为对象开展的中国语言文化教育"的称谓趋于统一,即使用"Chinese heritage language education",加拿大、新加坡等国学界也纷纷采纳这一术语。因此,本书将这一术语引入,译为"中文传承语教育",这样既可以厘清本书的研究对象是针对美国华人的中国语言文化教育,又可以使本书与国际学术语境相接轨。

第三节　研究目的

英国历史学家柯林伍德在《历史的观念》一书中指出,历史研究不应只是以简单的接受性精神来阅读前人留下的陈述和资料,而应该带着问题去阅读和拷问它们,如同自然科学研究是从科学家对自然提出的"问题"开始的。① 笔者受此启发,也尝试着在研究美国中文传承语教育历史演进的过程中带着自己预设的问题去探寻。通过对前人研究的分析,再结合自身的学术背景,笔者发现美国中文传承语教育作为华人移民美国的产物,在其发展过程中不可避免地具有"跨国性",即既受到祖籍国中国语言规划的影响,又受到住在国美国语言规划的影响。因此,本书试图"拷问"的是:在这170余年的历史中,在宏观层面,中国和美国政府分别对中文传承语教育进行过怎样的语言规划? 对美国中文传承语教育的发展产生了怎样的影响? 在华人社区的中观层面,美国中文传承语教育因此呈现出怎样的发展特征? 基于以上问题,本书在梳理和展示美国中文传承语教育发展历程的过程中,将研究目的聚焦在分析每一历史阶段,美国中文传承语教育与中美两国自上而下的语言规划之间的互动与张力上。最后借由笔者在美国静水中文学校担任志愿者教师的经历,以该校华人家长为个案研究对象,剖析华人迁移到美国之后,是何原因驱动他们支持中文传承语教育的发展,以及他们为此付出了何种努力,从而在微观层面管窥中文传承语教育之所以能够在美国绵延不息170余年,其来自美国华人自身需求的内生动力。

第四节 理 论 依 据

20世纪60年代初,西方出现了一批有志于帮助二战后新独立国家建构、完善和推广民族共同语的语言学家,语言规划研究兴起并逐渐发展为语言学领域中一个重要的研究方向。关于语言规划,国内外许多学者都曾予以不同的界定和解释。从广义上说,语言规划是指有组织地为解决语言问题而干预和管理语言的活动,"它把思想、法律和规章(语言政策)、变化规则、信念和实践活动集为一体,试图按规划完成对语言在一个或多个群体中使用的改变(或阻止某种改变的发生)"②。语言规划可分为本体规划,即对语言本身的规划,主要包括语言的

---

① 柯林武德. 历史的观念[M]. 北京:商务印书馆,2009:373.
② Baldauf R. B. & Kaplan R. B. Language Planning from Practice to Theory[M]. Philadelphia:Multilingual Matters,1997:3.

规范化、标准化和现代化;地位规划,即国家关于人们对语言使用和选择的政策与规划;习得规划,即语言学习、语言普及方面的规划以及在教育体系中对语言的具体规划和安排;声望规划,即为某种语言营造一种有利的心理环境,并以此增强该语言的社会声望。① 语言政策和语言规划是经常同时出现的两个概念,但语言规划比语言政策更宽泛,它是语言政策的上位概念,包括政府或其他机构、个人等对语言及其社会功能的管理行为。② 语言政策则更多地表现为语言观念、法律规范、语言实践等,具有显性和隐性之分。显性政策主要是指政府法令以及条例等明文规定的政策;隐性政策则是指包括语言态度、立场、观念等在内的和语言相关的意识形态。

早期的语言规划研究关注的是政府自上而下的顶层设计,并对语言规划的有效性表现出乐观的态度,但后来发现语言规划并不像人们预期的那样奏效,新独立国家的现代化和经济腾飞并没有到来。20 世纪 90 年代以来,在后现代主义思潮的影响下,人们把语言视为一种资源,语言规划更具尖锐性和批判性,其研究重点一方面越来越关注语言生态、语言濒危、语言消亡、语言人权等问题,即语言规划不是为了减少语言多样性,而是为了保持语言多样性;另一方面从仅仅被理解为由政府机关实施的语言规划转移到更为广阔的多语境、多层面下的语言规划和语言政策领域,即语言规划研究不再局限于国家和地方政府等宏观领域,而是关注小型化、"草根"化和地方化的语言规划实践,家庭、学校、社区、企业等主体均被纳入研究范畴。

本书通过回顾和梳理美国中文传承语教育 170 余年的发展历程,以语言规划理论为依据,旨在考察不同历史阶段中美两国宏观层面的语言规划对中文传承语教育的影响;中文传承语教育作为在中观层面华人社区为保持和传承中文进行的语言习得规划所呈现的发展特点;最后以美国静水中文学校华人家长为个案研究对象,补充说明在微观层面美国华人为子女的中文学习和传承进行的家庭语言规划。因为除了来自政府层面的宏观动力和来自社区层面的中观动力,华人自身对中文传承的需求和行动才是推动中文传承语教育发展的原发驱动力。

---

① 周庆生. 语言规划发展及微观语言规划[J]. 北华大学学报(社会科学版),2010(6):20 - 27.

② 王辉. 语言规划研究 50 年[J]. 北华大学学报(社会科学版),2013(12):16 - 22.

第五节　研　究　意　义

根据上述研究目的,本书的主要意义在于以下四个方面。

首先,丰富关于美国中文传承语教育研究的历史资料。中文传承语教育是美国华人保持和传承中国语言文化的关键渠道,是华人社区重要的文化活动。本书对其发展历程的完整梳理能够为美国华人群体提供共同的历史记忆,促进他们对族群文化的认同,增强他们的族群凝聚力,从而为美国中文传承语教育的永续发展奠定基础。

其次,为美国中文传承语教育的历史研究提供新的研究视角。在纵向梳理美国中文传承语教育发展历史的过程中,本书引入语言规划的相关理论,将研究重点聚焦于不同历史阶段中文传承语教育与中美两国宏观层面语言规划的互动与张力上,并以现实的个案研究为参照,在微观层面展示美国华人支持中文传承语教育的内生动力,实现了语言规划研究和外国教育史研究之间的融合创新。

再者,推动中国学界对美国中文传承语教育的研究与国际学术语境接轨。中国学界当前仍主要将针对美国华人的中国语言文化教育研究置于华文教育理论的框架下,但在国际学术语境中并不存在独立的“华文”或“华文教育”概念,它们的英文都只是用“Chinese”或“Chinese language education”来表示。从传承语教育的视角来审视针对美国华人的中国语言文化教育,不仅能够明确其作为美国传承语教育之一的属性,避免被美国政府视为“负担”或“威胁”,还能够促进其融入世界学术潮流。

最后,为中国政府对中文国际传播的语言规划提供借鉴和启示。2021 年 3月发布的《中华人民共和国国民经济和社会发展第十四个五年规划和 2035 年远景目标纲要》明确提出要提升国家文化软实力。语言传播能力是衡量国家文化软实力的重要指标,美国中文传承语教育是中文在美国传播的重要载体。从语言规划的视角探讨美国中文传承语教育的历史演进,总结其发展规律,能为中文国际传播语言规划的制定和实施提供参考。

第六节 文 献 综 述

笔者在开展此项研究时搜集的国内外文献主要包括三类：一是关于美国中文传承语教育研究的文献；二是关于美国政府语言规划与政策的文献；三是关于中国政府对海外华侨、华文教育规划和政策的文献。这些文献的主要来源包括：一、国内图书馆资料，主要来自福建师范大学图书馆和福建农林大学图书馆；二、国外图书馆资料，主要来自美国俄克拉何马州立大学图书馆；三、网络资料，主要包括从 Fulink 学科服务平台下载的各类论文资料，以及国务院侨务办公室、全美中文学校联合总会、全美中文学校协会、美国多所中文学校的网站提供的资料；四、私人资料，主要是从当当网、孔夫子旧书网、亚马逊等网站购买的书籍。以下对上述文献展开综述，以明晰国内外当前对美国中文传承语教育历史演进的研究现状。

一、关于美国中文传承语教育的研究

1945 年，香港基督教女教育家马仪英在她于加利福尼亚大学完成的博士论文《就读中文学校对旧金山儿童的影响》(*Effects of Attendance at Chinese Language Schools upon San Francisco Children*)中，探讨了当时旧金山的中文学校对华人儿童产生的影响，她指出与只就读公立学校的华人子弟相比，课后又入读中文学校的华人子弟学习成绩更优异，对中文和中华文化的认识也更深刻，但是受到当时美国社会同化思想的影响，她同时也认为中文学校阻碍了华人融入主流社会，是不合时宜的，应该逐渐停办，她的研究被深深地烙上时代的印记。台湾学者刘伯骥于 1957 年出版《美国华侨教育》一书，其中描述了美国 20 世纪 50 年代以前中文学校的发展历程，并且详细说明了中文学校的行政组织、经营、师资、授课时间与课程设置等。后来他又相继出版了《美国华侨史》《美国华侨史续编》《美国华侨逸史》，这些论著讨论了美国华人社区发展的各个方面，涉及华侨人口的分布、华埠的创立和演变、华侨的社团组织、经济生活、文教生活等，其中也涉及美国华人教育情况，是非常有价值的参考资料。

美国华人学者麦礼谦于 20 世纪 60 年代开始研究美国华人史，当时在美国民权运动的鼓舞下，华人中产阶级的族裔自觉意识被点燃，于是他将注意力转向对本民族历史的研究。最初他在华人创办的报纸《东西报》上发表一些关于美国华人历史的稿件,而后于 1992 年出版专著《从华侨到华人——二十世纪美国华人社会发展史》,该书以客观的立场叙述和分析了美国华人从侨寓到落地生根以至进入主流社会的错综复杂的过程,书中有部分章节涉及华人的中文传承语教育,但是内容比较零散。他后来在《保持中文传承:二战前美国的中文学校》以及《传承中华传统:在美国大陆和夏威夷的中文学校》两篇论文中,系统介绍了美国华人社区,尤其是旧金山和夏威夷两大华人聚集地中文学校的建立与发展,并探讨了中文学校未来发展的挑战,为许多学者的研究,包括本书的研究提供了宝贵的史料。梁培炽在其 2014 年出版的《美国华文教育论丛》中集结了他 10 余年来发表的关于中文传承语教育的文章,书中简要梳理了中文传承语教育的发展历史,讨论了繁体字与简体字、拼音方案和注音符号的差异,以及汉字教学的内容和步骤等,表达了对中文传承语教育未来"走向全美,走向世界,与全国接轨,与世界接轨"的坚定信心。

1994 年出版的华人学者论文集《内部视角:以美国社区中文传承语学校为例》开启了美国新一代学者对中文传承语教育研究的热潮,他们积极吸纳传承语教育研究的理论,推动中文传承语教育融入美国主流教育。一些学者主要关注美国华人中文传承语的保持和流失问题,譬如 1995 年加利福尼亚大学的詹妮弗(Jennifer Joy Li)在其博士论文《美国二代华人的传承语保持》(*Heritage Language Retention in Second-Generation Chinese Americans*)中,通过问卷调查和访谈相结合的方式,探讨了美国华裔二代中文传承语保持和流失的影响因素,其结果显示父母及祖父母对儿童使用中文是影响二代华人习得和保持中文最关键的因素。关于传承语保持与身份认同的研究同样备受关注。2007 年就读于纽约州立大学的雷静(Lei Jing)在其博士论文《社会语言学视角下族裔复兴与传承语学习的相互关系——以美国华人青少年为例》(*A Language Socialization Approach to the Interplay of Ethnic Revitalization and Heritage Language Learning—Case Studies of Chinese American Adolescents*)中以 6 名纽约二代华人青少年为个案研究对象,探讨了中文传承语教育与华人青少年身份认同的互动关系。2008 年由夏威夷大学出版社出版的《中文作为传承语:培养有根的世界公民》(*Chinese as a Heritage Language: Fostering Rooted World Citizenry*)一书,在传承语视域下全面讨论了中文传承语教育的理论和实践问题,该书的出版也预示着美国中文传承语教育的未来之路,即培养有中华文化之根的世界公民。

关于这一点,就读于阿拉巴马大学的张翔(Zhang Xiang)在她的博士论文《世界公民:中文传承语教育的新模式》(*World Citizenship: A New Model of Chinese Heritage Language Education*)中也有所阐述,在论文中她以美国东北部一个州的崇明中文学校为例,展示这所学校如何通过教授中文及中华文化培养学生的全球身份认同、对不同文化的尊重以及完善的人格。

一些近年来发表的论文也为本书提供了丰富的关于中文传承语教育发展和现状的资料。论文《美国传承语教育:大学中文项目的调查》(*Heritage language education in the United States: A national survey of college-level Chinese language programs*)发现,在接受调查的 246 所高校中,有 51 所提供专门的中文传承语教育项目,调查呈现了这 51 所高校中文传承语教育项目的成功经验及面临的挑战。论文《在美国保持中文传承语:什么是真正重要的》(*Maintaining Chinese as a heritage language in the United States: What really matters?*)考察了社区中文学校的中文传承语教育对青少年的中文学习及文化认同的影响,研究表明,不仅青少年可以在中文学校学习中文和了解中华文化,而且华人移民家庭之间也因此形成稳固的社会关系网络。《美国中文传承语保持的社区语言规划》(*Community-level language planning for Chinese heritage language maintenance in the United States*)一文从语言政策和规划视角探讨中文传承语在美国的发展,论文通过回溯美国中文学校的发展历程表明,华人社区层面的语言政策和规划对中文传承语的保持十分重要,但政府层面语言政策和规划的支持同样发挥着不可或缺的作用,这篇论文为本书提供了重要的灵感。《社区传承语学校:以中文为例》(*Community-based heritage language schools: A Chinese example*)一文展现了社区中文学校的办学特色,认为社区中文学校的教学不仅能提高华人儿童的双语能力,而且可以作为美国 PreK－12 学校的语言和文化资源。

目前,中国大陆地区只有两篇硕士论文比较系统地研究了美国中文传承语教育历史,一篇是 2003 年华中师范大学武在争的《从排斥、隔离到融合——美国华人华文教育百年发展探悉》,另一篇是 2005 年暨南大学张树利的《战后美国华文教育研究》。《从排斥、隔离到融合——美国华人华文教育百年发展探悉》将美国中文传承语教育的发展历程分为四个阶段:19 世纪至 20 世纪初,中华民国成立至二战前,二战后至 70 年代以及 70 年代至今。该分段方式忽略了 1882 年《排华法案》的通过以及改革开放后 80 年代起中国大陆赴美新移民潮对中文传承语教育的重要影响,但瑕不掩瑜,该文用"排斥、隔离到融合"来归纳美国中文传承语教育发展百年的历程,反映了中文传承语教育发展的基本趋势。《战后美国华文教育研究》主要阐述了二战后在美国的中国大陆方面中文学校和台湾方面中文学校的发展情况,讨论了美国中文传承语教育的问题及前景,但论文篇幅较小,对发展情况的描述不够详尽。河北大学陈迎雪的博士论文《隔离、融合与多元——美国华人教育发展研究》从公立教育和私立教育两个维度透视了美国华人所经历的从隔离到融合再到多元化追求的曲折历程,其中涉及了美国中文传承语教育的研究。华中师范大学李永的博士论文《排拒与接纳——旧金山华人教育的历史考察(1848—1943)》是关于旧金山华人教育的断代史,文中覆盖的内容较广,部分章节也有涉及美国中文传承语教育的内容。还有两篇硕士论文将美国个别(地区)中文学校作为考察对象,对学校的运作方式、学生来源、课程设置、师资状况等进行详细描述,它们分别是《美国加利福尼亚州圣荷西地区中文学校社区功能论略》和《美国休斯敦华夏中文学校的调查与思考》。这两篇论文的作者都拥有在美国这些地区生活或工作的经历,因此描述比较翔实可信。

一些期刊论文如《美国华文教育史简论》《美国华文教育的现状与启示》《美国基督教教会与早期华文教育》《美国华文教育三题》《美国中文教育发展报告》《论美国华人中文教育的历史和发展》《当代美国华文教育浅析》《美国华裔子女汉语继承语教育现状与问题》,也都涉及对美国中文传承语教育发展历史或现状的研究,但单从这些论文的题目来看,我们不难发现美国中文传承语教育在国内学界的名称仍然十分混乱,需要尽快达成统一。希望本书的研究能发挥引玉之砖的作用,推动国内学界的研究与国际学术语境相接轨。

在撰写本书的过程中,笔者也借鉴了一些关于美国华人史的著作,因为其中或多或少也有关涉美国中文传承语教育的内容。关于美国华人史的研究成果比较丰富,1928 年吴景超于芝加哥大学完成的博士论文《唐人街:同化与共生》记录了大量的访谈资料,对唐人街的生活组织、帮会斗争、家庭生活、同化问题、异族通婚等进行了深刻细致的探讨,为后来的研究提供了鲜活的史料,也为本书第七章访谈的开展提供了重要的启迪。令狐萍的《金山谣——美国华裔妇女史》中载有许多个人案例,反映了旧金山华人妇女的家庭生活、教育经历、就业和对文化的适应过程。罗伯特(Robert)和布伦达(Brenda)撰写的《旧金山的唐人街》(*San Francisco's Chinatown*)通过图文并茂的方式,介绍了旧金山唐人街的华人生活,从中可以窥见早期华人生活的艰辛与不易。刘海铭的《一个跨国华人家庭的历史:移民信件、家族生意与反向移民》(*The Transnational History of A*

Chinese Family: Immigrant Letters，Family Business，and Reserve Migration）从跨国史的视角讲述了旧金山中国城一个中医家庭的移民经历和商业活动，其中也展示了当时的华人父母对子女教育问题的主要观念，即早期的华人父母认为子女的未来在中国，因而会选择将子女送回中国读书或者就业。泗丽莎的《百年金山：我的美籍华人家族奋斗史》追述了她的曾祖父邝泗于 1871 年离开中国前往美国后，如何从大批默默无闻的华人移民中脱颖而出，成为美国最富有最杰出的华人之一，其中也包含一些关涉子女教育的叙述。路易丝（Louise）等人共同撰写的《甘蔗：一个美国华人家庭的回忆录》（*Sweet Bamboo: A Memoir of A Chinese American Family*）也是类似的家族史著作。这类著作阅读起来通俗易懂，比较有趣，其中的一些叙述也为本书提供了关于移民生活的佐证。

二、关于美国政府语言规划与政策的研究

国外关于语言规划的研究在近 30 年来发展迅速，已成为应用语言学研究的一个重要领域。比较经典的语言规划方面的书籍有《语言规划与语言政策的驱动过程》《语言规划与社会变迁》《语言教育政策：关键问题》《语言政策：隐意图与新方法》《语言政策》《语言政策导论：理论与方法》《语言政策——社会语言学中的重要论题》《语言规划与语言教育》等。这些著作被国内学者翻译成中文引入国内，带动了国内学界语言规划研究的热潮。书中关于语言规划理论的阐释为本书从语言规划的视角来分析美国中文传承语教育的发展历程提供了灵感与启发。

关于美国语言规划与政策的研究比较丰富成熟。弗格森（Ferguson）和希思（Heath）在《美国的语言》（*Language in the USA*）一书中，阐述了美国的语言状况及其语言政策发展的内在驱动因素，描述了英语、西班牙语、印第安语在美国的发展历程。詹姆士·克劳福德（James Crawford）组织编写的论文集《双语教育：历史、政治、理论及实践》（*Bilingual Education: History，Politics，Theory，and Practice*）回顾了美国双语教育的历史和政治背景，并讨论了双语教育的具体实施模式。周庆生主编的《国外语言政策与语言规划进程》涉及对美国语言政策和规划的探讨，提出语言规划必须符合语言规律以及国家和民族的需要。蔡永良出版的《美国的语言教育与语言政策》分析了美国从殖民地时期到 20 世纪的语言教育和语言政策发展历程，认为唯英语教育和双语教育在本质上没有区别。周玉忠在《美国语言政策研究》一书中对美国语言政策的历史、现状以及成因等进行论述，并从中总结带有规律性的认识。张桂菊在《美国语言教育政策发

展研究》一书中梳理和比较了《双语教育法》及《英语习得法》的背景、内容、实施效果,认为美国多元化的社会规范将引领语言教育政策的发展。李英姿在《美国语言政策研究》一书中探讨了美国对移民语言、土著语言、外语和英语国际推广政策的历史发展,提出美国的语言政策在利益的驱动下不断调整,但其基本立足点和出发点始终是维护英语的中心地位。

一些期刊论文如《美国 20 世纪语言政策述评》《当代美国外语教育政策演进特征及策略走向》《以国家安全为导向的美国外语教育政策》《二战后美国移民语言教育政策的嬗变及其驱动因素》《美国关键语言教育政策的国家安全诉求》《美国语言政策的历史沿革与启示》《当代美国外语教育政策演进特征及策略走向》等对本书梳理美国语言规划与政策的发展提供了参考和借鉴。

三、关于中国政府对海外华侨、华文教育规划和政策的研究

对海外华侨、华文教育的规划和政策是侨务政策的重要组成部分,大量关于海外华侨、华文教育规划和政策的研究被包含在有关侨务政策的研究中,需要对其进行系统的整理。国外的学者如斯蒂芬·菲茨杰拉德(Stephen Fitzgerald)发表论文《中国和华侨:认知与政治》(*China and the Overseas Chinese: Perceptions and Politics*),讨论了中国侨务政策的发展。国内的学者如庄国土于 1989 年出版《中国封建政府的华侨政策》一书,从历史的角度论述了明中叶以前到晚清时期封建政府在侨务方面的政策,书中解释了晚清时期朝野对华侨态度的转变、使领馆的设置、中华总商会的筹建等背后的成因。张赛群的《中国侨务政策研究》一书分析了不同历史时期的政府在华侨出国、政治权益保障、投资、教育及归国难侨的救济安置等方面的政策。湖南师范大学黄小用的博士论文《晚清华侨政策研究》系统考察了晚清时期的华侨政策,解读了清政府对华侨态度的转变、保护华侨的政策,以及郭嵩焘、张之洞、黄遵宪、薛福成的护侨思想及活动。一些政策汇编类的书籍如《民国华侨史料汇编》《侨务政策文件资料汇编》《侨务政策汇编》为本书整理中国政府的语言规划和政策提供了翔实的资料。

学界也有一些专门针对海外华侨、华文教育规划和政策的研究,比较系统的是别必亮的《传承与创新——近代华侨教育研究》,该书对近代华侨教育进行全面细致的梳理,研究了近代华侨教育产生和发展的规律,总结和分析其发展历程中的经验教训,还专门探讨了华侨教育中的语言问题。河北大学张振的硕士论文《南京国民政府时期的华侨教育政策研究》分析了南京国民政府在抗战前、中、

后对华侨教育的关心和扶持,认为南京国民政府在华侨教育的视导制度、师资培养、经费筹措、侨校立案等诸多方面都进行了有益的探索与尝试。姚敏在《中国华文教育政策历史研究——语言规划理论透视》一书中将海外华侨、华文教育统称为华文教育,梳理了从清末到当代中国政府出台的华文教育政策与措施,系统分析其利弊得失,是目前较为完整的我国华文教育政策史研究。一些期刊论文如庄国土的《晚清政府的兴学措施与海外华文教育的发展》,别必亮、田正平的《近代华侨教育的历史考察》,邱建章的《论晚清政府的华侨教育政策》,包爱芹的《南京国民政府的华侨教育政策与措施》分别探讨了晚清以来到中华人民共和国成立前历届政府为扶植海外华侨教育所采取的各种措施,认为这些鼓励华侨办学的政策对于促进华侨教育、推动华侨社区发展、培养华侨爱国情结发挥了积极的作用。郭光明、苏新春的《2000 年以来台湾华语文教育政策研究》,张平的《21 世纪我国台湾地区华语文教育政策新情况及思考》重点讨论了 2000 年以来中国台湾地区华语文教育政策的变化,并建议两岸充分利用各自优势,谋求合作共赢的局面。这些文献为本书对我国华侨、华文教育规划和政策的梳理和总结提供了重要的帮助。

20 世纪文艺理论家、批评家巴赫金(Bakhtin)说过,我们所说的任何东西都不可能是完全原创的,它们在文本的互文性和话语的互语性方面都与他人以及与过去有着千丝万缕的联系。正因为有上述研究的基础,本书的完成才有可能,没有它们,本书将始终是空中楼阁、水中望月。通过梳理文献可以发现,关于美国中文传承语教育历史演进的系统研究数量不多,且现有的研究大多只是陈述其历史发展的事实以及对未来发展进行展望,尚未有研究者将研究问题聚焦在历史发展进程中美国中文传承语教育与祖籍国和住在国语言规划的互动关系上,因此本研究是一次在前人研究基础上进行的跨学科的大胆尝试。

第七节　研　究　方　法

博士论文是学科研究的高端成果之一,它不仅能够反映学科研究的前沿与热点,而且能够体现研究者的科研能力、学术素养以及批判与创新思维能力。[1]

---

[1]　黄汉升. 体育科学研究的方法学探索:基于中国体育学 300 篇博士学位论文的调查与分析[J].体育科学,2009(9):3-17.

研究方法作为获得研究结果、形成研究结论的手段和工具,很大程度上决定着研究的质量和水平,因此研究者在博士论文中采用的研究方法既影响其研究结论的科学合理性,又可作为衡量其研究是否具备创新性的标尺。为了保障研究质量和体现科研创新,笔者在研究过程中运用的研究方法主要包括以下三种。

一、文献研究法

文献研究法是根据一定的研究目的,搜集、鉴别、整理文献,并通过对文献的研究,形成对事实的科学认识的方法。文献研究法通常包括以下环节:提出课题、研究设计、搜集文献、整理文献和撰写文献综述。①笔者在确定"美国中文传承语教育的历史演进"选题后,通过国内外线上线下多种渠道进行资料的查询和搜集,努力做到文献积累的充实和丰富;在阅读文献中采用做笔记、写读书摘要等方式重点采集与美国中文传承语教育历史发展最具相关性的内容;最后,撰写文献综述,全面客观地分析当前学界对该话题的研究现状和存在问题,在此基础上确立本研究的研究目的。

二、历史研究法

历史研究法是以过去的历史为中心,通过深入挖掘资料来探寻史实,描述、分析和解释具体历史背景下发生的事件及其意义,揭示当前问题的态势或者预测未来发展的趋势。② 笔者对美国中文传承语教育 170 余年的历史进行梳理,在梳理过程中注重比较、判断和确认历史文献的真实性,将中文传承语教育置于中美两国语言规划的历史背景下进行分析,在此基础上,发现和把握美国中文传承语教育发展的历史脉络及主要特征,最后对其未来的发展提供启示和建议。

三、个案研究法

个案研究法是指对个体案例进行调查研究与深入分析,以解决相关问题的研究方法,它是质性研究的主要方法。个案研究的对象可以是个人、群体、组织、事件或者某一类问题,最常用的数据收集方式是观察、访谈、文件和媒体分析、问

---

① 乔伊斯·P.高尔,M. D. 高尔,沃尔特·R.博格. 教育研究方法实用指南[M]. 北京:北京大学出版社,2007:26-33.
② Fraenkel J. R. & Wallen N. E. How to Design and Evaluate Research in Education [M]. New York: The McGraw Hill Companies, Inc., 1998:252-253.

卷等。① 笔者以美国俄克拉何马州静水中文学校里的华人父母作为个案研究的对象,主要的研究问题是:华人为什么支持中文传承语教育以及他们为中文传承语教育付出了怎样的努力? 笔者在研究中采用观察和访谈的方式收集数据,运用扎根理论对数据进行编码分析,最后构建华人支持中文传承语教育的动因和行动理论模型,以此补充说明在微观层面美国中文传承语教育得以长期发展的原发驱动力。

第八节　创新与不足

一、创新之处

（一）选题新

从国内外研究现状来看,目前尚无博士论文对"美国中文传承语教育的历史演进"进行专门的探讨。对此话题做过较系统研究的,只有 2003 年和 2005 年的两篇硕士论文,《从排斥、隔离到融合——美国华人华文教育百年发展探悉》以及《战后美国华文教育研究》,还有 20 世纪 50 年代刘伯骥出版的《美国华侨教育》一书以及 90 年代麦礼谦发表的两篇论文《保持中文传承:二战前美国的中文学校》以及《传承中华传统:在美国大陆和夏威夷的中文学校》。这些研究为本书提供了宝贵的资料,但是由于撰写年代的原因,这些研究较少涉及 21 世纪以来美国中文传承语教育的新进展,而 21 世纪正是美国中文传承语教育发展的黄金时期,因此本书的研究不仅能对前人研究进行更详尽的梳理和补充,也能在前人基础上进行延续,反映时代最新的变化,从而为未来的研究起到抛砖引玉的作用。

（二）视角新

培根说过,自然科学家的研究必须从质问大自然中开始。柯林伍德将这种理念引入史学研究,告诉我们:史学研究要在自己心灵中带着问题去阅读前人留下的陈述和资料。带着来自大师们的指导和启示,本书聚焦的问题是"美国中文传承语教育与住在国美国和祖籍国中国语言规划的互动关系",在研究过程中

---

① 乔伊斯·P. 高尔,M. D. 高尔,沃尔特·R. 博格. 教育研究方法实用指南[M]. 北京:北京大学出版社,2007:292-299.

从语言规划的视角,分析了每个历史阶段美国和中国政府的语言规划对中文传承语教育的影响,实现了语言规划研究和外国教育史研究之间的融合创新,契合当前新文科建设打破专业壁垒和学科障碍的发展理念。

（三）研究方法新

严谨扎实的史料考证和文献挖掘是外国教育史研究的传统方法,也是其发展必须坚守的特色,但与此同时,认真学习社会学、人类学、考古学、哲学、经济学等学科的研究方法,积极推进外国教育史研究方法的创新也是学科持续发展的必经之路。因此,本书除了运用文献研究法和历史研究法之外,还添加了个案研究法。个案研究旨在以小见大,进一步认识研究对象的本质和特点,具有典型性和深入性的优势。本书的个案研究在美国俄克拉何马州静水中文学校开展,通过对当地 10 位华人父母的访谈,了解他们支持中文传承语教育的动因和行动,并且尝试运用扎根理论,对美国华人支持中文传承语教育的动因和行动进行理论模型建构。

二、不足之处

本书尝试在梳理美国中文传承语教育的历史演进过程中,从语言规划的视角分析每个历史阶段祖籍国和住在国的语言规划与美国中文传承语教育之间的互动关系,并且运用扎根理论对美国华人支持中文传承语教育的动因和行动进行理论模型建构,这是一次跨学科的尝试,同样是一次学术上"冒险"。在撰写过程中,笔者时有怀疑这次冒险之旅能否继续,最后在对知识求索的信念支持下完成了此书,但仍诚惶诚恐。由于才疏学浅,在分析的过程中必定存在许多鄙陋之处,未来必将继续上下求索,不断提升自己的科研水平。

第二章

自发组织：美国中文传承语教育的
萌芽(1848—1881)

美国中文传承语教育是华人赴美的产物,其发展与华人移民数量的起起伏伏息息相关。1848 年,加利福尼亚州的淘金浪潮席卷中国,大批广东沿海一带的民众外迁求富,掀起第一波华人赴美的浪潮。华人抵美后聚族而居,在美国西岸形成或大或小的中国城,他们如同其他族裔的移民一般,携来故土熟悉的生活习俗和学校惯例,并将其在社区自发地复制出来。传统的中文家塾、私塾陆续出现。本章以 1848 年为起点,论述由此至 1882 年《排华法案》颁布之前,中文传承语教育在美国华人社区的萌芽之路。

第一节 联邦政府无为而治的语言政策

一、美国独立后的外来移民潮

1776 年美利坚合众国诞生,建国之初它只占据大西洋沿岸的 13 个州,国土面积约为 80 万平方公里。1783 年,经过北美人民 7 年的浴血奋战,美国取得独立战争的胜利,并从英国那里获得密西西比河东岸 170 万平方公里的土地。此后的 80 余年,这个新兴的国家以战争或购买的方式不断向外扩张:1802 年从法国购入路易斯安那;1819 年从西班牙购入佛罗里达;1846 年发动美墨战争,获得墨西哥的大半国土;1867 年从俄国购入阿拉斯加及周边的阿留申群岛。至 19 世纪 60 年代,一连串的扩张已经使美国的领土由大西洋沿岸拓展到太平洋沿岸,基本上形成今天美国大陆的版图。

伴随着领土的扩张,美国亟须大量劳动力参与国家的建设。虽然 1860 年以前人口以每 10 年 30% 的速度增长,但是大部分人都集中在北部和东部,中部和西部仍有大片土地等待开发。为了吸引劳动力以推动经济的发展，美国的开国元勋们大都倾向于支持移民。杰斐逊在起草《独立宣言》时公开批判英王乔治三世妨碍归化移民的政策，"英王极力阻止各州增加人口，为达到目的而阻挠外籍归化法，拒绝通过鼓励移民的法律，并提高拨用新土地的门槛。"①首任总统华盛顿在 1783 年给一位爱尔兰移民的信中写道："美国的怀抱不仅向富有而受人尊敬的来客开放，也向受到压迫和迫害的各个民族和宗教信徒开放。我们欢迎这些人行使我们的权利和特权，如果他们行为良好，他们值得享有这些优待。"②首任财政部长汉密尔顿对于移民的态度更加积极肯定，他在 1791 年向众议院递交的《关于制造业的报告》中提到，"为外来移民打开每一条可能的通道是美国国家利益之所在，移民的到来为促进制造业的发展提供了强劲而有力的支撑。基于上述原因，制造业的壮大将成为鼓励外来移民的最大动力。就此，人们可以发现，移民不仅是扩充人口的重要来源，也可为国家提供有用的和充沛的劳动力。"③第四任总统詹姆斯·麦迪逊的观点如同汉密尔顿一样，认为美国的发展和繁荣离不开外来移民，只有引进欧洲先进的技术和熟练的手工业技术人员，美国才能超过欧洲。这些对待移民远见卓识的态度对美国早期移民政策的形成具有重要的指导意义，美国建国初期的历届政府基本都采取宽松的自由移民政策。

各州政府，特别是新加入美国联邦或新成立的州政府，争相推出优惠的移民政策吸引移民，以此谋求本州经济的加速发展以及在国会中更多的议员席位。密歇根州于 1845 年成立移民委员会，派遣专员前往纽约、波士顿等港口城市招募移民；威斯康星州鼓励州内居民写信动员欧洲的亲属前来定居；明尼苏达州派专员到美国东部和西欧国家发放用英语、德语、法语等书写的《移民手册》，招揽欧洲人到新世界寻求自由和独立。1865 年南北战争结束后，代表工业资本主义的北方获胜，南北方确立相对一致的经济形态，工业化由此在美国全面铺开，各地对劳动力的需求更加旺盛。为了吸引移民，各州更是铆足干劲，华盛顿、俄勒冈、加利福尼亚等州均在美国东部和欧洲设立办事处，力图以低廉的土地价格和优越的工资待遇吸引移民。截至 1870 年，美国共有 30 多个州成立移民局或移

---

①　Scott J. B. The Declaration of Independence, the Articles of Confederation, the Constitution of the United States[M]. New York: Oxford University Press, 1917: 9.

②　Daniels R. Guarding the Golden Door: American Immigration Policy and Immigrants Since 1882[M]. New York: Hill and Wang, 2004: 7.

③　Syrett H. C. & Cooke J. E. The Papers of Alexander Hamilton, vol. 10, December 1791—January 1792[G]. New York: Columbia University Press, 1966: 230 - 340.

民委员会,主要目的是向移民提供就业机会、工资待遇以及生活旅游等信息。

在联邦政府和州政府的支持和鼓励下,美国移民的数量不断攀升。1819 年国会通过法案,规定自 1820 年 9 月 30 日起,运载移民的船主须向入境口岸申报入境人员的名单、身份和国籍等。法案生效后,联邦政府开始记录入境人员数量。据统计,19 世纪 20 年代入境美国的人数为 15.9 万,到 80 年代人数激增至 524.6 万,约 20 年代的 33 倍。1820 至 1880 年入境总人数达到 1 018.9 万,其中 1865 至 1875 年入境人数为 350 万,创下美国建国以来入境人数的最高峰。[①] 不仅如此,移民的来源地也呈现出一些较为显著的变化。1820 年以前的移民主要来自英国,而在 1820 至 1880 年间,来自德国和爱尔兰的人数跃居第一和第二,分别为 305 万和 282 万,英国移民人数则退居第三,为 92.6 万。除此之外,还有一些移民来自北欧、亚洲和加拿大,其中亚洲移民约为 23 万,绝大多数为华人,达到 22.8 万。[②] 华人移民自 19 世纪 50 年代起纷至沓来,他们主要受加利福尼亚州"淘金热"的诱惑,以劳工的身份来到美国,希冀能在大洋彼岸实现一夜致富的梦想。

来自世界各地的移民为美国建国后经济的发展注入强劲的动力,其规模之大,影响之深远,被美国历史学家誉为"伟大的人类迁徙运动"。他们一方面为西部开发和工农业发展提供丰富而廉价的劳动力,另一方面为美国带来免费的先进生产技术——来自西欧和北欧的移民带来钢铁、纺织等工业技术,来自亚洲的移民带来耕作、园艺等农业技术。虽然移民们最初是为了追求自身的自由和幸福踏上这片新的土地,但当他们抵达这里,却毫无保留地用辛勤的双手开拓荒野、修筑铁路、采掘矿产、建设高楼,并发挥他们的聪明才智在原有的技术成果上不断革新,推动生产方式的变革,为美国建国后的迅速崛起作出不可估量的贡献。

二、英语在美国主导地位的确立

美国尚未独立之前,北美大陆上的语言状况纷繁复杂。印第安人数以百计的原住民语言与欧洲各国殖民者形形色色的语言交错共存,形成"色拉碗"的语言格局。后来随着英国殖民者数量的与日俱增,加之英国在世界上日益强大的

---

① 宿景祥. 美国经济统计手册[M].北京:时事出版社,1992:13.

② Bennett M. T. American Immigration Policies:A History[M]. Washington, D. C.:Public Affairs Press,1964:14.

影响力,英语逐渐在北美流行。"美国的语言,确实表现出一种惊人的一致性……这种一致性的起源,可以追溯到英国殖民者在美洲定居的最初岁月。"①有别于其他国家的殖民者,英国殖民者从殖民初期就强烈地期望能在新大陆使用同一种语言。他们不仅坚守母国传统的生活方式,而且通过传播宗教和兴办学校等途径积极推广英国的语言和文化。随着时间的推移,盎格鲁-撒克逊文化以及英语的优势地位开始显现,"一种共同的口头语言(英语)很快在这片广袤的大陆上回荡"②。

　　美国建国伊始,虽然宪法没有赋予英语官方语言的地位,但这并不意味着联邦政府对语言问题视而不见,而是英语在美国独立前已经取得了优势地位,而且独立战争的胜利使美国国内的爱国主义情绪高涨,美国"飘扬着一面国旗,回响着一首国歌,说同一种语言"的理念得到民众的普遍支持和拥护。对于刚刚成立的联邦政府而言,当务之急是趁势通过政治力量建构国家认同以巩固新生的政权。18世纪至19世纪欧洲的民族国家普遍认为,集体性政治认同的基础是共同的文化,而共同文化的核心是语言。由于英国殖民者在北美的殖民统治长达近170年,脱胎于英国殖民地的美国深受英国传统的影响,盎格鲁-撒克逊文化顺理成章地成为美国国家认同的基础。这种文化的核心要素包括"英语;基督教;宗教虔诚;起源于英国的法治理念、统治者的责任理念和个人权利理念;敢于持异议的新教价值观,包括个人主义、工作道德,以及相信人有能力和义务创造人间天堂"③。因此,虽然建国初期德语、荷兰语、法语等在社会上仍广泛流行,但开国元勋们对于将英语作为统一语言的理念坚定而清晰,即"使用同一种语言(英语),将能够保证民主,防止任何群体(包括那些说其他语言的群体)攫取特权"④。这一点从1787年通过的宪法用英语书写可见一斑。尽管联邦政府没有公开颁布支持英语的相关政策,但有学者认为,"美国选择用英语书写宪法,这其

---

①　Boorstin D. J. The Americans：The Colonial Experience[M]. New York：Random House，Inc.，1958：360 - 361.

②　Boorstin D. J. The Americans：The Colonial Experience[M]. New York：Random House，Inc.，1958：283 - 290.

③　塞缪尔·亨廷顿. 我们是谁?：美国国家特性面临的挑战[M].北京：新华出版社，2005：3,115.

④　Ricento T. Language Policy in the United States[M]// Herriman M. & Burnaby B. Language Policies in English-Dominant Countries. Clevedon：Multilingual Matters，1996：122 - 158.

实是政府推崇英语和打压其他语言政策的开始"①。

与此同时,人口的频繁迁移也是英语在美国取得主导地位的重要推动因素。英国殖民者原本来自英国的四面八方,他们的英语带有不同地方的地域特色,但是南腔北调的他们来到美国之后,经过长期的交流和融合,其语言却表现出惊人的一致性。无论来自何种阶层的人,普遍能说准确而合乎文法的英语,而且口音的差异也渐渐模糊。著名的政治家和教育家约翰·威瑟斯庞(John Witherspoon)注意到人口流动对语言统一的重要作用,他评价道:"美国民众所说的英语远比英国民众地道得多,其原因显而易见,即这里的人居住地点很不固定,经常从一个地区流动到另一个地区,因此他们无论是在发音还是用词方面,都不那么容易沾染地方色彩。英国一个郡和一个郡之间的方言上的差别,要比美国一个州和另一个州在方言上的差别大得多。"②伴随建国后领土的不断扩张,联邦政府为了推动西部的开发与建设,颁布了一系列的土地法案,通过出售或赠予等手段将西部国有土地逐步私有化。在一系列鼓励性政策的刺激下,人们开始大规模地从东部和北部13个州向中部和西部地区迁移,英语也随着人口的迁移传播到更广阔的区域。人口的流动加速了英语的传播,在广袤的土地上,操着不同语言的人们为了在日常交往中能够顺利地进行交流,不约而同地选择了英语作为通用语。

政治力量的隐性支持和社会上人口的快速流动形成自上而下和自下而上的两股力量,最终确立了英语在这个新兴国家的主导地位。尽管此时不断有外来移民涌入美国,他们带来各自的语言和文化,组建各自的社区,但这并没有撼动英语和盎格鲁-撒克逊文化的主导地位,因为这些亚社会的网络已经镶嵌在整个大社会的基本轮廓之中,这个基本轮廓带有鲜明的盎格鲁-撒克逊文化的印记。所以实际发生的情况往往是,移民为了尽快融入美国主流社会,不得不学习和使用英语,这是人类对环境变迁的一种自然反应。"一般而言,来自非英语民族的移民,很快就被同化……由于较高的社会阶层已经使用着美洲的语言,那些希望在社会阶梯上步步高升的新移民说着'结结巴巴的英语',由此表现他们对使用

① Hernandes-Chavez E. Language Policy in the United States: A History of Cultural Genocide[M]// Skutnabb-Kangas T. & Phillipson R. Linguistic Human Rights: Overcoming Linguistic Discrimination. New York: De Gruyter Mouton, 2010: 141-158.
② Boorstin D. J. The Americans: The Colonial Experience[M]. New York: Random House, Inc., 1958: 308.

一种共同语言的意愿……"①

三、无为而治政策下的传承语教育

北美大陆自殖民地时期起就存在多语共生的现象。欧洲各国的殖民者抵达新大陆后继续使用他们的语言；印第安人虽然遭到驱逐和杀戮，也仍保留着为数众多的土著语言。17 世纪后期，英语开始在东岸的 13 块殖民地占据优势，但是德语、荷兰语、法语、瑞典语、爱尔兰语以及威尔士语依然流传甚广。美国独立之后秉承自由、民主、平等的观念，加之英语本身在历史发展中取得的优势地位，直到 19 世纪末，联邦政府总体上采取的是无为而治的语言政策（lassez-faire policy），将选择语言的权利留给人民，而未将英语规定为官方语言。正如马歇尔（Marshall）所说："我们国家的创立者们没有很明确地选择一种官方语言，因为他们认为语言是个人选择的私事。"②

在这种无为而治的语言政策指引下，美国广泛存在着少数族裔的传承语教育。当来自世界各国的移民踏上北美这块大陆时，陌生的环境促使他们急切地寻找群体的安全和温暖，他们自然而然地聚族而居，组建自己的社区，用祖籍国的语言交流、办报、传教或者办学校，维持他们在祖籍国时的生活习惯和宗教信仰。以德裔移民为例，他们民族认同感强烈，喜好聚居，不论宗教礼仪、文化教育，还是社区交往都自成一族，形成封闭的德意志语言和文化圈。他们保护民族语言文化的突出表现是兴办德文报刊和德语传承语学校。在俄亥俄州、宾夕法尼亚州、密苏里州和马里兰州等德裔人口多的地区，社区中的德语传承语学校数量众多且享有盛名。有研究显示，1886 年美国有 280 000 名儿童就读于 2 066 所德语传承语学校。③ 除此之外，在美国其他地方也存在着各式各样的传承语学校，譬如路易斯安那州的法语学校、新墨西哥州的西班牙语学校、密歇根州的荷

① Boorstin D. J. The Americans: The Colonial Experience[M]. New York: Random House, Inc., 1958: 360 - 361.

② Marshall D. F. The Question of an Official Language: Language Right and the English Language Amendment[J]. International Journal of the Sociology of Language, 1986, 60: 7 - 75.

③ Fishman J. A. 300-plus Years of Heritage Language Education in the United States [M]// Peyton J. K., Ranard D. A. & McGinnis S. Heritage Language in America: Preserving a National Resource. Washington, D. C. & McHenry, IL: Center for Applied Linguistics & Delta Systems, 2001: 81 - 96.

兰语学校、威斯康星州的意大利语学校、得克萨斯州的捷克语学校等。在这些来自不同国家的移民眼里,传承祖辈的语言与参与美国的社会生活并不矛盾。因此,他们在融入美国社会的同时,也在族群身份认同的驱动下兴办社区传承语学校,以期保持祖籍国的语言和文化。社会各界对此也持比较宽容的态度,并未将移民的传承语教育视为对社会稳定和国家团结的威胁。美国第三任总统杰斐逊本人也擅长西班牙语和法语,但他同时也是英语和盎格鲁-撒克逊文化的坚定支持者,他认为使用两种语言的能力标志着受过良好的教育。在这种氛围下,不同族裔的移民在各自社区中自发地保留着本民族的语言和文化,开启了早期的传承语教育实践。费什曼在回顾美国传承语教育的历史时评价道:"早期社区传承语学校的创立不仅帮助移民传承祖籍国的语言,也对美国建国初期的教育以及与教育相关的立法作出重要的贡献。"[1]

19世纪30年代,美国掀起轰轰烈烈的公立学校运动,政府大力兴办免费的公立学校。为了吸引民众将子女送入公立学校就读,绝大多数公立学校都允许欧洲的移民把自己的语言和文化引入学校,"只要移民群体在当地拥有足够的政治权力,那么他们的语言,不论是意大利语、波兰语、捷克语、法语、荷兰语或者德语,都会被作为单独的学科抑或是教学用语引进中小学。"[2]移民人口集中的州政府为了赢得民心,甚至通过立法对此加以支持。1839年俄亥俄州率先通过法律,授权公立学校可以根据家长的喜好选择使用英语、德语或者双语授课;1847年路易斯安那州认可公立学校使用法语和英语进行双语教育;1850年新墨西哥州通过西班牙语与英语双语教育法案;到1900年,宾夕法尼亚州、科罗拉多州、伊利诺州、艾奥瓦州、密苏里州等十几个州均通过法规授权公立学校实施双语教育或者使用少数族裔的语言进行教育。一些州即便没有通过正式的法律,也默许学校使用英语以外的其他语言。此前一直遭到"全方位盎格鲁化"的印第安土著语言和文化也得到较为宽容的对待。政府允许印第安儿童在学校里学习本民族的语言、历史和艺术。俄克拉何马州的切罗基族印第安人就在该州建立了21所双语学校,让印第安儿童在学习英语的同时,最大限度地传承本民族的语言和文化。

① Fishman J. A. 300-plus Years of Heritage Language Education in the United States [M]// Peyton J. K., Ranard D. A. & McGinnis S. Heritage Language in America: Preserving a National Resource. Washington, D. C. & McHenry, IL: Center for Applied Linguistics & Delta Systems, 2001: 81-96.

② Diego C. The Best of Two Worlds[M]. Trenton: New Jersey States Department of Education, 1983: 22-23.

从 1776 年建国到 19 世纪 80 年代这 100 余年的时间里，伴随着领土的扩张和经济的发展，美国对劳动力的需求不断增加。为了彰显自由、民主、平等的建国理念以吸引更多移民的到来，联邦政府奉行无为而治的语言政策，允许少数族裔的语言和英语并存。这样的语言政策既能满足现实需要，又能稳定人心，是审时度势的选择。在如此语言政策的影响下，少数族裔将保持和使用本民族的语言视为理所当然的行为，主流社会对语言多样性也未多加干涉。因此，当 19 世纪 50 年代广东沿海一带的民众成千上万地来到这片土地时，他们也如同其他族裔一般抱团而居，在社区中维持着本民族熟悉的语言和文化，以求在异乡找到些许的温暖和慰藉。待生活逐渐稳定、华人儿童达到一定数量之后，他们亦开始自发地考虑起后代的中文传承语教育问题。

第二节　美国华人社区的形成及其特征

一、华人赴美浪潮的肇始

1820 年，美国移民局首次对入境移民的数量、职业以及民族进行统计，关于抵美华人的记录也由此开启。但依照一些学者的记载，早在 18 世纪中后期，美国东西两岸已经有华人的踪迹，这些零星而至的华人通常是追随商船的海员或者商人。尽管华人抵美的历史可追溯至更远，但 1848 年以前抵美的华人总体上数量寥寥。根据移民局的记录，1820 年至 1848 年，有史可查的抵美华人数量为 46 人。① 由于人数稀少，他们中的一些人被视为"奇珍异宝"，受到各地美国人的观赏。譬如 1834 年抵美的第一位华人女性阿芳妹(Afang Moy)就曾身穿清朝传统服饰，坐在华美的中式椅子之中，成为美国各地文化展览的展出人物。②

华人的大规模抵美起始于 1848 年加利福尼亚州发现金矿之后。1848 年 2 月美墨战争结束，美国吞并墨西哥的半壁江山；今天的亚利桑那、加利福尼亚、内华达、犹他州的全部土地，以及得克萨斯、科罗拉多、新墨西哥、怀俄明等州的部分土地都被纳入美国的版图。几乎与此同时，美国人詹姆斯·W. 马歇尔(James W. Marshall)在加利福尼亚州美利坚河的支流中寻获黄金。这一消息不胫而走，传遍世界各地。

---

① 刘伯骥. 美国华侨史[M]. 台北：黎明文化事业公司，1976：49.
② 张纯如. 美国华人史[M]. 新北：远足文化事业股份有限公司，2018：59.

1848 年 10 月消息传至广州，随后引发珠江三角洲华人赴美淘金的热潮。根据美国海关的入境报告，1849 年华人入境数量为 325 人，1850 年为 450 人，1851 年为 2 716 人，1852 年升至 20 026 人；从 1852 年至 1867 年这 15 年间华人入境人数共计 104 627 人，平均每年有 6 500 多人抵达美国。① 这一时期赴美的华人几乎都来自广州的三邑和四邑地区，三邑包含南海、番禺、顺德三县，四邑包含台山、新会、开平、恩平四县，还有少数来自广州的其他地区如花县、三水、四会、清远、中山等。他们乘船横渡太平洋，抵达加利福尼亚州的圣弗朗西斯科（San Francisco）。根据方言的发音，他们称之为三藩市。三藩市是华人抵美的首站，又是黄金的主要产区，所以它很快成为华人口口相传的"金山"。1851 年澳洲新南威尔士发现金矿，墨尔本成为"新金山"，三藩市遂改称为"旧金山"。对于当时珠江三角洲的许多人来说，旧金山是他们实现"黄金梦"的地方，当地曾流传这样的歌谣："燕雀喜，贺新年，爹爹去金山赚钱，赚得金银成万两，返来起屋兼买田。"② 这首歌谣不仅反映了华人对于"黄金梦"的向往，也说明许多华人最初赴美的本意在于谋生，并非久居美国。对于他们中的许多人而言，上有养育之恩，下有抚育之责，只要略有积蓄，就想旋即回国购田置屋。根据美国海关出境人数的报告，1852 年至 1867 年间出境华人共计 46 623 人，平均每年有 2 900 多人踏上返乡之路。③

　　1855 年后，加利福尼亚州的黄金产量急剧下降，华人纷纷另谋生计，他们有的到三藩市的毛织厂或雪茄厂做工，有的在乡村农场当农工。1861 年美国南北战争爆发，出于战略需要，联邦政府在 1862 年通过法案，修建全长 2 800 英里横贯东西部的铁路。铁路由东西两端同时修建，由于当时美西劳动力短缺，铁路公司开始尝试雇佣华工。大部分华人矿工转而参加筑路工作，他们的廉价和勤劳赢得了雇主的青睐。从 1865 年至 1869 年，约有 14 000 多名华工参加从加利福尼亚州萨克拉门托市（Sacramento，华人也称之为沙加缅度）到盐湖的筑路工作，他们用自己的辛勤劳动使这项伟大的工程顺利完成。④ 1868 年美国政府与清政府签订《蒲安臣条约》，其目的除了打开中国商品市场大门之外，也意在招揽更多华工参与美国西部的开发与建设。条约主要包含以下八款内容：第一，尊重中国在划给各国的贸易通商口岸及其洋面的主权，美国保证不在中国的通商口

---

① 刘伯骥. 美国华侨史［M］. 台北：黎明文化事业公司，1982：48.
② 陈元柱. 台山歌谣集［M］. 广州：中山大学语言历史学研究所，1929：25.
③ 刘伯骥. 美国华侨史［M］. 台北：黎明文化事业公司，1982：49.
④ 麦礼谦. 从华侨到华人：二十世纪美国华人社会发展史［M］. 香港：三联书店，1992：8.

岸及其洋面与别国争战、劫夺,但不能因此条而剥夺美国的自卫权;第二,中国于原定贸易章程外,欲与美国商民另开通商、行船之路,皆由中国做主自定章程,但不得违反原约规定;第三,清政府得在美国各埠设立领事,美国当照各国例予以优待;第四,两国侨民在对方国度均不得因宗教信仰不同而受到"欺辱凌虐""屈抑苛待";第五,两国均不得禁阻人民互相往来、贸易游历、久居入籍;第六,中美相互给予在对方国度的人民以"相待最优之国"人民的待遇;第七,两国人民均可在对方国度进入大小官学,并设立学堂;第八,美国向不赞成无故干涉代谋别国内政,中国将来办理各种制造事业需外国帮助时,美国自愿襄助。①

《蒲安臣条约》的第四、五、六、七款均对在美华人的权益做出了保障,华人享有宗教信仰自由、贸易往来自由以及受教育的自由。条约签署之后,珠江三角洲地区再次掀起了赴美浪潮。19世纪70年代,平均每年大约有10 000华人入境,其中包括一些曾回国又重返的"旧客",到1880年,在美华人的数量已经达到115 688人(详见表2-1)。这一时期的华人大部分分布在美西的各大矿区,他们怀着热切的"黄金梦",希望在这片土地上尽快发家致富。因此,只要哪里发现新的金矿,他们就涌向哪里,美西的加利福尼亚州、俄勒冈州、爱达荷州、内华达州等遍布着他们的足迹。许多地方当时还是深山野林或者不毛之地,华工不但要和残酷的大自然搏斗,而且在一些地方还要提防土著印第安人的袭击,但是凭借坚忍的性格和勤劳的双手,他们为美西创造出巨大的矿产财富。怀俄明州的一位矿主说:"现在,走遍全世界也难以找到比这些中国人更出色的煤矿工人了。"②

表 2-1　在美华人数量表(1850—1880)

年　份	总　数	男　性	女　性	男女比例	外国出生与本国出生比例
1850	758	无数据	无数据	无数据	无数据
1860	34 390	33 190	1 200	27.65∶1	无数据
1870	61 191	57 285	3 906	14.67∶1	121.25∶1
1880	115 688	108 307	7 381	14.67∶1	88.15∶1

资料来源: Ruggles et al. Integrated Public Use Microdata Series.

---

① 文庆,等. 筹办夷务始末(同治朝):卷69[A].北京:中华书局,2014:18-21.
② 陈依范. 美国华人史[M].北京:世界知识出版社,1987:65.

二、华人赴美浪潮的成因

费孝通在《乡土中国》中曾说过:"以农为生的人,世代定居是常态,迁移是变态。"华人千百年来深受安土重迁思想的影响,大多是不愿背井离乡的。那么在19世纪中期,是何缘故促使珠江三角洲地区的华人大规模离开故土,远渡重洋抵达一个完全陌生的国度呢?

早在1885年,美国社会学家 E. G. 莱温斯坦(E. G. Ravenstein)就曾对人口迁移的规律进行研究,他指出促使人口产生迁移的动力既有迁出地"推"的因素,又有迁入地"拉"的因素。后来这一结论经过其他学者的丰富发展,形成了著名的解释人口迁移的"推拉模型"。根据这一模型,早期华人移民美国的原因既有中国方面的推力,又有美国方面的拉力。推力是指当时中国存在一些不利于生存发展的消极因素,迫使人民离开家园。1840年鸦片战争以后,清政府为了支付战争赔款,加紧搜刮百姓;贪官污吏、土豪劣绅趁机盘剥勒索;由于历年的自然灾害,下层人民生活在水深火热之中。不堪重负的人们纷纷揭竿而起,其中在以广东、广西为首的华南地区武力反清活动最为频繁。1850年底至1851年初,华南地区爆发金田起义并迅速发展成声势浩大的太平天国运动。这场农民运动历时13年,席卷数十省,社会愈加动荡不安。经济的衰败以及政治的动乱使人们不得不另寻出路,而此时大洋彼岸的美国作为新兴的资本主义国家,却具备吸引外来移民的积极因素。经济的发展亟须大量的劳动力,加利福尼亚州金矿的发现衍生出诱人的"黄金梦",再加上这一时期联邦政府奉行自由移民政策,种种利好因素对当时生活困顿的人们产生巨大的诱惑,拉动他们为实现"黄金梦"而远渡重洋。

"推拉模型"主要从宏观上解释人口迁移的现象,这一理论受到的主要批评是它将人口迁移描述成群体被动接受"推拉"的过程,忽视移民自身的主观能动性,也无法解释在相似的推拉作用下,为什么是某些特定群体选择迁移,而不是其他群体。19世纪中期到20世纪中期赴美的华人主要来自珠江三角洲的三邑和四邑,其中以台山县为最,占这一时期赴美华人的60%。那么该地区的人们具备什么样的特征,使他们能够成为赴美的先锋呢?

首先,珠江三角洲位于广东省的珠江下游,与东南亚地区隔海相望,海陆交通便利。清代《顺德县志》记载:"昔者五岭以南皆大海耳,渐为洲岛,渐成乡井,民亦藩焉。"这里的人们早在秦汉时期就开始发展海上交通,逐海洋之利。由于长期置身于惊涛骇浪、台风频繁的地理环境，他们在同大海的搏斗中培养了对大海的适应能力，积累了与大海共存的丰富经验。其中一些人逐渐脱离土地，成为以海为生的非农业人才，他们敢于竞争、敢于冒险、抱团聚义，具有强烈的商品意识和开放意识。其次，1757年清政府下令关闭江、浙、闽三个海关，从此至1842年广州成为中国对外开放的唯一港口。虽然1842年以后清政府被迫开放五口通商，但广州仍然是重要的对外贸易枢纽。长期的对外交流使这一地区的人们得西方风气之先，勇于反抗，敢于创新。鸦片战争后，珠江三角洲作为岭南文化的繁荣地带，处处迸发着超越传统的进取精神，孕育出康有为、梁启超、孙中山等后来在中国近代历史舞台上扮演重要角色的人物。再者，1784年，美国商船"中国皇后号"首航广州，掀开中美贸易的序幕。不少美国商人、传教士来到珠江三角洲进行商业和传教活动。他们带来大洋彼岸的消息，包括后来加利福尼亚州的"黄金梦"。当地人早年在与英国人打交道时已经创造出一种以中文表达习惯和词序为基础的"广东英语"。这种英语"虽然是没有句法也没有逻辑联系的语言"，却"很牢固地扎下了根，成了许多数额巨大的生意或极为重要的事情的便利的交际媒介"①。"广东英语"在某种程度上消除了交流障碍，有利于人们获得更多资讯，进而萌生对外部世界的渴望。美国华人学者陈勇认为："珠江三角洲最早成为中国与美国以及其他西方国家交流的中心。追求中国市场利益的美国商人与关注中国人灵魂拯救的美国传教士都聚集在这里，他们传播着有关新世界的消息……正是通过这种往来和联系，发现黄金的消息才传到了当地居民那里。简言之，1850年以前，华南地区与美国日益密切的联系为19世纪中叶华人移民潮的开始创造了前提条件。"②

通过上述分析可知，这一时期赴美的华人并不一定是被迫离开家园的贫苦农民，他们中的一些人是十分具有冒险精神和商业意识的，通过在国内与"西洋人"的接触与交流，他们减少了对异域文化的恐惧，燃起了对大洋彼岸"黄金梦"的希冀，并最终踏上跨越太平洋的旅程。"初期抵美者，并非为出卖劳力而来，亦非苦力阶级，极少往矿区。他们来到这里的，大部分是从事经商与贸易。"③然而，清政府被迫开放五口通商之后，贸易中心已逐渐由广州转向上海，直到20世

① 威廉・亨特. 广州番鬼录 旧中国杂记[M]. 广州：广东人民出版社，2009：63.

② Chen Y. Chinese San Francisco，1850 - 1943：A Trans-Pacific Community[M]. Redwood City：Stanford University Press，2000：12 - 13.

③ 刘伯骥. 美国华侨史[M]. 台北：黎明文化事业公司，1982：99.

纪中期,赴美华人的来源地为何仍然集中在珠江三角洲地区呢?

对这一问题的解答可以借助社会网络理论。美国社会学家林顿·弗里曼(Linton Freeman)认为:"相互依赖关系是社会网络的基础。在社会网络里面,社会连结对个人有影响:除了社会援助之外,社会连结还有助于物资、资讯以及机会的流动。"①早期华人抵达美国之后,面对举目无亲的新环境,大多聚集在一处生活。他们利用血缘、地缘和业缘等纽带创建各种社团,在异国他乡互帮互助,谋求生存。他们在美国安顿以后,采用书信联系、人员往来、侨汇等方式构建跨国社会网络,吸引或资助更多同乡、同族或同宗之人来到美国。譬如开平县的张思逸,通过在美国开设中药店和农场,资助家族中 40 多名成员前往美国。②社会网络所提供的资讯成为驱动这一地区华人赴美的重要因素。他们抵美之后,又能得到社会网络提供的住房、财务或心理等支持,这为赴美行动的实现增加了可能性。

随着赴美华人数量的不断增加,在珠江三角洲逐渐演绎出一种移民文化,这种文化是在融合迁出地和迁入地的价值观念、行为准则、人生态度基础上产生的自主的、跨国的虚拟空间。在这个虚拟空间中,取得物质财富的移民被视为榜样,成长中的年轻人将迁移国外闯出一片天地视为人生的目标。一位前往旧金山的华人周力在他的回忆录中提道:"我所在的村子里有个男人,离开时是个身无分文的小男孩,十数年后却带着无法估量的钱财回来。他在美国辗转数年赚了许多钱,在一个叫作'勿街'的城市里做生意⋯⋯回乡后,他建了一幢宫殿般的房子,有二十多座亭台楼阁,围墙里面有小桥流水,鸟语花香⋯⋯这个人的财富和排场深深地感染了我,于是我悄悄地也有了要到美国去发财的想法。"③成长中的一代代新人在移民文化潜移默化的浸染之下,自然而然地追随前人的足迹,走上赴美之路,迁移行为因此在该地区生生不息地延续下来。即便在 1882 年美国通过《排华法案》之后,珠江三角洲的人们仍然尝试通过各种各样的途径源源不断地奔赴美国。

① Freeman L. Social Network Analysis: Definition and History, Encyclopedia of Psychology[M]. Oxford: Oxford University Press, 2000: 350-351.

② Liu H M. The Transnational History of a Chinese Family: Immigrant Letters, Family Business and Reverse Migration[M]. New Brunswick: Ringers University Press, 2005: 2.

③ Lee C. The Life Story of a Chinaman[M]// Holt H. The Life Stories of Undistinguished Americans as Told by Themselves. New York: Routledge, 2000: 32.

三、早期华人社区的特征

1848 年加利福尼亚州发现金矿以后，华人接踵而至。最初抵美的华人大都不是为出卖劳力而来，他们通常散居在旧金山从事商贸活动，售卖一些具有中国特色的产品，如丝绸、扇子、铜壶等。1850 年后，赴美华人骤然增加，他们中的大多数怀揣着"黄金梦"，渴望尽快在这片充满希望的土地上赚到第一桶金，于是抵美后马上奔赴加利福尼亚州的矿区或者农业区。也有一些人选择留在旧金山经营餐馆、洗衣店或是杂货铺等。不久后，旧金山市中心朴次茅斯广场附近形成了美国最早的中国城（Chinatown，也称唐人街或华埠）。1850 年中期，旧金山中国城里已经有 33 家杂货铺，15 家药材铺，5 家餐馆，3 家裁缝店，3 家客栈，5 家理发店，5 家肉铺，1 家粤剧院……①这些商户的门外高悬着写着中国字的招牌、红色的灯笼和三角形的黄绸旗，窗外张贴着各式各样的汉字书写的广告或通告。附近的华工来这里采办日常所需或是闲逛玩乐，人们用熟悉的粤方言沟通交流，感觉宛如回到故土。"唐人街确实创造了一种环境，使华人感到舒适和安全。在这里，没有人用眼睛盯着他，没有人嘲笑他，也没有人虐待他。他在这里吃饭可以使用筷子，不必使用刀叉；可以泡茶，不必喝凉水；可以穿舒适的中国便装，不必去穿浆硬领口的衬衫和结上不听使唤的领带；可以用广东方言讲话和骂人，可以开怀畅饮五加皮酒或打一局麻将。"②在这些"独在异乡为异客"的日子里，中国城让他们感到温暖而放松，这里是他们假想的故乡，有他们熟悉的语言、食物和生活景象，他们因此把这里亲切地称为"小广州"。

1855 年后随着黄金产量的下降，许多矿工放弃采矿，回到旧金山的工厂做工，他们通常定居在中国城，旧金山中国城的规模因此逐渐扩大，成为美国华人经济、政治和文化的中心。19 世纪 60 年代，许多华人参与到美西铁路的建设中。筑路完成之后，不少华人留在铁路沿线的市镇或乡村谋生，他们生活在一起，互助守望，逐渐在当地形成或大或小的中国城。到 19 世纪 80 年代，较具规模的中国城还有波特兰的中国城、洛杉矶的中国城等。华人在中国城里的饮食起居保持着广东民间的习惯，男性留着清朝的长辫，女性多遵守缠足的风俗。1869 年《纽约论坛报》这样描述他们的生活："在中国城的商店，中国

① 张纯如. 美国华人史[M]. 新北：远足文化事业股份有限公司,2018：90.
② 吴景超. 唐人街：共生与同化[M]. 天津：天津人民出版社,1991：152.

人切烧猪肉、宰鸡杀鸭、用缝纫机做衣服、手卷雪茄烟,并用新式的美国机器制造白铁工具。每间商店的橱窗内,陈列着各色中国货品,柜面的经理忙着用算盘记账或计算数目,又用毛笔书写账簿。补鞋匠在修理皮鞋,钟表匠在修理钟表。在轮船公司办事处,中国职员能说流利的英语。"①从中可见,彼时的中国城处处保留着华人故土的生活印记,但其中也夹杂着些许美国社会的生活气息。

中国城最初是华人抵美后自发组建的社区。如同其他族裔移民一般,华人面对人地生疏的环境,为了联络乡亲、保障安全以及互通信息,自然而然地聚集在一起生活。如表 2-2 所示,到 1880 年,大部分华人仍居住在西部各州,其中以加利福尼亚州为最,居住在这里的华人占全美华人总量的 75%。当华人的规模在当地还无足轻重时,中国城与美国社会并未形成隔离之势,主流社会还一度对华人的到来表现出热情,认为他们从古老的文明而来,拥有勤劳、安静、耐心的美好品质。然而,随着华人数量的不断增加,社会上的排华情绪开始蔓延。特别是 1870 年以后,美国遭遇严重的经济危机,大量工人失业,西部各州在此期间又恰好遭遇旱灾,农民失收,经济衰败,种族主义分子开始将歧视的矛头指向华人。华人最集中的加利福尼亚州成为遭受种族主义攻击的策源地和重灾区,根据首任驻美公使陈兰彬 1878 年的记载,加利福尼亚州的美国暴徒"专向华人,始犹殴辱寻仇,近且扰及寓庐,潜行焚掠。始犹华佣被虐,近且逼勒雇主,不准容留。而又设誓联盟,敛赀谣煽,欲使通国附和,尽逐华人而后已"②。随着时间的推移,个别无组织的攻击逐渐发展为大规模有组织的排华运动,最终导致 1882 年国会通过《排华法案》。此后华人的处境更加窘迫,美西迭起排华暴动,许多城镇驱逐华人,其他地区的华人也受尽偏见和凌辱。缺乏政治力量的华人只能退守中国城以寻求自保,"中国人度过那些日子,是令人可怜的状态! 我们是唯有惊慌恐怖,一到晚上,深居门户,以免背后饮弹。当我们行经街道时,常受白种儿童的唾污,或呼我们为老鼠。"③直到《排华法案》废除以前,种族主义的浪潮将中国城从主流社会隔离开来,各地的中国城成为华人的避难所,华人只能在此自成一体,休戚与共以谋发展。

---

① 刘伯骥. 美国华侨史[M]. 台北:黎明文化事业公司,1982:107.
② 陈兰彬. 使美纪略[M]//福建师范大学历史系华侨史资料选辑组. 晚清海外笔记选. 北京:海洋出版社,1983:122.
③ 刘伯骥. 美国华侨史[M]. 台北:黎明文化事业公司,1982:476.

表 2-2　在美华人各州数量分布表(1860—1880)(仅列高于 1 700 人的州)

年份	州名	总数	男性	女性	男女比例	占全美华人比例
1860	加利福尼亚	34 090	32 990	1 100	30∶1	99%
1870	加利福尼亚	50 672	47 367	3 305	14∶1	83%
	内华达	3 910	3 409	501	7∶1	6%
	俄勒冈	2 100	2 100	0	100∶0	3%
1880	加利福尼亚	86 290	80 206	6 084	13∶1	75%
	内华达	7 469	7 707	399	19∶1	6.5%
	俄勒冈	8 461	8 062	399	20∶1	7.3%
	华盛顿	1 687	1 687	0	100∶1	1.4%
	怀俄明	1 800	1 800	0	100∶1	1.5%

资料来源：Ruggles et al. Integrated Public Use Microdata Series.

中国城是华人在异国他乡面对强势文化以及种族主义构筑起来的集体防御屏障,在这里他们保持传统的生活方式,团结互助以实现自我保护。这一时期的中国城具有如下三个特征：第一,华人社区的人口构成以男性为主。如表 2-2 所示,在 1880 年以前华人聚居的各州中,男女数量的差距悬殊,有的州甚至没有女性人口的记录。男性华人离妻别子只身赴美,他们通常抱的是寄居者的心态,目标是在美国赚取钱财后衣锦还乡。加上后来愈演愈烈的排华风潮,许多人更加坚定返乡的决心。所以这一时期华人社区中的家庭并不多见,儿童自然也不常见。根据刘伯骥的记载,1867 年旧金山的华人儿童约为 500 名。[①] 第二,与中国士农工商的封建秩序不同,商人是美国华人社区的领导阶层。商人最早随商船抵达旧金山,他们以旧金山为枢纽,从事进出口贸易活动。也有一些华人抵美后白手起家,在旧金山经营各类店铺和商号,其中洗衣店、餐饮店、杂货铺、中药铺最为常见。随着经营规模的扩大,一些商人着手安排同族或同乡华人赴美,他们从家乡招募新人,帮助他们安顿,为他们提供就业机会,代他们汇款回乡……渐渐地,拥有财富和人脉的商人就在华人社区中树立起威信,成为中国城的主要领导力量。第三,金山中华会馆是美国华人社区的最高自治机构。华人

① 刘伯骥. 美国华侨史[M].台北：黎明文化事业公司,1982：355.

抵美后利用血缘、地缘、业缘等关系创建各种会馆,其中地缘性会馆的地位最为显赫。截至 1862 年,旧金山华人社区已经成立六大会馆,这六大会馆构成"华人六公司"(Chinese Six Companies),也就是后来的金山中华会馆。金山中华会馆在调解华人纠纷、维护华人利益、组织文化生活、联络祖国政府等方面发挥着重要的作用,尽管日后其他地区也仿效成立中华会馆,但金山中华会馆仍然是各地会馆的翘楚。

第三节　华人社区中文传承语教育的开启

一、美国公立学校的拒纳

19 世纪 30 年代美国掀起公立学校运动,各地的公立学校为了吸引学生就读,允许在学校里教授少数族裔的传承语或使用双语进行教学,但前提是该少数族裔在当地拥有足够的政治力量。既没有强大祖国作为后盾又没有政治力量的华人显然不在其列。起初零星华人抵达加利福尼亚州时,美国人曾对他们表示欢迎,认为"他们虽然和美国人在不同的政府下成长,又操着不同的方言,然而今天相聚在此,如同兄弟,将得到一视同仁"①。此时个别华人家庭将子女送入公立学校并未引起注意,白人儿童的家长也未有太多反对之词。然而随着华人的纷至沓来,加利福尼亚州社会上的反华情绪开始涌动,一些政客也加入鼓吹和煽动反华的行列。曾于 1852 年和 1854 年两次担任加利福尼亚州州长的约翰·比格勒(John Bigler)宣扬华人是"贪婪的、无道德的、难以被同化的且危害全加利福尼亚州福利的契约苦力"。1859 年,加利福尼亚州教育主管安德鲁·J. 莫尔德(Andrew J. Moulder)建议限制黑人、蒙古人种以及印第安人进入白人儿童的学校。加利福尼亚州政府不久便采纳了他的建议,于 1860 年通过法案,规定"黑人、蒙古人种及印第安人不准进入公立学校就读,凡收容上述人种儿童入学的学校将被停止发放州款补助。如果上述儿童超过 10 名,家长可通过书面申请,由官员特许用公款开设隔离学校进行收容"②。根据该法案的规定,加利福尼亚州公立学校需要向州教育局汇报阻止有色人种入学的证明才能获得补助,自此加

---

① 刘伯骥. 美国华侨史[M]. 台北:黎明文化事业公司,1982:469.
② Moulde A. J. Report of State Superintendent of Public Instruction[R]. Sacramento, California,1859.

利福尼亚州公立学校的大门便悄然向华人儿童关闭了。

1865年新任州教育主管约翰·斯威特(John Swett)试图改变这种教育中的种族隔离状况。他认为"如果社会各阶层都纳税支持公立学校，那就没有理由拒绝任何阶层的孩子接受教育，不论他们是白皮肤、黑皮肤、黄皮肤或者棕皮肤。"①在他的影响下，1865年加利福尼亚州修订1860年法案，规定只要没有白人父母向教育局提出异议，黑人、蒙古人种及印第安人儿童可以和白人儿童就读于同一所学校。但是法案中同时说明"所有州款补助将根据学校普查时在校的5岁至15岁儿童的数量，按比例分配给几个学区，条件是非白人监护下的印第安人儿童和蒙古人种儿童不能被包含在拨款清单中"。这条规定让许多学校仍然不愿接纳华人儿童，因为他们没有被纳入州款补助的范围之内。在此期间加利福尼亚州15岁以下的华人儿童大约500人，半数就读于他们父母资助的私立学校，少数居住在小城镇的华人儿童，由于没有遭到白人家长的反对，得以进入公立学校学习。继任的州教育主管O. P. 菲茨杰拉德(O. P. Fitzgerald)也支持所有儿童享受平等的受教育权，提倡"美国人应该热情欢迎每一个寻求公民权和子女免费受教育权的外国人，因为这片伟大而美丽的土地是献给自由、知识和尊重的"②。然而，如同约翰·斯威特和菲茨杰拉德这样的正义之士量小力微，已经无法对抗社会上日趋强大的排华势力。

在华人最集中的旧金山，不仅公立学校对华人儿童闭门不收，隔离学校的运营也举步维艰。1859年12月旧金山终于设立第一所华人隔离学校——"华人学校"(Chinese School)，它位于斯托克顿大街和萨克拉曼大街相交处一座教堂的地下室。学校开业之初注册学生为32人，但平均每天前来上课的学生仅有21人。③ 由于旧金山教育总监詹姆斯·德曼(James Deman)对华人的偏见，这所学校自诞生起就命运多舛。1860年因为资金缺乏和学生缺席被责令关停数次，之后又因各种原因反复开关。1870年加利福尼亚州把所有关于公立学校的立法汇编为"加利福尼亚州学校法"，其中规定"黑人和印第安人儿童的教育，将提供隔离学校"，规定中唯独没有提及华人儿童，这使华人儿童享受隔离学校教

---

① Swett J. Report of Superintendent, 1864 - 1865[R]. Sacramento, California, 1965.

② Fitzgerald O. P. Fourth Biennial Report of the Superintendent of Public Instruction of State of California for School Years 1870 and 1971[R]. Sacramento, California：T. A. Springer, State Printer, 1871.

③ Coolidge M. R. Chinese Immigration[M]. New York：Henry Holt and Company, 1909：436.

育的权利也岌岌可危。华人们不堪其辱,为了后代的教育奋起力争,金山中华会馆领导中国商民 1 300 人联合向加利福尼亚州议会请愿:"我们代表加利福尼亚州 5 岁到 17 岁的 3 000 中国儿童来请愿,要求享受公立学校的权益。他们渴望学习英文,但鉴于加利福尼亚州法律而被拒于此等学校之门,故代为请求修正这法案,使我们的儿童获准入公立学校或为他们而设立隔离学校,与其他各国外籍民的儿童同样享受教育之均等机会。"①尽管华人依法纳税支持公立学校的发展,但是他们要求平等待遇的请愿并未有任何效果。1871 年旧金山教育局趁机关闭这所华人隔离学校,从此旧金山的华人儿童被剥夺了接受任何公立学校教育的权利,这种局面一直持续到 1885 年才有所改变。

19 世纪 60 年代后,美国加利福尼亚州及邻近的一些州开始涌动排华浪潮,华人的生存空间逐渐被挤压至中国城,他们希望子女进入公立学校接受教育的愿望也频频受挫。如此情境下,华人父母只能将下一代的前途寄托于回国或在中国城谋生,他们开始自发组建中文私塾让子女学习中文和中华文化。因此,最早在华人社区出现的中文私塾既寄托了华人父母对子女接受教育的期许,也体现了他们对残酷现实的无奈。

二、留美幼童的中文学堂

1868 年中美双方签订的《蒲安臣条约》不仅使更多华人奔赴美国参与西部的开发与建设,也使积贫积弱、备受欺凌的清政府对美国产生好感,认为"方今有约之国,以英法俄美德五国为强……美国自为一洲,风气浑朴,与中国最无嫌隙"②。此时正值以奕䜣、曾国藩、李鸿章等为代表的洋务派推行洋务运动,力图通过学习和利用西方先进科学技术拯救清朝统治。洋务派在全国陆续创办新式学堂培养洋务实用人才,但其速度和规模远远无法满足国家"自强""求富"的需求。于是在"毕业于耶鲁大学第一人"容闳的不懈努力之下,洋务派决定分批向当时关系友好的美国派遣 120 名官费留学生,让他们在美学习 15 年,期满后按年分批回国。这些留学生大多来自东南沿海地区,其中 84 人来自广东,21 人来自江苏,8 人来自浙江,其余有安徽 4 人,福建 2 人,山东 1 人,由于出国时平均年龄仅约 12 岁,他们被称为"留美幼童"。

---

① 刘伯骥. 美国华侨史[M]. 台北:黎明文化事业公司,1982:370.
② 陶文钊,梁碧莹. 美国与近现代中国[M]. 北京:中国社会科学出版社,1996:25.

1872 年 8 月第一批留美幼童 30 人启程赴美，此后至 1875 年四批留美幼童先后抵达美国。他们分散居住在耶鲁大学所在地康涅狄格州一些经济状况良好的美国家庭中，开始在美国的学习之旅。这些幼童在国内经过挑选和培训，再加上年龄小、可塑性强，很快就适应了美国的生活并在学业上取得优异的成绩。当时的《纽约时报》报道："他们机警、好学、聪明、智慧。像这些从古老亚洲帝国来的幼童这样能克服困难，且能学业有成，吾人美国弟子是无法达到的。"①为了防止留美幼童因"外国之习气变中国之性情"，清政府规定他们除了完成美国学校的功课，还必须"兼讲中学，课以孝经、小学、五经及国朝律例等书。每遇房、虚、昂、星等日，正副二委员传集各童宣讲《圣谕广训》，示以尊君亲上之义，庶不至囿于异学"②。于是在康州首府哈特福德的幼童出洋肄业局出现了美国最早的由清政府官办的中文学堂。

留美幼童每三个月到幼童出洋肄业局学习 14 天，每次 12 人。14 天后换另外 12 人来学习，依次轮流，周而复始。在 14 天里，他们"卯时起身亥时就寝，其读书、写字、讲解、作论，皆为一定课程"③。中文学堂教授的主要内容包括被称作五经的《诗经》《尚书》《礼记》《周易》和《春秋》，以及《孝经》等儒家经典。宋代理学大师朱熹所撰的《小学》也是教学内容之一，此书主要教人以洒扫、应对、进退之节、爱亲、敬长、隆师、亲友之道，是儒学教育的重要教材。正副委员每 7 天向留美幼童宣讲一次《圣谕广训》，这本书是雍正皇帝根据康熙皇帝的《圣谕十六条》推衍所撰，旨在训谕百姓守法和做人的道理，是清朝童生考试的必试内容。可见这所中文学堂的教学内容与国内相仿，其目的是要让幼童们在美国"学外国功夫"时"不忘本国规矩"，学成回国后"上可报国临民，下可光宗耀祖"。

尽管留美幼童并非将定居美国，但由于他们年龄小，寄居在美国人的家庭中，且在美国学习的时间长，因此他们势必面临着语言转换的挑战，这在日后的学习中逐渐显现出来。随着时间的推移，美国文化提倡的自由、民主、平等渐渐在留美幼童的心中扎根，他们开始对中文学堂教授的封建等级伦理感到厌恶，荒废中学的现象渐显端倪。"他们上美国的学校，天天和美国孩子在一起，在这种情形下，要使他们心甘情愿地继续学习中文，严守中国旧礼教的规矩，实在是件

---

① 高宗鲁. 中国幼童留美书信集[G]. 台北：华欣文化事业出版中心，1982：169.
② 中国史学会. 洋务运动(二)[M]. 上海：上海人民出版社，1961：158 - 161.
③ 李圭. 环游地球新录[M]. 长沙：湖南人民出版社，1961：69.

不容易的事。所以他们的思想观念在逐渐改变,生活习惯开始美国化。"①1876年,吴子登出任第四任留美幼童监督时严厉批评幼童们对中文学习的懈怠,并对他们的中文学习提出更加严格的要求,规定"每值暑假,中国各生当全心全力研习中文。每月均须将所作中文课业呈送本局查考。凡按时呈送且成绩优良者,必发奖励,凡迟送者,当处罚金。另外,各生每月有三十页的中文功课,必须呈送本局,不得有误。"②留美幼童在完成美国学校的功课之余,还需承担繁重的中文学习任务,倘若没有如期完成则要遭到惩罚。但是由于留学年龄小,加上在美国家庭中的耳濡目染,幼童们思想观念的变化并无法阻挡,他们在行为上显得越来越"美国化":唱歌、跳舞、划船、剪长辫、说英语、穿洋装。这些本是文化交流中互相融合的正常现象,却成为清政府提前终止留美计划的主要诱因之一。1881年,随着排华风潮的愈演愈烈,加上清政府内部反对的声音,留美幼童最终被提前撤回,理由是"外洋风俗,流弊多端,各学生腹少儒书、德性未坚,尚未究彼技能,先已沾其恶习,即使竭力整顿,亦觉防范难固,亟应将该局裁撤"③。

尽管幼童留美计划提前终止,但是它的开展对美国华人社区产生了间接的积极影响。首先,它加深美国社会对中国的了解。陈兰彬、容闳等幼童出洋肄业局官员积极开展与美国社会各界的接触,每逢春节等中国传统节日,肄业局举办宴会招待当地各界人士,向他们介绍中华文化。留美幼童学习优异,谨言慎行,"他们良好的行为收到了良好的效果,美国少数无知之人平时对中国人的偏见,正在逐渐消失"④。在他们的影响下,东岸对于华人的态度较为友善,一些迁移到东岸的华人得以将孩子送入公立学校学习。其次,它加强清政府与美国华人社区的联系。清政府历来将出洋逐利者视为天朝弃民,对他们不闻不问。1840年被迫打开国门后,随着出洋人数的增加,这种傲慢的态度才慢慢有所转变。幼童出洋肄业局除了对留学生进行监督和管理,也向清政府汇报华人在美国的状况及问题。在此基础上,1878年清政府在美国首都华盛顿设立驻美使馆,陈兰彬为第一任驻美公使。此时美国华人的处境已相当艰难,同年底,陈兰彬奏请设立旧金山总领事馆,陈树棠任总领事,驻扎旧金山,保护华人权益;1883年,清政府又在纽约设立总领事馆。这些举措说明清政府开始积极保护和拉拢美国华

① 刘真. 留学教育:第一册[M].台北:台湾编译馆,1980:93.
② 钱钢,胡劲草. 大清留美幼童记[M].北京:当代中国出版社,2010:100.
③ 井振武. 留美幼童与天津[M].天津:天津人民出版社,2016:56.
④ 钱钢,胡劲草. 大清留美幼童记[M].北京:当代中国出版社,2010:104.

人,这对美国华人具有重要意义——华人不仅在异国拥有官方权力机构,而且无须惧怕回国时会遭受不良对待。再者,它推动华人对西学的重视。西学在中国长期以来被封建统治者视为"奇技淫巧",而今清政府开创性地派遣留学生到美国学习西方先进科学技术,这不仅冲击和改变了中国传统的教育观念和社会心理,也让在美华人意识到西学的重要性,鼓舞他们为争取子女的受教育权而努力。幼童们"远赴异国学习语言、科学及文字,为中国同胞做了最佳见证"①。最后,它增强华人学习中文的意识。留美幼童虽是为了学习西学而前往美国,但倘若他们没有继续学习中文,中文能力将面临日渐退步的风险,回国后势必无法顺利为国家和政府工作。正如李鸿章所说:"各童肄业,原备中国他日之用,若中学过于隔膜,必至格不相入,流弊滋多。"②当时华人在美国受到主流社会的排斥,他们将子女的未来寄托于回国或在中国城发展。无论何种选择,掌握中文都是必要的前提。因此,基于现实的考虑,他们对子女学习和传承中文和中华文化倍感重视。

三、社区中文私塾的产生

这一时期大多数美国华人过着跨越太平洋的分裂家庭生活——他们独自在美国辛苦劳作,然后定期向家乡汇款,为家庭提供经济支持;老人的赡养、孩子的教育由妻子在国内安排完成。小部分的商人携家眷而来,他们居住在加利福尼亚州,生活比较富裕。最初他们将孩子送回国内接受教育,但毕竟路途遥远、孩子年幼,于是尝试将孩子送入美国公立学校学习。个别华人儿童进入公立学校时没有引起白人的反对,然而随着华人的增多、排华风潮的升级,公立学校开始拒绝华人儿童入学,一些商人便将孩子送入私立学校学习。商人们通常在中国城经营进出口贸易或是服务华人的商铺,日常需要和华人沟通交流,所以他们深谙孩子学习中文的重要性,"若华人入外国学校,又习华文,中西兼通,就如游学生一般,胜过国内毕业生,为父母者,明白此义,乃改变方针,送子回国求学,又以回国费用甚多,儿子年少,亦难任其独行回国,更有移民例拘束,往来不便,由是

---

① 陈学恂,温秉忠. 一个留美幼童的回忆[M]//陈学恂. 中国近代史教学参考资料:上册. 北京:人民教育出版社,1987:148.

② "中研院"近代史研究所. 中美外交史料:光绪朝文件407(驻美使馆收北洋大臣李鸿章咨)[A]. 台北:"中研院"近代史研究所,1988:437.

要在美洲觅人教书。"①基于此，有些商人开始自聘教师到家中为孩子补习中文。在国内，广东人把这种富贵人家开设在家中的私人学堂称为散馆，是私塾的一种形式。美国华人沿用国内的称法，通常称之为私塾。这种私塾成为美国最早的由华人自发创办的中文学校。

伴随华人的接踵而至，1867 年加利福尼亚州 15 岁以下的华人儿童已大约有 500 人，华人社区对于教育的需求日益迫切。有些在国内落第的秀才或是举人抓住机会，在中国城单独设立散馆招收学生。此外，一些会馆为了本族或本乡儿童的教育，也着手开设私塾，聘请教师为本族或本乡儿童提供中文教育，这类私塾也被称为专馆。相较于散馆，专馆聘请教师的要求较高，教学质量更有保障。19 世纪 70 年代，旧金山先后出现十多所中文私塾（包括散馆和专馆），它们通常以塾师的姓氏命名，比如黄馆、李馆、曾馆、蒋馆等。由于在美国良师难觅，塾师的水平参差不齐，"流品复杂，虽然间或有品学兼优，但多是老学究，教授无方，甚或出身于算命测字，一知半解，混迹其中"②。其中较著名的塾师是陈馨甫，中国近代民主革命家廖仲恺曾就读于他的门下。

每所私塾招收的学生数为 20 人到 30 人，上课时间从下午五点起至晚上八点，学费每月 4 美元至 5 美元。学费对于许多贫困家庭来说无法负担，所以私塾的普及面不广。许多华童很早就参加工作，1870 年旧金山 10～15 岁的华童参加工作的比例高达 92%。③ 与幼童出洋肄业局所办的中文学堂类似，社区私塾的教学内容也是以科举考试为导向。塾师初期主要讲授《三字经》《千字文》《百家姓》等，根据华人社区的具体需求，增授简单的算术，特别是算盘的使用；后期主要教授唐诗、四书、五经、八股文写作等。教学方法主要是中国传统的塾师讲授和学生记诵，课堂上塾师拥有绝对的权威，遇上粗心或调皮的学生，会通过罚站、打手心等方式对学生进行惩罚。除此之外，塾师对于儿童的行为礼节，比如作揖、行路、叉手等都有严格的规定，而且秉承国内读书人的传统，每年文昌诞和孔子诞，塾师还会组织学生前往中国城里的文华社，教导学生礼仪，祭拜文昌帝君和孔子。

虽然各所私塾教授的汉字相同，但是这些汉字的发音在塾师口中却大相径

---

① 林始亨. 美国华侨教育概论[J]. 侨务月报,1936(2)：48 - 57.

② 林始亨. 美国华侨教育概论[J]. 侨务月报,1936(2)：48 - 57.

③ Jorae W. D. The Children of Chinatown：Growing up Chinese American in San Francisco,1850 - 1920[M]. Chapel Hill：The University of North Carolina Press, 2009：82.

庭,因为塾师各自使用不同的方言授课,比较流行的授课语言有三邑方言、四邑方言和标准广府话。造成这一现象的原因是早期美国华人来自广东的不同地区——来自三邑地区的华人语言习俗相近,但与来自四邑地区的华人语言无法相通,四邑方言虽属广州语系,但在发音上与标准广府话又不尽相同。早期华人受国内落后分散的小农经济影响,对血缘和地缘关系具有强烈的认同,赴美后他们利用血缘、地缘等关系创建各种社团,以便在异国互助守望。然而各类社团之间并不团结和睦,矛盾和冲突时有发生。1859 年,加利福尼亚州的三邑和四邑华人发生混战,双方刀枪相见,致使数人受伤。[①]　1871 年,内华达州的三邑和四邑华人在中国城发生冲突,造成一名四邑人丧命。[②]

那么,三邑和四邑华人本是同根生,远在异国他乡本该团结一心,缘何无法和睦相处呢?梁启超在美国游历时作出如下结论,记载于他的《新大陆游记》:"凡外洋之粤民,皆有所谓三邑、四邑者,是最怪事。所谓三邑,则南海、番禺、顺德也,所谓四邑,则新会、新宁、恩平、开平也。会、宁属广州府,恩、开属肇庆府,而会、宁之人昵其异府之恩、开,而疏其同府之南、番、顺,岂非异闻?推原其故,则言语之同异为之也。三邑、四邑殆如敌国,往往杀人流血,不可胜计,非直金山,即他埠亦然。呜呼,国语统一之法不可不讲也,如是夫!"[③]通过该记载可以看到,梁启超认为三邑、四邑双方语言的不通是不和的根源。作为中国近代思想启蒙的先驱,他已经意识到语言统一对于华人内部团结的重要性。但是这一时期的美国华人群体多为华工,文化水平低,思想因循守旧,在传统地域意识和宗派排他性的影响下,不同会馆所设的私塾都坚持使用自己的方言教育下一代,并希望下一代能通过学习方言继续保持地域和家族的观念。

第四节　语言规划视角下的分析

1848 年,加利福尼亚州发现金矿以降,华人接踵而至美国。他们中的大多数人离妻别子,背负着"黄金梦"奔赴异国,希冀发财后衣锦还乡。随着赴美华人数量的持续攀升,他们共同生活的社区——中国城在加利福尼亚州及西岸其他

---

①　Chinese Fight in Oroville[N]. Sacramento Daily Union,1857 - 10 - 19.

②　From Virginia City[N]. Marysville Daily Appeal,1871 - 02 - 17.

③　梁启超. 新大陆游记[M].北京:社会科学文献出版社,2007:181.

若干州形成并发展壮大。1870年后，美国排华风潮日盛，恶劣的社会环境迫使华人退守中国城以寻求自保。尽管此时的中国城是一个男女比例悬殊的畸形社会，但熟悉的面孔、语言、食物、街景等都为他们提供了精神慰藉，支持他们在艰难时世下负隅苟活。城中为数不多的华人家庭试图将子女送入美国公立学校就读，却遭到大多数公立学校的拒纳。清政府虽然为了培养中西融通的人才，首次往美国公派留学幼童，并对他们进行中文传承语教育，但尚未将注意力转向华人社区的中文传承语教育。面对种族歧视的残酷现实，华人只能将子女的未来寄托于回到中国或在中国城发展，中文私塾陆续在中国城出现。以下对这一时期中文传承语教育与住在国和祖籍国语言规划的互动特征进行分析和小结。

一、住在国语言规划的特征

美国独立后，联邦政府采用的是无为而治的语言政策，未将英语定为国语。其主要原因可以归结为三点：其一，美国尚未独立之前，北美殖民地广泛存在着社区传承语教育实践；其二，英语已经取得稳固的优势地位，多数民众都默认英语是这个新兴国家的通用语言；其三，美国的开国元勋们秉持自由、民主、平等的建国理念，将选择语言的权利留给人民，以此吸引更多移民赴美参与国家建设。因此，正如克洛斯(Kloss)所说，联邦政府对少数族裔在社区中使用和传承本族语言的态度和政策可以被归类为"以容忍为导向"[①]。容忍型语言政策为少数族裔社区中的传承语教育提供了宽松的社会和政治环境。华人抵达美国后，如同其他移民一般聚族而居、互助守望。中国城不仅是他们的住宅区和经济区，也是他们实践传统文化的地方。他们在城内维持着在故土的语言和生活习惯，兴办中文私塾是他们希冀后代传承传统语言和文化的自觉行为。正常情况下，移民迁移到美国后会同时存在两种现象，一种是对原有语言和文化进行自我维持的过程，另一种是去民族化和美国化的过程。[②] 华人初到美国时，主流社会曾对他们感到新奇和欢迎，然而随着人数的增多，歧视和排斥随之而来，外在生存环境的压迫拖延了华人去民族化和美国化的速度。华人欲将后代送入公立学校频频

① Kloss H. The American Bilingual Tradition[M]. McHenry, IL: Center for Applied Linguistics, 1998: 51.
② Fishman J. A. Language Loyalty in the United States: The Maintenance and Perpetuation of Non-English Mother Tongues by American Ethnic and Religious Groups[M]. The Hague: Mouton, 1966: 15.

遭遇挫折,他们只能将子女的未来寄托在中国城内或是回到中国,因此中文私塾的兴办又是他们面对现实逼迫的无奈之举。

二、祖籍国语言规划的特征

19世纪下半叶,经过两次鸦片战争的失败以及太平天国的打击,清政府正值内外交困、风雨飘摇之时。一部分官员认识到西方坚船利炮的巨大威胁,忧患之下发起洋务运动以期实现"自强"和"求富"。为了培养翻译、军事、科技等方面的人才,洋务派在国内创办新式学校,并且决定选送留学生赴美深造。1872年首批留美幼童从中国出发,前往大洋彼岸求学,此后至1875年清政府共派出120名儿童。由于年幼,这些儿童的中文功底并不扎实,他们必然面临着语言转换的挑战。清政府也认识到这一点,担心他们接受美国教育后顾此失彼,要求他们在固定时间到康州首府哈特福德的幼童出洋肄业局学习中文,于是这里出现了最早的由清政府官办的中文学堂。但是此时的清政府并没有看到海外华人在中文传承语教育方面的巨大需求。由于长期以来对出洋逐利者持有的偏见和歧视,清政府对他们的生活状况并不关心。尽管官派留美行动的开展使清政府对美国华人群体有所了解,开始在美国派驻公使和建立领事馆,但这只是其转变对美国华人态度的第一步。对于他们的中文传承语教育,清政府尚未意识到其重要性。再加上这一时期美东的华人数量稀少,康州幼童出洋肄业局的中文学堂对华人社区的中文传承语教育几乎没有产生直接影响,美国中文传承语教育在祖籍国尚处于被无视的地位。

三、中文传承语教育的发展特征

（一）浓厚的地域性认同

这一时期的美国华人来自广东的不同地区,他们带着迥异的方言和风俗习惯奔赴美国,抵美后不久,便以地域和方言为纽带成立各自的会馆来保护同乡的利益。虽然同为华人,但是不同会馆间的关系并不和睦。当排华风潮愈演愈烈,数量庞大的华人被挤压在中国城内狭小的空间时,为了划分地盘和争夺有限的生存资源,会馆之间的纠纷和冲突更是时有发生。梁启超在《新大陆游记》中对此就有所记载,并且呼吁在美华人统一国语,避免内部纷争。但此阶段赴美华人的文化水平普遍不高,受中国传统乡土社会的影响,地域偏见广泛存在,他们尚未能冲破乡土情结的束缚,因此在中国城兴办的中文私塾透露着浓厚的方言和地域色彩。尤其是一些会馆支持下的私塾,它们聘用本乡的塾师,招收本乡的学生;塾师使用本乡的方言进行教学,在这个过程中向学生传递中国传统社会的宗族和地域观念。换言之,此时的美国华人将身份认同与本地方言相联系,他们认为应该在中文私塾中使用本地区的方言,培养下一代的地域性认同。这种地方民族主义的语言意识形态固然对地域语言和文化的传承有所帮助,但也在无形中加剧了来自不同地区华人间的隔阂和矛盾。到19世纪90年代,三邑和四邑华人之间仍经常发生大规模的仇杀,两者的冲突延绵十数载,严重影响华人社区的团结和发展。①

(二)自下而上的自发组织

联邦政府对社区传承语教育的态度是容忍的。在州层面,大多数州政府也持相同的态度。一些州为了吸引民众将子女送入公立学校就读,甚至允许公立学校使用少数族裔的传承语作为教学语言或者开展双语教育,但这取决于该族裔在当地拥有的政治势力以及其祖籍国与美国在政治、经济、历史及文化等方面的关系。赴美的华人大部分以出卖劳动力为生,希冀有朝一日衣锦还乡,他们的文化水平和政治参与意识低;清政府积贫积弱,在国际社会上备受欺凌,尽管与美国关系尚好,选择美国开展历史上首次官派留学行动,但此次行动并没有扭转主流社会对华人日益严重的种族歧视。许多公立学校将华人儿童拒之门外,更无可能将中文引入学校作为教学语言。华人为了子女的教育,自发组织兴办中文私塾。由于这些中文私塾仅仅局限在中国城内,此时中文作为传承语在美国处于完全封闭的地位。反观祖籍国中国,清政府长期以来将海外华人视为"天朝弃民",对他们的生活状况置若罔闻,也并不将他们视为教育的可造之才。因此,不论是住在国还是祖籍国,都没有对中国城中的中文传承语教育产生直接的推动作用,该阶段的中文传承语教育完全是华人自发组织的语言习得规划。

---

① 潮龙起. 19世纪后期美国三邑与四邑华侨的冲突和调控[J]. 广东社会科学,2010(4):130-140.

第三章

封闭隔离：美国中文传承语教育的
发展（1882—1911）

伴随 1882 年《排华法案》的通过，美国政府开始以种族为准则限制移民入境，并且摒弃此前无为而治的语言政策，加强对少数族裔的英语同化教育。在《排华法案》的桎梏下，入境华人的数量骤降，在美华人则被封闭隔离于主流社会之外。他们抱着落叶归根的心态，将后代的前途寄托于在中国城发展或回到中国。此时清政府的关怀和拉拢正合时宜，官员梁庆桂赴美视学后在各地华人社区掀起兴学的浪潮，民办官助的中文学堂纷纷设立。本章主要论述《排华法案》通过之后中文传承语教育在清政府关照下的早期发展。

第一节　联邦政府的英语同化政策

一、排外主义的蔓延

排外主义是指先期到达美国的移民或他们在美国的后代对新来的移民在心理上和行为上的歧视与排斥，主要的表现包括限制或阻止与本民族在语言、宗教、文化上不同的移民群体入境定居以及保护本民族在语言、宗教、文化、血统等方面的同质性。在北美这块土地，排外主义与吸收移民始终是相互交织、同步进行的。早在北美殖民地时期，马萨诸塞州的清教徒为了建立"清教自由"的社会，就曾颁布反对异教徒入境的法案。美国独立后的前 100 年，虽然联邦政府整体上采取宽松的自由移民政策，鼓励外来移民来到美国参与国家建设，但社会上的排外主义始终暗流涌动，未曾停歇。19 世纪 30 年代，大批爱尔兰天主教徒移民入境，美国民众为之惶恐不安，将排外主义的矛头指向他们，指责他们是"罗马教皇密谋推翻美国政府的先遣军"，认为应该"反对罗马教皇及其信徒颠覆美国，维护美国的民权和社会制度"①。19 世纪 50 年代华人入境追寻"黄金梦",尽管他们吃苦耐劳、节俭顺从,却同样遭到排外主义者的攻击,宣扬"华人生在中国,长在中国,希望回到中国去,对美国毫无爱意;他们是彻头彻尾的异教徒,奸诈、淫荡好色、懦弱和残忍"②。

进入 19 世纪 80 年代,伴随第二次工业革命的深入开展,美国由传统农业社会向现代工业社会过渡。经济的飞速发展和社会结构的巨变导致各种矛盾空前激化,经济危机不断,企业兼并浪潮迭起,大批工人失去工作。罗杰·丹尼尔斯(Roger Daniels)认为,美国的排外主义与社会上的恐惧心理密切相关,当大多数美国民众保持团结并对未来抱有信心时,他们对移民的容忍和接受度较高;当他们发生分裂且对未来缺乏信心时,排外主义则可能会抬头。③ 经济大萧条之下,一些工人把生活和就业的困难归咎于新移民的到来,要求政府对移民进行限制。部分政府官员为了缓和阶级矛盾,也积极迎合移民抢夺饭碗的言论。他们声称:"美国历史上从来没有如此众多的牛。大批野蛮无知、卑微的外来奴隶取代了工人的职位……当前最紧迫的是立即关闭口岸,禁止任何或所有的移民入境。"④在西岸,政客的煽动进一步催生工人们对新移民的仇视,他们利用各种手段排斥和迫害新移民,比如当时的《纽约时报》曾警告民众,西部各州正在沦为"华人的殖民地"。危言耸听的报道使华人更加成为众矢之的。1885 年 9 月在怀俄明州发生了整个反华浪潮中最残暴的事件——28 名华人惨遭屠杀,11 人被活活烧死在家中。11 月西雅图的暴徒将当地 700 名华人赶上运货马车,让他们在旷野受冻一整夜,结果有 2 名华人死亡。1887 年在华盛顿东部,31 名华人矿工惨遭屠杀。⑤ 总之从 1870 年至 1890 年,排外主义的暴行在西海岸持续不断,最受迫害的华人要么逃回中国,要么躲进旧金山、西雅图、洛杉矶等地的中国城避难。

然而与此同时,移民仍持续不断地涌入美国。据统计,1880 年至 1920 年入

① Ray A. B. The Protestant Crusade,1800－1860:A Study of the Origins of American Nativism[M]. New York:Macmillan Company,1938:168.

② Ronald T. Strangers from a Different Shore:A History of Multicultural Asian Americans[M]. New York:Penguin Books,1989:108－110.

③ Roger D. Coming to America:A History of Immigration and Ethnicity in American Life[M]. New York:Harper Collins Publishers,1990:265.

④ Higham J. Strangers in the Land:Patterns of American Nativism(1860－1925)[M]. New Brunswick:Rutgers University Press,1955:48.

⑤ 陈依范. 美国华人史[M].北京:世界知识出版社,1987:188－189.

境移民的人数达到 2 350 万,创下美国历史新高。① 除了数量的暴增,这一阶段
入境移民的来源地也在发生变化,他们不再主要来自英国、德国、爱尔兰、法国等
西北欧国家,而大多来自俄国、奥匈帝国、意大利、波兰等东南欧国家。1902 年,
东南欧移民人数占入境移民总数的 76%,1907 年上升至 80%以上。② 东南欧移
民具有容易辨认的外在特征,他们"说外语,长相奇怪,贫穷,且没有文化"③。他
们中有很多还是天主教徒或者犹太教徒,抵达美国后依旧坚持自己的宗教信仰,
坚持把子女送入用母语教学的教区学校。美国主流社会对此感到恐惧,担心美
国的主体将不再是盎格鲁-撒克逊新教教徒,新移民将威胁美国的社会团结和民
主政体。排外主义者趁机兴风作浪,组成"美国爱国者联盟""美国保护协会"等
排外组织,利用新闻媒体选择性地报道和渲染东南欧移民的犯罪行为,把他们塑
造成"罪犯"和"危险的人",使民众对他们的排斥态度更加根深蒂固。

　　虽然移民的到来为美国的迅速崛起作出不可磨灭的贡献,但是主流社会对
他们的担忧和恐惧从未停止过,这种担忧和恐惧成为排外主义滋长的温床。尽
管排外主义在不同时期有不同的表现形式,但无论是对爱尔兰人、华人还是对东
南欧移民的攻击,排外主义者的话语都是相似的,即这些移民是"劣等的、异教徒
或者不可同化的"。正如美国历史学家海厄姆(Higham)所说,几乎所有主要的
移民排斥话语都持续地存在,且无实质性变化。④ 类似的攻击性话语让"移民是
危险的"的观念深入人心,在此观念的主宰下,限制移民成为守卫家门的必然选
择,再加上其他政治经济因素的综合作用,排外主义最终在 1880 年至 1920 年间
发展到顶峰,形成全民性排外主义的洪流。

二、限制移民政策的出台

　　为了回应民众的要求以及缓和社会矛盾,联邦政府改变美国建国以来宽松

---

① U. S. Census Bureau. Statistical Abstract of the United States[R]. Washington, D. C.: Department of Commerce, 1994.
② Seller M. S. To Seek America: A History of Ethnic Life in the United States Englewood[M]. Englewood: Jerome S. Ozer Publisher, 1988: 101-102.
③ Fuchs L. H. Immigration, Pluralism, and Public Policy: The Challenge of the Pluribus to the Unum[M]// Kritz M. M. US Immigration and Refugee Policy: Global and Domestic Issues. Boston: Lexington Books, 1983: 300.
④ Higham J. Strangers in the Land: Patterns of American Nativism (1860-1925)[M]. New Brunswick: Rutgers University Press, 1955: 131.

的自由移民政策，相继出台一系列限制移民的法案。1882 年的《排华法案》(*The Chinese Exclusion Act*)是其通过的第一个限制移民的法案，标志着美国自由移民政策的结束，美国政府开始以种族为准则，实行限制移民入境的政策。

早在《排华法案》之前，华人就已频繁遭到排外主义者的攻击和迫害。特别是 19 世纪 70 年代以后，华人聚居的加利福尼亚州以及相邻的几个州曾多次谋求单独立法进行排华，但这些地区性法律在最高法院的违宪检查下屡屡受挫。排外主义者并未就此放弃，而是扩大排华规模，意图游说国会通过一部全国性的排华法律。1879 年国会通过《十五名乘客修正案》(*Fifteen Passengers Bill*)，规定每位船主运载的华人不得超过 15 人，每超过 1 人，罚款 100 美元，监禁 6 个月。该法案随后被海斯总统驳回，理由是它与《蒲安臣条约》中两国移民自由迁徙的条款相抵触。尽管此次立法没有成功，却促使共和党和民主党在排华问题上达成共识。为了扫清障碍，联邦政府于 1880 年派遣代表团访问中国，与清政府商议修改《蒲安臣条约》。经过协商，双方签订《安吉尔条约》(*Angell Treaty*)。该条约虽仍强调美国政府应该尽力保护在美华人，但允许美国政府对华工赴美及其在美居留进行控制、限定或者暂停，否定了《蒲安臣条约》中两国人民可以自由往来的规定。这一条款为美国排华政策的制定打开了缺口，西岸几个州很快联合起草了一份限制华人移民的法案提交国会讨论。经过激烈的辩论，《排华法案》在国会得到通过，但在清政府驻美使馆的抗议之下，反对种族主义的阿瑟总统否决了这份法案，他对法案的禁止对象以及 20 年有效期提出异议。国会采纳他的意见并对法案进行修订，面对国内民意的压力，阿瑟总统最终于 1882 年 5 月签署《排华法案》。

《排华法案》的主要内容包括：10 年内禁止华工进入美国；非劳工的华人入境，须持有中国政府颁发的英文护照；任何州法院或联邦法院不得给予华人美国公民的身份。它的通过一方面剥夺了在美华人参与社会流动的权利，华人被逐出农场、矿区、工厂等可能与白人产生竞争的工作场所；另一方面使赴美华人的数量大幅下降。1882 年入境华人数量为 39 579 人，1883 年为 8 031 人，1884 年为 279 人，1885 年为 22 人，1887 年仅有 10 人。[①] 此后联邦政府依然步步升级对华人的限制，1888 年通过的《斯科特法案》(*Scott Act*)剥夺了在美华人出境后

---

① Coolidge M. R. Chinese Immigration[M]. New York：Henry Holt and Company，1909：203.

再次进入美国的权利,1892 年通过的《基瑞法案》(Geary Act)将排华时间延长
10 年,取消华人的司法保释权,规定华人在美需要领照注册。1898 年夏威夷并
入美国后,国会通过法案禁止华人继续移入夏威夷群岛,并禁止华人由夏威夷群
岛进入美国。1904 年国会决定无限期延长《排华法案》,美国彻底对华人移民关
闭了大门。

表 3-1　在美华人数量表(1890—1940)

年份	总数	男性	女性	男女比例	外国出生与美国出生比例
1890	107 487	103 618	3 869	26.78∶1	35.69∶1
1900	89 863	85 341	4 522	18.87∶1	8.97∶1
1910	71 531	66 856	4 675	14.30∶1	3.84∶1
1920	61 639	53 891	7 748	6.96∶1	2.41∶1
1930	74 354	59 802	15 152	3.94∶1	1.43∶1
1940	106 334	73 561	32 773	2.24∶1	0.92∶1

资料来源: Ruggles et al. Integrated Public Use Microdata Series.

《排华法案》使赴美华人的数量急剧减少,到 1920 年,全美华人数量降至
61 639 人,达到历史最低点(见表 3-1)。此时抵美的日本移民却显著增加,他
们顶替华人成为加利福尼亚州农场的主要劳动力。1885 年至 1920 年迁入美国
大陆的日本移民达 18 万人,另有 20 万人迁入夏威夷群岛。[①] 日本移民的增多
再次引发加利福尼亚州白人的恐慌,他们认为"黄祸"仍然威胁着他们的生活,呼
吁政府像对待华人移民一样对日本移民进行限制。1893 年旧金山教育局率先禁
止日本儿童进入公立学校就读。此举引起日本政府的抗议,为了防止日美关系的
恶化,1907 年,西奥多·罗斯福总统与日本政府达成《君子协议》(The
Gentleman's Agreement)。根据该协议,日本政府不再向日本劳工发放护照,美
国则不颁布禁止日本移民入境的限制性法案,但允许在美日本移民的父母、妻子
及子女迁入美国。1920 年,为了遏制日本移民在农业方面的发展以及阻止他们
的家属继续迁入美国,加利福尼亚州政府颁布《外侨土地法》(Alien Land
Law),禁止日本移民以任何方式购买土地,从而剥夺他们经营农业的权利。

---

① 梁茂信.美国移民政策研究[M].长春：东北师范大学出版社,1996：147.

20世纪初,菲律宾人、印度人、韩国人和少量的泰国人、缅甸人也纷纷抵达美国,这些亚洲移民同样被排外主义者宣扬为"不能同化的劣等种族,不适宜迁入民主、自由和文明的美国",再加上大批东南欧移民也迁入美国,社会上的排外之风甚嚣尘上,联邦政府开始制定更加严格的移民限制措施。1921年联邦政府颁布《紧急限额法》(*The Emergency Quota Act*),规定美国每年移民总限额为35.5万,各国移民数量不能超过1910年美国人口普查时该国侨居美国人数的3%。[①] 法案实施以后,东南欧移民的数量得到一定程度的控制,但远未达到美国文化和血统同质化的目的。国会继续就移民限额开展辩论,1924年联邦政府推出《国别来源法》(*The National Origins Act*)。这部法案将每年移民总限额降为16.4万,各国移民数量不得超过1890年美国人口普查时该国侨居美国人数的2%。之所以选择以1890年人口统计数据作为依据,是因为1890年以前的移民主要来自西北欧。此外,法案还将所有东方民族列为"无权获得公民资格的人"[②]。

自此,联邦政府确立了欢迎西北欧移民、禁止亚洲移民和排斥东南欧移民的移民限额制度,这一制度一直持续到1965年新的移民法出台才有所改变。总体而言,1924年《国别来源法》强化了联邦政府对外来移民的管理,有助于美国社会的长远发展,但是它对移民限额的分配主要基于移民的宗教信仰、语言以及肤色,充满着浓厚的种族主义色彩。联邦政府通过限额制度把其认为不可同化的移民阻挡在国门之外,与此同时,也开始通过各种努力,尤其是通过英语教育,来加快对移民的同化进程。

三、英语同化政策的肇始

19世纪80年代以前,美国少数族裔的传承语教育拥有相对宽容的社会环境。80年代以后,随着移民数量的剧增和移民类型的改变,主流社会对少数族裔不可同化的担忧和恐惧与日俱增。为了防范英语和盎格鲁-撒克逊文化的统治地位遭到威胁,联邦政府对外加强对入境移民的限制和选择,对内则摒弃之前无为而治的语言政策,注重学校中的英语教育,限制少数族裔对传承语的使用,

---

① Divine A. R. American Immigration Policy, 1924 - 1952[M]. New Haven: Yale University Press, 1957: 5.

② Trevor J. B. An Analysis of the American Act of 1924[M]. New York: Carnegie Endowment for International Peace, Division of Intercourse and Education, 1924: 15 - 16.

以期加快他们成为"百分百美国人"的速度。

　　显著的变化之一表现在对印第安土著语言的态度与政策上。1880 年，在内政部长卡尔·舒尔茨（Carl Schurz）的主持下，美国印第安事务局（ Bureau of Indian Affairs）颁布法规：无论是教会学校或是公立学校一律使用英语教学，不得使用印第安土著语言教学，凡有违反，将面临停止政府资助的惩罚。① 此后的 1884 年、1887 年和 1889 年，联邦政府都陆续颁布法规强调对印第安人的唯英语教育政策。之所以采取这般政策，是因为当时的主流社会普遍认为传播盎格鲁-撒克逊文明、统治和主宰新大陆是美国的"天定命运"；要帮助印第安人走出野蛮和落后，从"高贵的野蛮人"演变成文明人，对他们进行同化教育。19 世纪 80 年代担任印第安事务专员的约翰·德威特·克林顿·阿特金斯（John Dewitt Clinton Atkins）说过："真正的美国人都相信美国的宪法、法律和制度在适应人类的需要和要求方面优于其他国家；他们应该明白，通过英语的传播，这些法律和制度将得到更牢固的确定和更广泛的传播。没有什么比语言更明确、更完美地将民族特征烙印在个人身上……由于印第安人生活在讲英语的国家，他们必须学会与该国人民交往使用的语言。不同民族之间不可能形成团结或情感共同体，除非他们被要求讲同一种语言，并因此充满类似的责任观念……用印第安土著语言进行教学不仅对他们毫无用处，而且有害于他们的教育和文明事业，所以印第安居留地的学校都应该使用英语进行教学。"② 当时的美国主流社会对自身语言和文化充满强烈的"自褒性"和"排他性"观念，傲慢地将其他族裔的语言和文化视为劣等和落后的。唯英语教育政策在实践中催生出许多隐性的语言政策，特别是在 19 世纪末为印第安儿童开办的寄宿制学校中，印第安儿童被强行禁止说自己的传承语，违者遭到嘲弄、殴打，甚至被反锁在柜子里，或是用肥皂清洗嘴巴。③ 这一政策持续到 20 世纪 30 年代，它不仅降低印第安人对自己语言价值的认同感和自豪感，而且使印第安土著语言大量消失甚至濒临灭绝。

　　真正对美国语言和文化同质化产生威胁的是移民的蜂拥而至。这一时期涌

　　① Reyhner J. American Indian Language Policy and School Success[J]. The Journal of Minority Students，1993，12：45-48.

　　② Atkins J. D. C. Annual Report of the Commissioner of Indian Affairs to the Secretary of the Interior for the Year 1887[R]. Washington, D. C.：U. S. Government Printing Office，1887.

　　③ McCarty T. L. A Place to be Navajo：Rough Rock and the Struggle for Self-Determination in Indigenous Schooling[M]. Mahwah：Lawrence Erlbaum，2002：35-80.

入的移民不再主要来自西北欧国家,移民来源国的多样化使美国主流社会意识到自然同化新移民已经不可能实现,必须采取措施推进新移民的同化进程。对盎格鲁-撒克逊文化的优越感和维持这一文化统治地位的使命感反映在语言政策上便是对英语核心地位的维护和对其他族裔语言的贬低和鄙夷。学校教育是强有力的政策工具之一,一些州率先出台"学校中只能用英语教学"的法律来约束移民的语言行为。1889 年威斯康星州通过主要针对德裔移民的《本尼特法案》(Bennett Law)。该法案要求 7 到 14 岁儿童每年须在本地区学校就读 20 周至 24 周,并且所有学校,无论是公立还是私立,阅读、写作、算术以及美国历史等课程均须使用英语进行教学。① 该法案的通过立刻激起千层浪,威斯康星州的德裔天主教徒和路德教徒认为这是在打击德语传承语学校以及他们的语言和文化。在他们的强烈抗议下,《本尼特法案》于 1891 年被废除。1889 年伊利诺伊州通过的《爱德华兹法案》(Edwards Law)也做出类似的规定,尽管该法最后也被废除,但这说明许多州政府已经开始行动,加紧对移民儿童的英语同化教育。

由于美国建国后教育管理实行地方分权制,教育管理权主要在州政府,联邦政府并没有正式颁布法令规定学校必须使用英语教学。此阶段联邦政府主要采用其他语言政策工具来推动新移民的英语同化教育,其中最重要的工具是把语言能力作为能否获取公民资格的前提条件。1896 年国会就试图通过《文化测验法》(Literacy Test Act),旨在以识字为基础来限制移民的入境,但最后该法案遭到时任总统克利夫兰的否决。1906 年国会通过《入籍法》(Naturalization Act),该法首次将会说英语列为申请入籍的条件。根据艾拉娜·肖哈米(Elana Shohamy)的观点,这是官方机构强行干预语言实践的一种表现,它背后的语言意识形态是一个人想要真正成为国家的一分子就必须掌握英语,即说英语与对美国的国家认同是互相联系的。② 在政府的操控和影响下,英语在民众的生活中占据愈发重要的位置。联邦政府发布的政府文书以及法律等均用英语书写;政府事务以英语为媒介进行处理;许多州规定英语读写能力是获得选举权的必要条件;还有一些州将英语能力作为法律或银行等行业的准入资格。尽管英语仍然不是美国的官方语言,但是它作为国家通用语的地位已经得到巩固和维护。

---

① Harding B. Bennett Law[EB/OL]. (2016 - 01 - 01)[2021 - 08 - 22]. https://emke. uwm. edu/entry/bennett-law/.

② 艾拉娜·肖哈米. 语言政策:隐意图与新方法[M]. 北京:外语教学与研究出版,2018:67.

综上所述，从 1882 年联邦政府颁布《排华法案》开始，美国进入限制移民的时代。除了限制移民的到来，加速对移民的同化也成为主流社会的共识。因此，无论是联邦政府还是州政府，都一改往日的宽松态度，着手加强对少数族裔传承语使用的限制。

第二节 清政府对美国中文传承语教育的推动

一、清政府对美国华人态度的转变

1858 年中美签订《天津条约》时，美方代表向直隶总督谭廷襄建议，中方可以在美设立领事馆以保护数以万计的美国华人。谭廷襄对此的态度代表了清政府历来对海外华人的漠视：

> 总督：敝国习惯，向例不遣使外国。
>
> 美方代表：太平洋沿岸贵国人民为数众多，不下数十万。
>
> 总督：敝国大皇帝抚有万民，区区此类漂流海外者，何暇顾及。
>
> 美方代表：此类华人在美开采金矿，率皆富有，似颇有保护之价值。
>
> 总督：敝国大皇帝之富，不可数计，何暇于此类游民，计及锱铢。①

直到中国国门被西方列强一步步轰开，清政府这种自恃"天朝上国"、对海外华人不闻不问的态度才有所转变。1868 年清政府派遣蒲安臣使团赴美访问并与美国签订《蒲安臣条约》，条约规定美国政府应按照最惠国待遇对待华人，且中方有权在美国各埠设立领事馆。这标志着清政府迈开积极保护美国华人的第一步。1872 年幼童留美计划在美国实施，尽管该计划的公开使命并非外交，其成员却以外交官的身份在美国开展一系列活动，不仅加强了两国政府的相互了解，也增进了清政府与美国华人的联系。1878 年清政府在美国首都华盛顿设立驻美使馆，同年底在旧金山设立领事馆，1883 年又在纽约设立领事馆。设立使领馆是清政府保护美国华人的重要举措，使长期以来寄人篱下的华人拥有代表他们发声的官方外交机构。美国媒体如此评论纽约领事馆的建立："对这个城市的

---

① 中国第一历史档案馆. 华工出国史料汇编(四)[M].北京：中华书局，1985：34.

华人来说,是重要的事件。他们显然需要某个权力机构,从那里得到有关法律权利的信息,以及作为他们的利益代表者,在需要时与外界进行交涉。"①

使领馆的开设加强了美国华人与祖国的联系,对于处在美国排外主义风口浪尖的华人而言,这是莫大的慰藉和依靠。1879 年,驻美使馆收到旧金山商人的联名具禀,"税务司新立章程,凡华商作烟叶生理,虽殷实之商亦不准领照,必有实业之人取保而后可"。使馆就此与美国政府交涉,最终该法令被停止执行。② 1882 年《排华法案》通过后,使馆向美国政府提出强烈抗议。旧金山领事馆为了团结华人社区共克时艰,竭力调解六大会馆之间的矛盾,促成他们联合成立金山中华会馆,并且协助设立制度,由各会馆司事轮流充当总司事。1892 年《基瑞法案》颁布后,使馆当即向美提出严正抗议:"此法既违中美历次条约一体优待之意,且亦违悖贵国创国律纲······ 如此欺凌,竟出于素称和好之美国也。······此项华工,虽在外洋,莫非中国赤子,中国即不能置之膜外,相应照会贵大臣,望即转达贵国外部,将注册迁居之例,一并革除。"③可见远在外洋的美国华人不再是清政府眼中的"弃民",而是"中国赤子",属清政府管辖和保护的范围。1909 年清政府更是颁布历史上首部国籍法《大清国籍条例》,按照血统原则确定海外华人的中国人身份,为保护海外华人提供了法律依据。

然而由于清政府国势衰颓、荏弱无能,使领馆的抗议大多无果而终,美国政府仍不断升级对华人的限制与打击,并且于 1904 年单方面宣布无限期延长《排华法案》。1905 年深受凌虐的美国华人向国内寻求帮助,上海总商会遂呼吁天津、广州、汉口等 21 个商埠联合共同抵制美货。从 1905 年 5 月起至 12 月,一场声势浩大的抵制美货运动席卷中国。尽管这场运动不是由清政府发起的,清政府对此却是默许和支持的。早在 1905 年 2 月,驻美公使梁诚就电告外务部:"此间闻华人有议论禁购美货以为抵制者,探本穷源,实足制其生命而起其恐心,惟事涉商务,牵引繁多。"④抵制运动开始后,梁诚致函外务部要求支持,以增加他在同美方进行谈判时的筹码。美国驻华大使柔克义(William W. Rockhill)向外务部庆亲王提出抗议,庆亲王表达了对美国华人无端受到限禁的同情,他的答复

---

① 张庆松. 美国百年排华内幕[M]. 上海:上海人民出版社,1998:169.

② 王彦威,王亮. 清季外交史料:22 卷[G]. 北京:书目文献出版社,1987:16.

③ 朱士嘉. 美国迫害华工史料[M]. 北京:中华书局,1958:136 - 137.

④ 外务部档案.收出使美国大臣梁(光绪三十一年正月十三日)[A].台北:"中研院"近代史研究所档案馆:02 - 29 - 003 - 01 - 001.

是"美国反对华人入美，限禁太严，诸多移民限制法，对华人尤其刻薄……所有华商亦颇受烦扰，由此导致此运动。若贵政府能放松限禁，友好订约，此运动不禁自止也"①。抵制美货运动给美国政府施加了一定压力，西奥多·罗斯福总统在运动高潮时下令对除华工以外的中国移民表示竭诚欢迎，同时严禁移民局官员在执法中虐待中国人。清政府见美国态度有所软化，担心运动失控威胁政局稳定，遂要求民众维护大局，"静候外务部切实商改，持平办理，不应以禁用美货，辄思抵制，有碍邦交"②。1905 年 12 月抵制运动渐渐偃旗息鼓。此次运动虽然未能迫使美国政府改变排华政策，但清政府首次与民间共同努力保护美国华人，体现了其对美国华人的重视与拉拢。

从漠视到拉拢，清政府对美国华人的态度缘何一改故辙呢？究其原因，首要的是美国华人的经济贡献。此时华人大多只身赴美，他们将赚到的钱定期寄回国内。1885 年，美国华人的侨汇占全国侨汇总数的一半左右，对广东乃至全国的经济发展起到积极的推动作用。③ 除此之外，美国华人还在国内兴办企业和捐款救灾。譬如 1882 年，旧金山华商捐助直、顺赈灾款三万余元；1889 年旧金山华商黎强集资赴山东创办栖霞金矿；1904 年美国华人陈宜禧集资创办新宁铁路。④ 诸如此类的慷慨解囊不胜枚举。其次是清政府的维稳需求。清政府已经因为西方列强的入侵而苟延残喘，外患之下国内的安定至关重要。广东一带民风彪悍、民变颇多，支持穷民出海谋生有利于维护社会的稳定和清政府的统治。清政府的一些官员对此亦有认识。1886 年粤督张之洞奏文："假如将此十余万华民尽行驱归中国，沿海各省何处容之？ 既属可怜，亦多隐忧。"⑤1888 年直督李鸿章电文："闽粤穷民出洋佣工极多，借以弥内乱，广生计。"⑥最后是迫于民情压力。华人在美国遭受凌虐，自然是愤恨不平，他们求助于驻美使领馆，争取权益。而此时中国国内日益觉醒的人民也开始产生国家意识，把美国华人的遭遇视为

①　外务部档案.发美国公使柔函(光绪三十一年五月二十九日)[A].台北："中研院"近代史研究所档案馆：02 - 29 - 003 - 01 - 020.

②　王彦威,王亮.清季外交史料：190 卷[G].北京：书目文献出版社,1987：23.

③　梁启超.记华工禁约[M]//梁启超.饮冰室合集：专集第五册.北京：中华书局,1989：168.

④　福建师范大学历史系华侨史资料选辑组.晚清海外笔记选[M].北京：海洋出版社,1983：153 - 155.

⑤　王彦威,王亮.清季外交史料：67 卷[G].北京：书目文献出版社,1987：4.

⑥　王彦威,王亮.清季外交史料：76 卷[G].北京：书目文献出版社,1987：14.

整个民族的耻辱。1886 年,加利福尼亚州发生排华事件,广东人民群情激愤,两广总督特此致电驻美使臣:"金山来电甚惨,粤民愤,恐别生事,竭力商保护。"①1888 年,美国要求中国签订华工新约,各口岸商民纷纷反对,清政府"闻各口众怒沸腾,本署暂不能奏请批准"②。1905 年,当美国华人请求中国国内支持抵制美货时,很快得到民众的响应,形成中外同心之势。清政府态度的转变主要是顺应民情,以免生事,但由于清政府软弱无能,"素以媚顺外人为目的,而中国之国民又以政府为依赖者",抵制美货运动最后不了了之。

二、清政府的华侨教育政策

19 世纪 60 年代起,洋务派以"自强""求富"为宗旨,以"中学为体,西学为用"为原则,在中国兴办一批学习外语、军事和技术的新式学堂,选送学生出国留学深造,由此拉开了中国近代教育改革的序幕。此后,面对日俄近邻的崛起和欺凌,目睹中西文化的碰撞与融合,无数有识之士前仆后继地探寻保国强种的良方,教育救国便是其中呼声颇高的途径之一。1894 年甲午海战后,民族危如累卵,民众爱国情绪高涨,以康有为、梁启超为代表的资产阶级维新派提出"今日中国之敝,人才乏也。人才之乏,不讲学也"③。因此,要救国,必先开民智;要开民智,必广设学堂。在百日维新期间,他们废八股文,改革科举制;设立京师大学堂;创办新式学堂,改旧式书院为各级学堂。种种实践都对传统封建教育产生巨大冲击。虽然由于守旧势力的负隅顽抗,维新变法最终失败,但是它促进西学在中国更广泛地传播,使兴学重教成为社会风气,形成"民智已开,不可抑遏"的新气象。

1901 年,八国联军入侵北京,清政府与列强签订《辛丑条约》。此举震惊朝野,不少守旧派也主动寻求革新。于是在慈禧太后的默许下,清政府开始推行新政,在军事、官制、法律、商业、教育等方面进行改革。1902 年,清政府颁布《钦定学堂章程》,由于制定时间过于仓促,加上清廷内部的权力竞逐,该章程未能付诸实行。但在此基础上,1904 年清政府继而推出《奏定学堂章程》,它的颁布以及随后实行的一系列措施对中国近代教育产生深远影响。首先,它奠定中国近代教育的基础,不仅从纵向上确立互相衔接的初等、中等和高等教育体系,而且在

---

① 王彦威,王亮. 清季外交史料:64 卷[G].北京:书目文献出版社,1987:18.
② 王彦威,王亮. 清季外交史料:76 卷[G].北京:书目文献出版社,1987:15.
③ 康有为. 请废八股试帖楷法改用策论折[M]//中国史学会.戊戌变法.上海:神州国光社,1953:211.

横向上添加与普通教育并行的师范教育和实业教育；其次，它打破儒家经典一统天下的局面，在新式学校中增加自然科学、社会科学、体操、图画、手工、外国语等课程；再者，它建立起从中央到地方统一的教育行政系统，中央设学部，各省设提学司，各厅州县设劝学所；最后，它加速科举制的终结，1905 年清政府正式下诏"立停科举以广学校"，标志着以科举制度为中心的封建旧式教育结束，一种崭新的近代化教育模式从此确立。

废科举、定学制、兴学堂，清末新政的教育改革刺激新式教育的迅速发展，使中国国内的教育面貌焕然一新。与此同时，对于华侨教育的发展，清政府也积极采取措施加以扶植，希冀通过"施教育以发其爱国之心，稗知孔教渊源，累朝恩德，自可默相维系，收为我用"①。新政推行后不久，由于新式人才匮乏，清政府除了向国外派遣留学生，还极力招揽学有所成的海外华人子弟。1901 年 7 月，清政府旨谕各国使臣："为政只要，首要人才。闻出洋华商子弟就近游学者颇多可造就之才。著各出使大臣留心访查。如有在外大书院肄业，精通专门之学，领有凭契者，或著有成书者，准由各使臣认真访查，分别等第，咨送回华，由政务处奏请简派大臣，按其所学，分门考试，交卷后带领引见，听候录取，试以进士、举人、贡生各科，俟将来著有实在劳绩，即当重予擢用。"②《排华法案》颁布以后，美国华人在职业选择、居住模式、子女教育等方面均受到严重的排挤和歧视，他们只能退守中国城，隔离于美国主流社会之外。在恶劣的大环境下，他们保持着中国传统的思想观念和生活方式，其中也包括"学而优则仕"和尊崇皇权的思想，回国为官对于他们而言是莫大的荣耀。因此，清政府招揽华侨子弟的举措是很具吸引力的，为他们坚持让子女学习中文和中华文化注入新的动力。

为了宣扬《奏定学堂章程》、将华侨教育也纳入朝廷控制范围，清政府陆续派遣大臣前往海外劝学或视学。1905 年，清政府首次派出广西知事刘士骥前往南洋视学并取得良好效果，1906 年再次选派外交家钱恂、举人董鸿祎前往南洋视学。视学回国后，他们奏请清廷在国内开设接收华人子弟的学校，暨南学堂因此诞生。1907 年学部奏请朝廷派内阁侍读梁庆桂赴美视学，他抵达美国后，在各会馆商董、绅董的辅助下，奔赴各地中国城劝学办校，并根据《奏定学堂章程》协助制定新式学堂规章制度。1910 年，学部决定再派员到美国视学，不过此时美

---

①　舒新城. 中国近代教育史资料(下)[M]. 北京：人民教育出版社,1985：832 - 833.

②　商务印书馆. 大清宣统新法令：第十一册[A]. 上海：商务印书馆,1910：58.

国华人社区的中文学堂已初具规模,办学人员对教育也有一定了解,所以这次是委任当地熟悉学务的士绅及清廷派往美国的各教习负责视学。清政府派员赴美视学的成效斐然,在美国华人社区掀起一股办学高潮。这些社区中文学堂的建立不仅增强美国华人对中华文化的认同,也激发他们的民族主义意识,加深了他们同祖籍国的情感联系。

三、国语统一意识的滥觞

雍正六年(1728),清政府鉴于广东、福建两省官员"操乡音而不可通晓",遂下令在这两省及"凡有乡音之省"推行官话,这是清政府首次意识到语言统一对传达圣意、巩固统治的重要性,是国语统一意识的萌芽。清代的官话是指当时通行较广的北方话,特别是北京话。① 清政府将会说官话与科举考试挂钩,并通过行政命令自上而下地推行其语言政策,"应令该督抚、学政,于凡系乡音读书之处,谕令有力之家,先于邻近延请官话读书之师,教其子弟,转相授受,以八年为限。八年之外,如生员贡监不能官话者,暂停其乡试,学政不准取送科举;举人不能官语者,暂停其会试,布政使不准起文送部;童生不能官话者,府州县不准取送学政考试,俟学习通晓官话之时,再准其应试。通行凡有乡音之省,一体遵行。"②上谕下达之后,广东、福建两省响应最为积极,广东利用原有的社学体系,直接引入官话讲授四书五经,福建则大举兴建正音书院推广官话。但由于社学、书院容纳的学生数量少,民众受教育程度低,学生缺乏使用官话的语言环境,"语言自幼习成,骤难更改",闽、粤两省官话推广的成效并不理想。乾隆年间,清政府对于官话推广的支持力度大不如前。乾隆十年(1745),清政府认为官话"教习多年,乡音仍旧,更觉有名无实",遂下令裁撤正音书院,虽然"仍责成州县教职实力劝导、通晓官音,毋使扭于积习",但官话推行运动从此走下坡路,到乾隆末年基本销声匿迹。此次官话推行运动虽然对国语统一起到一定的积极作用,但整体而言收效甚微,广东、福建等地仍大都保持各自的方言,且不同地区之间的方言差异巨大,人民之间甚至无法通过口头语言进行交流。这可从早期美国华人的语言使用情况略见一斑。在美国华人社区自发组建的中文私塾中,塾师坚持使用各自的方言教育下一代。尽管早期华人大都来自广东珠三角地区,但是操

---

① 辞书编辑委员会. 辞海[M]. 上海:上海辞书出版社,1989:2654.
② 素尔讷. 钦定学政全书校注[M]. 武汉:武汉大学出版社,2009:245.

不同方言的人归属不同会馆，各自为政，会馆之间不时发生冲突和械斗，中国城内并不团结和睦。究其原因，"盖纯由语言之不统一，先国语逐渐推行，地域观念，当可日渐消减也"①。

19世纪末，中国民族危机的加重激发有识之士探寻救国之路，民众识字率低的问题得到关注，"西国识字人多，中国识字人少。一切病根，大半在此。"②1894年甲午战争后，越来越多的知识分子认为救亡图存仅靠少数人才是行不通的，需要依靠民众，尤其是"下流社会"。然而民众识字率低使他们感到担忧，"风气锢闭，朝有良法而不易推行，官有文告而不能晓谕，师儒有教育而不能普及。"③再好的政策，倘若民众没有文化知晓，也是徒劳无用的。于是他们提出想要拯救民族，须开发民智，使民众成为真正的国民，而这需要创制一种与国际接轨的简易拼音文字。一场由民间自发的、自下而上的语言本体规划改革——切音字运动悄然兴起。从19世纪90年代开始，卢戆章、沈学、王炳耀、何凤华、王照等一批学者先后提出近30种切音字方案。尽管方案众多，但是切音字提倡者的共同目标是创造一种言文一致的文字，使民众能够快速掌握基本的读写能力，达到"开民智"的效果。

最初的切音字方案主要是针对某一特定地区的方音方案，如广东、福建、浙江等地，但庚子赔款之后，随着普通民众民族主义思想的增强，针对官话的切音方案更受推崇，切音字提倡者转而注重将切音字推广与国语统一相联系，"声入心通"的思想开始传播。其中王照创制的官话字母得到一些社会名流和政府官员的支持，影响最为广泛。1902年，长期在直隶为官、任教的吴汝纶认为言文一致对国民团结至关重要，他致信主持学务的张百熙："中国书文渊懿，幼童不能通晓，不似外国言文一致。若小学尽教国人，似宜为求捷速途径。近天津有省笔字书，自编修严范孙家传出……妇孺学之兼旬，即能自拼字画，彼此通书。此音尽是京城声口，尤可使天下语音一律。今教育名家率谓一国之民，不可使语音参差不通，此为国民团体最要之义。"④1903年直隶大学堂学生王用舟、何凤华等人上书袁世凯推广官话字母："夫国人所赖以相通相结者，语言也。言不类则心易疑，

---

① 李长傅. 华侨[M]. 上海：上海中华书局，1927：16.
② 宋恕. 六字课斋卑议（初稿）[M]//宋恕. 宋恕集（上）. 北京：中华书局，1993：16.
③ 文字改革出版社. 清末文字改革文集[M]. 北京：文字改革出版社，1958：257.
④ 吴汝纶. 与张尚书书（壬寅九月十一日）[M]//吴汝纶. 吴汝纶全集：第3册. 合肥：黄山书社，2002：435-436.

此涣散之本也。"①袁世凯同意推广官话字母有利于国民团结,遂通令全省启蒙学堂、小学学堂和师范传习,使官话字母盛极一时,"约遍于十三省的境界"。

在民间国语统一思潮的影响下,清政府实施新政后,对此也予以重视。1904年清政府在《奏定学务纲要》中规定:"各国言语,全国皆归一致。故同国之人,其情易洽,实由小学堂及字样拼音始。中国民间各操土音,致一省之人彼此不能通语,办事动多扞格。兹拟以官音统一天下之语言,故自师范以及高等小学堂,均于中国文一科内附入官话一门。"②1909年,学部再次强调中国方言众多,"声气不易相通,感情无由联络",不利于普及教育,须进一步在各级教育中推广国语。1911年,学部中央教育会议决议通过《统一国语办法案》,该法案是中国近代史上政府通过的第一个语言政策文件,也是20余年切音字运动的结晶,主要包括确定京音为标准音,京话为标准语;重视音标在国语推广中的重要性,规定音标制定的原则和方法;设立国语调查总会;编撰国语教材、字典、方言对照表等。在此之前,清政府的语言政策是隐性的,主要通过语言意识和语言实践来表现。《统一国语办法案》是首次以国家文件的形式明确国家语言政策,标志着语言政策从隐性向显性转变。虽然很快辛亥革命的枪声结束了清王朝的统治,该政策尚未落实便戛然而止,但其对民国乃至中华人民共和国成立后的语言政策均产生了深刻的影响。

由于美国华人与祖国距离遥远,中国国内的教育政策和语言政策需要假以时日才能跨越国界对他们产生影响。但这一阶段一些有识之士在海外的宣传使他们对国语统一的重要性有了初步认识。譬如百日维新失败后流亡海外的康有为曾在南洋、美国等地的演讲中指出:"为中国人,就必须恢复中国人之优良风俗,讲中国之语言,识中国之文字,读中国之圣贤遗训,然后可成为一个真正之中国子民。……现在各会馆间有兴办学堂,但其数不多,尤须陆续增加。文字之声音应用国音,日常言谈应用国语。"③1908年梁庆桂赴美劝学时将语言文字与国家兴亡相联系,"凡国于大地必有其国民,使其民具普通之智识,抱钟爱之热诚,以养成国民资格,而所授教育,必以本国语言文字为主,盖语言文字为立国之要素,一国之人,无远无近,无老无幼,所籍以表情意通声气者,惟语言文字是赖。故灭人国者,必灭其国之语言文字,使失其所以表情意通声气之具扼其吭而制其

---

① 何凤华,等. 十一月十一日上袁宫保禀[M]//王照. 官话合声字母. 北京:文字改革出版社,1957:77.

② 新定学务纲要[J]. 东方杂志,1904(3):56-70.

③ 别必亮. 近代华侨学校的国语教学[J]. 中学语言教学参考,1998(3):3-6.

肘,然后任务奴隶之,牛马之是命。"①这些具有政治影响力的人士对语言统一的主张发蒙启蔽,对于消除美国华人间的语言隔阂和地域宗亲观念,增强他们的凝聚力和对祖籍国的国家认同起到了不可忽视的推动作用。

第三节　华人社区中文传承语教育的初具规模

一、大清书院的创办

1871 年,旧金山教育局关闭为华童所设的隔离学校,从此旧金山的华童被剥夺了接受任何公立学校教育的权利。然而中华民族素来重视教育,漂泊异乡、备受歧视的美国华人更是将子女的未来、命运的改变寄托于教育。因此,在此后的 14 年里,华人移民,特别是华商,联合清政府驻美使领馆坚持奔走请愿、诉诸法律。最终于 1885 年,为华童所设的隔离学校——华人小学(Chinese Primary School,当时华人称之为"皇家书院")在旧金山重新开放。尽管美国华人继续对此般种族隔离的教育制度予以反抗,但他们无法冲破社会上种族歧视的禁锢,只能将他们的子女送入华人小学就读。此后的 5 年,华人儿童进入公立学校的数量显著增长,从 1885 年的 9 人增加至 1889 年的 122 人。未入学的华人儿童数量也显著下降,1889 年旧金山华童仅有 8.4％未入学(见表 3 - 2)。

表 3 - 2　旧金山 5～17 岁华人儿童入学情况(1885—1889)

年份	总数	公立学校		私立学校		未入学	
		人数	占比	人数	占比	人数	占比
1885	561	9	1.6％	154	27.5％	398	70.9％
1886	573	24	4.2％	122	21.3％	294	51.3％
1887	867	51	5.9％	457	52.7％	359	41.4％
1888	793	166	20.9％	142	17.9％	485	61.2％
1889	841	122	14.5％	648	77.1％	71	8.4％

资料来源：Victor Low. The Unimpressible Race：A Century of Educational Struggle by the Chinese in San Francisco. San Francisco：East West Publishing Co,1982：78.

---

① 刘伯骥. 美国华侨史[M]. 台北：黎明文化事业公司,1982：363.

1885 年以后,加利福尼亚州华童重新获得进入公立学校就读的机会,此时美国的公立学校已经注重对少数族裔儿童进行同化教育,这意味着华童开始步入去民族化和美国化的进程。但《排华法案》的桎梏和主流社会的敌视严重拖缓了这一进程。对一个群体而言,越是受到外界的排斥,越有可能激发起对本群体的认同。困守在中国城的华人们大都抱着落叶归根的想法,中文传承语教育在华人社区依然深受重视,因为恶劣的社会环境让他们认识到唯有保持共同的语言和文化,华人社区才能够紧密地团结起来,维护自己在美国生存的权利。况且清政府对美国华人不再如往昔般不管不顾,在驻美使领馆的支持下,中文传承语教育得到进一步的发展。1885 年底,抵美准备上任的公使张荫桓向清政府提议,"就美、日、秘各埠华童,择其资质秀实、年力精壮者,酌设中西学堂",意欲仿效当年曾国藩、李鸿章奏议选派聪颖幼童留美学习,目的是"肆业有成,备拨沿海水师及各机器局之用"。清政府对此十分支持,下旨"即着察看情形,认真办理,务期实有功效,毋得徒托空言",于是张荫桓立即"博访金山各埠情形",积极为筹办金山中西学堂做准备。① 在华人社区的捐款资助以及金山中华会馆的统筹下,1888 年 4 月,金山中西学堂正式开学,学堂坐落于沙加缅度街 777 号,由金山总领事梁廷赞委派程赞清为学堂监督。② 金山中华会馆邀请张荫桓公使为学堂拟定《金山中西学堂章程》,根据该章程,金山中西学堂不久更名为大清书院。虽然只是简单的更名,但反映出美国华人与清政府之间的联系日益紧密,他们逐渐从先前狭隘的地域性认同转向对清政府统治下的中国的国家认同。

书院原计划聘请中文正副教习各一员以及"兼通算学、制造"的洋教习一员,但由于华童此时已经可以进入华人小学学习且书院经费有限,最后没有聘请洋教习。书院以教授中文及中华文化为主,面向金山各埠招生,共招收学生约 60人,分为两个班,学费每月五角美币,比私塾每月 4、5 美元便宜许多。中文正教习负责讲课,副教习负责辅导学生。正教习通常是由从中国国内来的举人或秀才担任,任期一般为三年,由各会馆轮流派遣,有时也由各会馆主席兼任。由于会馆之间地缘观念强烈,华人尚未意识到语言统一的重要性,因此授课语言仍然随着教习的更换在广东不同地区的方言间变化。学生每周一至周五下午从华人小学或其他私立学校放学后,来到大清书院,四点进晚餐,四点半开始上课至晚

---

① 王彦威,王亮. 清季外交史料:70 卷[G]. 北京:书目文献出版社,1987:10 - 11.
② 刘伯骥. 美国华侨史[M]. 台北:黎明文化事业公司,1982:356.

上九点；每周六上课时间为上午九点至晚上九点。上课内容仍是依中国国内科举考试要求而设，《孝经》《小学》《国朝律例》《圣谕广训》等都是必学的，因此就教学内容而言，大清书院的教育仍属于旧式教育。受家庭和社会环境的影响，学生学习中文的热情较高，甚至比学习华人小学的功课还用功。根据张荫桓日记记载，有些学生的学习程度较高，并被领事馆安排回国参加科举考试。① 譬如一名叫张兆祥的学生，九岁时入读大清书院，十四岁回国继续在专馆学习，十七岁考入两广西学堂，二十一岁考中秀才。这在美国华人社区被传为佳话，因为此时的华人们虽身在异国，但感情上始终认同中华文化，"一士登甲科，九族光彩新"的思想并未改变。

大清书院是最早的由金山中华会馆兴办且有清政府官员支持的中文学堂。金山中华会馆是华人社区的最高自治机构，由它创办的大清书院不似此前私塾、专馆那般各自为政，而是面向金山各埠招生，且经费由各大会馆联合筹措。然而，各大会馆仍带有浓厚的地域色彩，会馆之间的壁垒并未真正消除，因此大清书院在办学中也遭遇各种困难。1906年旧金山发生大地震，大清书院在震中沦为一片废墟。清政府为帮助华人重建生活，汇银4万两给驻美使馆作为赈灾之用，使馆拟将赈灾余款用于复建大清书院。但这笔钱落入三邑、阳和、冈和会馆某些以私害公的人手中，他们既不肯办学，也不愿交出款项。复建的工作迟迟未能落实，大清书院因此停办，此事一直拖到梁庆桂抵美后才得以解决。

二、保皇会在华人社区的教育活动

1898年戊戌变法失败后，康有为先是逃往日本，后来于1899年4月前往加拿大。在加拿大，康有为等维新人士并没有因变法失败而气馁，而是与当地华商联合，在加拿大成立"保救大清光绪皇帝会"（简称保皇会）。保皇会的势力迅速扩展至美国，到1899年底，其分会在美国的芝加哥、波特兰、西雅图、旧金山等地相继成立，保皇会的活动中心逐渐由加拿大转移至美国。保皇会成立以前，美国华人社区中虽然有不少社团和堂会等组织，但"未闻有立一会以救国，未闻立一会以保种"。保皇会成立之后，其骨干积极在美国各地演讲，宣传其变法维新、创办实业、兴办教育等救国保种的主张，这在备受种族歧视、渴望祖国强大的华人群体中引起强烈共鸣，华人的爱国热情和民族精神得到前所未有的激发和振奋。

---

① 任青，马忠文. 张荫桓日记[M].北京：中华书局，2015：193.

1903 年梁启超访美做巡回演讲,所到之处,当地华人无不趋之若鹜。当年 5 月 26 日的《波士顿晚报》报道其演讲时评论道:"大共和国的梦想,使全部唐人街颤抖。梁启超借助描绘新中国,唤起潜在的爱国热情,东方的马克·安东尼告诉中国人,他们怎样处在奴隶的地位。"①这一年保皇会在美国的发展达到高潮,共拥有 7 个总会(含檀香山),58 个分会,檀香山 80%～90% 的华人以及美国大陆 15%～20% 的华人都成为其会员。②

在国内变法期间,康有为、梁启超等就将教育视为振兴中国和政治改良的手段,他们主张废科举、兴学校,认为"尝考泰西之所以富强,不在炮械军器,而在穷理劝学,""夫才智之民多则国强,才智之士少则国弱。"③流亡北美后,保皇会同样不遗余力地在华人社区中宣传和推广教育。康有为抵达加拿大后不久就倡导华人创办义学,为国内的改革提供人才,"方今中国多艰,变法需才,游海外者皆将来维新之俊杰也"④。保皇会创办的报纸《中国维新报》曾刊发纽约保皇会成员黄惠泉的来信,信中将海外华人的教育与国家兴亡相联系:"目击泰西学校林立,贤哲丛生,秦嬴政以弃学而灭,汉高之倡学而兴。古之圣人今之哲士,无不以学为国至宝,为身之护符。同人同人,其具有脑筋者,能不肆力学术,精益求精,以臻美备。近之则为家谋,远之则救国难。若有子弟寓外,年轻而性灵者,能不遣之西人学塾,使之学习以辟其聪明,以资其知识学果有成矣,则我会中多以练达之士,则我国中多以干济之才。一人为之倡,百人为之和,坚志奋进,奚患无前。"⑤美国华人虽然远离国土,但倘若他们能在西学上有所成,精通国学,不仅能保家还可以救国。这样的宣传开启了美国华人的民智,促使他们深刻认识到兴办教育的重要性。

除了四处奔走呼吁兴办教育,保皇会也切实付诸行动。首先是会员踊跃捐款兴学。1904 年,哈佛保皇会在会所设宴为光绪皇帝举行万寿庆典,会员们在讨论时一致认为唯有教育才能救中国,纷纷捐款筹办学校。"日间租借西人大洋

① 王勋敏,申一辛. 梁启超传[M].北京:团结出版社,1998:109.

② Ma A. The Pao-Huang Hui from 1899 to 1904[J]. Late Imperial China, 1978(9):91-111.

③ 中国史学会. 中国近代史资料丛刊:戊戌变法(二)[Z].上海:神州国光社,1953:148.

④ 康有为. 域多利兴学记[M]//汤志钧.康有为政论集:上册.北京:中华书局,1981:401.

⑤ 中国维新报[N].第 5 册第 21 版,1904-04-20.

房演说，发明皇上爱民见废，为民之大恩人，故忠君爱国，为我辈今日应尽之义务。临会者约百数十人。是日同志梁君文卿及本报记者，纽约本会特派赴会员关枝同志，皆与会焉。夜间开宴，席上兴杯庆贺皇上万岁。以次演说，继而黄会长荣业、会员张君榜提议捐助公学事，人皆踊跃，莫不以教育为今日救中国之良药。座中三四十人，捐款已及千员，其余尚多不在座中未及捐者。"[①]其次是创办干城学堂（Western Military Academy）。学堂创办于 1903 年，主要目的是实施练兵计划，培养维新军的储备干部。干城学堂聘请美国人荷马·李（Homer Lea）为总负责人，在旧金山、芝加哥、纽约等美国 15 埠设立分学堂，高峰时期学堂总计招生 2 100 多人。学生每月缴纳 50 美分学费，他们白天在餐馆、洗衣店、工厂工作，晚上入校上课训练。学校的教练都是从美国军队退休的士官或受过一些军训的华人。由于大多数学生只会说广东方言，所以训练时需要助手将教练说的英语翻译成广东方言。[②] 旧金山、洛杉矶分学堂曾组织学生在中国城中游行，《洛杉矶时报》对游行赞赏有加："整齐划一、英姿飒爽，犹如德国骑兵"。然而，由于学堂使用真枪械进行训练最终被认定违法，再加上一些内部矛盾，1906 年干城学堂基本销声匿迹。最后是兴办中文学堂。1906 年清政府宣布实行预备立宪后，保皇会决定改保皇为行宪，并于 1907 年元旦将保皇会改组为国民宪政会，后来又改名为帝国宪政会。宪政会除了继续主持保皇时期兴办的学堂外，也创办一些新的爱国学堂。1909 年在旧金山创办金山两等学堂，1911 年在檀香山创办明伦两等学堂。根据 1904 年 8 月 25 日《中国维新报》刊登的一则纽约爱国学堂广告，学生可以"来堂住宿，每月收回福食、房租费壹拾贰元。地方极为虔洁，管理极为妥当"；也可以"就夜学习中西文"，每月收学费一美元。[③] 学堂的教学内容仍然以传统儒家经典和道德规范为主，如《修身》《尚书》《孝经》等，但已经引入其他科目如体育、科学和艺术等。为了让儿童更容易理解与接受，一些学堂开始使用曾与康有为、梁启超共同参与"公车上书"的广东人陈子褒编写的粤语白话小学教材。该教材包含大量韵文，既浅显易懂，又容易诵读，在广东、澳门地区颇为流行，此时因为康有为、梁启超的关系被推广至北美地区。

　　保皇会在美国华人社区的活动主要以扩充政治势力、筹款在国内开展"保皇

　　①　中国维新报［N］. 第 23 册第 15 版，1904 - 08 - 18.

　　②　Chong K. R. Americans and Chinese Reform and Revolution，1898 - 1922：The Role of Private Citizens in Diplomacy［M］. Lanham：University Press of America，1984：69.

　　③　中国维新报［N］. 第 25 册第 16 版，1904 - 08 - 25.

救国大业"为主。兴办教育并非其主要任务，但它至少从两方面有效助推美国中文传承语教育的发展。一方面它的政治宣传团结了美国华人，加强他们与祖籍国的联系，激发他们的民族主义情感和爱国之心，这是华人学习中文的内在驱动力；另一方面它的教育活动比起华人社区自发的中文传承语教育更具先进性，康有为、梁启超等在国内就力主教育改革，在美国创办的中文学堂或多或少践行着他们的教育理想，包括引入体育、科学、艺术等科目以及注重根据学生接受程度选用新教材等。

三、清政府官员赴美兴学

1905 年末，清政府派五大臣出洋考察宪政，其中以戴鸿慈和端方为首的考察团前往美国。考察团在美期间访问了各地的中华会馆，戴鸿慈非常同情美国华人的生活状况，认为他们"以数万众寄人篱下而尚有逐客之惧"，号召他们应该团结，消除帮会间的隔阂，"抉去宿蠹，扶持善群"。[①] 此外，他看到许多美国华人不会讲国语，倡议他们要设立自己的学校，"旧金山华人虽多，而无自立之学校，其国文之不讲，人格之卑下，有由来也。彼国比方别营一校，以专收华侨之子弟，程度愈降，教法敷衍，而阴即以沮吾人之入彼学。是以有志裹足，闻者拊膺，谓宜急建自立之校，广开研究国文之会，若半日学堂，庶有济也。此地华商具势力者不乏人，奈之何不早谋旃。"

戴鸿慈一行回国后，在他的建言下，清政府对美国华人的教育事业愈加关注。1906 年初，内阁侍读梁庆桂上书学部，主张派专员赴美兴学。他认为，美国华人就近学习西学，清政府可以省下送国内学生赴美留学的费用；而且他把掌握国文与爱国之情相联系，认为海外华人只要博通中学，便将是清政府可用的中西融洽之才。笼络人心和招募人才恰恰是清政府实行改革、维护统治所迫切需要的，于是兴学计划很快得到批准。

1908 年 2 月，梁庆桂奉命赴美劝学，他与三位随员首站抵达旧金山，虽然得到当地华人的热烈欢迎，但劝学并不一帆风顺。旧金山聚集的华人最多，却"划分邑界，纷立堂名，意识愚顽"，梁庆桂再三劝说各会馆将赈灾余款交出用作办学经费，但始终无济于事，最后只能破除情面，呈请清政府学部究办才打破僵局。为了配合兴学，金山中华会馆设立学务公所，协同八大会馆绅董共同推进学校的

---

① 戴鸿慈. 出使九国日记[M]. 长沙：湖南人民出版社，1982：341 - 342.

建设。1909年2月，旧金山大清侨民公立小学堂正式成立，学堂设于用赈灾余款兴建的中华会馆大厦二、三层，归金山中华会馆管理，清政府学部每年拨款500美元，金山中华会馆每年提供经费约1 680美元。学堂成立之初共招收学生136名，学费每月2美元。① 旧金山总领事徐炳臻兼任校长，负责管理学堂事务的学董由曾回国参加科举考试的张兆祥担任，学堂共聘请四名教习，其中两名是清政府资助留美的学生。② 学堂编制分初、高两等小学，授课时间为周一至周五下午四点到晚上八点四个小时以及周六全天。课程主要有八门，包括经学、修身、国文、历史、地理、习字、体操和歌唱。为鼓励学生学好中文，学堂设立奖励制度，规定学生"如在西人小学毕业得有文凭，在中学学堂文字通顺得有文凭者，当以生员奖赏。若在西人高等学堂及中文学堂毕业者，照内地以贡生论"③。

学堂开学之日举行盛大的开学典礼，反映出当时美国华人对中国和中华文化的认同。金山中华会馆大厅内悬挂着清朝黄龙旗，桌上摆放着皇上万岁牌和孔子位。出席典礼的人员共计200余人，主要有梁庆桂及其随行人员、旧金山领事馆官员、各大会馆绅董、学堂教习以及学生等，他们依次向万岁牌和孔子位行三跪九叩礼。梁庆桂应邀发表讲话，他说："中国在国内推行新政，倘若华童在美国学校接受的教育与即将在中文学堂接受的教育相结合，则对他们适应未来国家的发展大有裨益。这是朝廷在纽约、芝加哥、温哥华、萨克拉门托、波特兰、西雅图设立中文学堂的目的。望中文学堂的学生们抓住机遇，努力学习，既为中国带来荣耀，也为父母带来荣耀。"④梁庆桂作为清政府官员，希望中文学堂的设立能够为国家培养学贯中西的人才，这种思想正是中国国内教育改革潮流的缩影。

不仅在旧金山，梁庆桂赴美兴学的举动也调动了其他地区华人社区的办学积极性。华人较多的萨克拉门托、洛杉矶、芝加哥、波特兰、西雅图以及加拿大的温哥华、维多利亚相继办起侨民学堂。这些学堂的办学仿效旧金山侨民学堂，并根据当地实际略微变通。清政府每年分别拨给这7所学堂200到300美元作为办学经费。梁庆桂在出席旧金山大清侨民公立小学堂开学典礼后返回中国，在

① 刘伯骥. 美国华侨史[M].台北：黎明文化事业公司，1982：359.

② Huang B. Teaching Chineseness in the Trans-Pacific Society: Overseas Chinese Education in Canada and the United States, 1900 - 1919 [D]. Princeton: Princeton University：152.

③ 刘伯骥. 美国华侨史[M].台北：黎明文化事业公司，1982：359.

④ Imperial Chinese School Opened in San Francisco: China's Representative Opens First Institution of Its Kind in America[N]. The San Francisco Call, 1909 - 01 - 09.

他归国后华人社区又陆续创办4所侨民学堂。他此次兴学成效卓著,推动美国中文传承语教育走上有组织、有规模的新式侨民教育道路,是其发展历史上的一个里程碑。美国华人对他此次兴学之旅予以高度的评价,华人社区的报纸《世界日报》在他归国时刊发文章《送梁阁读归国序》,其中说道:"先生之功,百年树人,播种者之劳为不可没已。"

第四节　语言规划视角下的分析

19世纪80年代,随着移民数量的快速增加,美国国内的排外情绪高涨,联邦政府开始实行限制移民的政策并且加强对少数族裔语言使用的限制。1882年的《排华法案》是其通过的第一部限制移民的法案,也是美国历史上唯一一部针对特定种族的歧视性法案。在《排华法案》阴霾的笼罩下,华人在美国的地位急转直下,他们被剥夺参与社会流动、融入主流社会的权利。封闭隔离的状态使他们失去归属感和安全感,此时清政府的关心和拉拢如同雪中送炭,很容易就激起他们的向国之心。清政府将海外华人的教育纳入国民教育体系,派遣大臣前往美国兴学,再加上以康有为为首的保皇派在美国华人中的政治和教育活动,华人意识到自身命运与祖籍国的命运密不可分,民族主义意识空前高涨。因此,美国中文传承语教育虽然与主流社会呈封闭隔离之势,却在祖籍国的关照下获得较快的发展。以下对这一时期中文传承语教育与住在国和祖籍国语言规划的互动特征进行分析和小结。

一、住在国语言规划的特征

（一）限制型语言政策

19世纪末20世纪初,移民数量的膨胀和移民构成的变化使美国主流社会感到担忧,认为新移民将威胁美国的社会团结和民主政体。社会上排外主义的浪潮迭起,联邦政府一方面出台限制移民的政策,另一方面着手改变无为而治的语言政策,开始转向限制型语言政策。美国国会于1906年通过《入籍法》,首次将说英语与取得美国国籍挂钩。联邦政府的这种语言规划行为背后的语言意识形态是:一个人想要真正成为美国的一分子就必须掌握英语,说英语与对美国的国家认同相互联系。各州政府要求学校加强对少数族裔学生的英语同化教育，一些州试图将英语定为学校中唯一的教学语言。虽然最后遭到反对，但是英语在政治、经济生活中已经占据绝对优势，少数族裔语言的使用空间遭到严重挤压。语言政策是实现社会控制的工具之一，限制型语言政策的目的是维护美国文化的同质性，从而维护美国的统一和人民的团结。在这种语言意识形态支配下，中文传承语教育同其他族裔的传承语教育一样在社会上不再受到鼓励和欢迎。

（二）排华政策的出台

1882 年以前，美西地区的华人已经备受排外主义者的攻击，他们因此退避到中国城寻求自我保护。然而他们的隐忍和退让并没有换来主流社会的友好和善意，反倒被污名化为不可同化的族群，"其他外国人来到我们这里，差不多立刻被我们同化。到第二代，特征统统消失了，第三代无论他们原来是什么国籍，同普通美国人已无法分辨了。然而，中国人与众不同。来到美国，一代过去了，但他们依然如故，与初来时毫无二致。他们是完完全全不可同化的。"①随着华人人数的持续攀升，主流社会"谈黄色变"的担忧和恐惧不断加剧，最终导致联邦政府通过《排华法案》以限制华人移民入境。莱博维茨（Leibowitz）认为在学校中强制使用英语并限制少数族裔语言使用的动机大小与主流群体对少数族裔的敌视程度相对应。②《排华法案》下的美国华人是遭遇主流社会敌视最严重的族群之一，可想而知，他们的语言在美国社会上如同他们一般没有地位，是最受歧视的语言之一。因此，中文的使用以及中文传承语教育只能完全封闭隔离于中国城中，无法得到美国主流社会的任何支持。

二、祖籍国语言规划的特征

（一）清政府对华侨教育的关注

由于西方国家的军事侵略，晚清时期中西文化的权势已经发生倒转，清政府试图通过学习西方来挽救自身的统治。特别是甲午战争之后，求新求变成为社会的常态，清政府自上而下推行教育改革，希望培养学贯中西的人才；民间自下而上发起切音字运动，希望普及教育、团结人民。尽管清政府在国内开设新式学堂，派遣学生到海外留学，但成效慢、耗费大，无法满足其对新式人才的需求。一

---

① 吴景超. 唐人街：共生与同化[M].天津：天津人民出版社,1991：54.

② Leibowitz A. H. Language as a Means of Social Control[C]. Toronto：University of Toronto, 1974：6.

些有眼界的官员意识到一条更便捷的路径：加强对海外华人子弟的培养，使他们成为学贯中西的全才为国家所用。再加上美国华人数量众多，对中国国内经济发展的贡献卓著，清政府为了博得他们的忠诚，纳其财富和才能为自己所用，也希望通过对他们教育事业进行扶植来达到目的。于是清政府摒弃对美国华人中文传承语教育不屑一顾的态度，承认他们的中国国籍，派官员赴美兴学，将他们的教育纳入国民教育体系。一系列的举措燃起美国华人社区的办学热情，从而使中文传承语教育在住在国的排斥隔离以及祖籍国的关照之下得以继续发展。

（二）有识之士的跨国管理

有学者将语言规划的参与主体分为三类：有专业知识的人、有影响力的人和有权力的人。[①] 内忧外患下，清政府的中央权威已逐渐衰弱，再加上美国与中国距离遥远，清政府即便有心推动美国中文传承语教育的发展也鞭长莫及，无法如在国内一般通过一道圣旨来实现。因此，这一阶段美国中文传承语教育能够发展，更多依靠的是国内一些有权力或有影响力的人跨越太平洋奔赴美国进行语言管理。有权力的人士譬如驻美公使张荫桓，他协同驻美使领馆的大臣们对大清书院的筹办及管理予以帮助；视学专员梁庆桂，他代表清政府的意志，其兴学一举不仅得到驻美使领馆的鼎力支持，也得到华人社区领袖的响应。有影响的人主要是以康有为、梁启超为首的保皇派。这些骨干成员在美国华人社区广泛开展政治活动，激发华人的爱国情感和民族情感，促使其产生学习中文的内在驱动力，还开展教育活动实践其教育理想。正是在这些有识之士的推动下，美国中文传承语教育才走上有组织、有规模的新式侨民教育道路。

三、中文传承语教育的发展特征

（一）华人对祖籍国的国家认同

《排华法案》通过之后，华人在美国的境遇每况愈下。白人暴徒抢劫、纵火、私刑迫害华人的恶行时有发生，为了人身安全，大多数华人离开小城镇和农村，前往大都市的中国城抱团聚居。中国城成为华人面对社会上极端种族主义最后的避难所。由于被排拒于主流社会之外，他们只能想方设法在中国城内过着自

---

① Zhao S. H. & Baldauf R. B. Individual Agency in Language Planning: Chinese Script Reform as a Case Study [J]. Language Problems and Language Planning，2012（1）：1 - 24.

给自足的生活。恶劣的大环境反而激发他们的向内之心，饱受欺凌的他们急切盼望得到祖籍国的庇护，而此时清政府对美国华人的态度也在发生转变。两次鸦片战争后，中国的国门被西方列强的坚船利炮轰开，随着对外交往的频繁和出洋华工的增加，清政府日益关注海外华人的权益，并通过设置使领馆对他们进行保护。到 20 世纪初新政实行以后，清政府为了达到维系侨情、消弭隐患的目的，通过派遣官员视学、颁布国籍法等种种措施吸引和争取美国华人的向内之心。在清政府的竭力拉拢下，美国华人逐渐摆脱原先狭隘的地域性认同，转向对清政府统治下的中国的国家认同以及对中华文化的认同。这份认同成为他们大力开展中文传承语教育的强大驱动力。

（二）民办官助形式的中文学堂

《排华法案》的通过使美国华人社区沦为与主流社会隔离的畸形社会，华人受尽欺凌与歧视，在美国看不到前途和希望，更加坚定地将未来的出路寄托在有朝一日衣锦还乡。面对华人日益强烈的中文教育需求，在驻美使领馆的倡议与支持下，华人社区最早的民办官助形式的学校——大清书院得以成立。大清书院的成立改变了以往中文私塾或专馆各自为政的局面，中文学校的办学规模得到扩大，而且它面向金山各埠招生，对于打破各个地方会馆之间的壁垒起到一定的推动作用。而后清政府为了在美国华人社区中培养可用的全才，专门派遣视学专员梁庆桂赴美兴学。在他的不懈努力下，地方会馆之间的矛盾得到进一步缓和，大清书院得以跟随国内教育改革的步伐升级转型为大清侨民公立小学堂。其他地区规模较大的中国城也相继成立 10 余所类似的民办官助的侨民学堂。这些学堂不仅拥有本地中华会馆的资金资助，还能得到清政府一定的补贴，办学经费有所保障，办学质量也有所提升。中文传承语教育从此走上有组织、有规模的新式侨民教育道路，实现了其发展史上的第一次飞跃。

第四章

游走边缘：美国中文传承语教育的
中兴（1912—1942）

伴随着美国化运动的高涨，美国政府不断升级英语同化政策，少数族裔的语言和文化遭到压制和打击。传承语教育面临严峻的生存危机，中文传承语教育亦难逃池鱼之殃，受到严格的审查和限制。然而，1912 年中华民国的成立点燃了美国华人的爱国热情，他们与祖籍国的联系愈发紧密。民国政府十分重视维护和推进与美国华人的关系，在其较为完备的华侨教育政策鼓舞下，华人社区的各界精英积极办学，中文传承语教育得以逆势迎来一轮发展的高潮。本章论述中华民国成立之后至 1943 年《排华法案》废除之前，美国华人在社区开创的中文传承语教育的中兴局面。

第一节　联邦政府英语同化政策的升级

一、美国化运动的发展

19 世纪末，移民涌入美国，其数量之大、族裔之繁杂是美国历史上前所未有的。这导致许多民众感到恐慌，担心"无信仰、好拉帮结派的"新移民无法同化，最终将影响美国社会的稳定和国家的团结，"如果不采取行动对他们进行同化和训导，把他们变成合格的美国公民，那么我们将被他们外国化，成为一群无知的异教徒。"①于是一些知识分子、政客、社会工作者和教师联合起来，在移民社区开展定居救助活动，帮助移民融入美国社会，实现自主同化。其中影响较大的组

---

① Stoddard L. Re-Forging America：The Story of Our Nationhood[M]. New York：Charles Scribner's Sons，1927：135.

织有"纽约市教育联盟""青年基督教协会""外来移民北美公民联盟"等，它们在社会上掀起一场美国化运动，目的在于"消除少数族裔与祖籍国文化的联系，促使他们遵循盎格鲁-撒克逊的方式成为美国人"①。

早期的美国化运动，除了依托志愿者组织，更主要是借助公立学校的教育。"公立学校是美国化的最大媒介。自创办以来，美国公立学校一直致力于此，并且效果卓著。"②各州的移民局每个月定期将新移民入籍名单寄给公立学校，同时也寄给新移民，要求他们将子女送往公立学校学习。公立学校不仅加强对移民儿童的英语教育，通过历史教育和公民教育等向他们传递美国的价值观和信仰，还通过贬低他们祖籍国的语言和文化来促使他们摆脱祖籍国的影响，成长为真正的美国人。一位参观纽约公立学校的记者曾做过如下报道："教室里坐着刚到美国不久的男孩女孩，他们学习英语的模样让人可怜。但令人印象最为深刻的是学生在学校接受的爱国主义教育。每天上午9点，他们起立，举起右手，面对美国国旗，宣誓将对美国忠诚。"③一位洛杉矶华人回忆他在20世纪初的学生生活时说："我记得有一堂非常糟糕的、关于中国古代史的课，它讲了很多让人厌恶的内容，比如'怪异矮小的中国男性，留着辫子，长着歪眼睛'……虽然我当时还是少年，但是我对教科书对事实的扭曲表示愤怒，这些也反映出那些白人内心的真实想法。"④不仅如此，许多州政府还要求公立学校开设夜校教授成年移民文化知识。夜校聘请有经验的高中教师授课，开设英语、代数、历史、公民学、生理卫生等课程，帮助成年移民接受美国的生活方式，消除祖籍国记忆，进而融入美国社会。

1914年一战爆发以后，美国社会上出现"选边站队"的情形，即德国移民倾向于支持德国，英国移民倾向于支持英国。这一情况严重威胁美国的统一和团结，越来越多的民众认为美国"需要一个更加团结的民族共同体，讲同一种语言，

---

① Dicker S. J. Languages in America: A Pluralist View [M]. Sydney: Multilingual Matters Ltd., 2003: 43.

② Butler E. C. Americanization: Its Purposes and Process [A]. File 106: Americanization, Entry 6, Box 11, Madison. Wisconsin: Wisconsin Historical Society, 1919.

③ King D. Making Americans: Immigration, Race, and the Origins of the Diverse Democracy[M]. Cambridge: Harvard University Press, 2000: 89.

④ Chang I. The Chinese in America: A Narrative History[M]. New York: Penguin Books, 2003: 180.

遵循同一个传统,每个人心中只有一种爱国主义——对美国的忠诚"①。美国化运动由此发生质的改变,升级为各级政府直接干预并实行强制同化的政治运动。1915 年威尔逊总统在费城归化公民大会上公开声明:"一个认为自己属于某个种族集团的人,还没有成为完全的美国人。"②联邦政府专门成立全国美国化委员会(National Americanization Committee),其任务是宣传美国价值观,教授移民英语,使移民在政治、文化、心理和民族情感上都树立"美国第一"的观点,实现百分百美国化。各州政府纷纷成立美国化委员会以配合联邦政府开展运动,譬如通过立法将英语定为学校和公共场所的唯一使用语言;在工厂设立工厂班级教授工人英语;举办美国公民权利和义务短训班;开展"百分百美国人"巡回讲座等。

1917 年美国对德国宣战后,强烈的民族主义情绪将美国化运动推向高潮,说英语与对美国忠诚进一步紧密结合起来。西奥多·罗斯福总统公开呼吁移民放弃民族特征,尤其是他们的语言,以显示对美国的忠诚。他声称:"我反对任何形式的'带连字符的'美国人……我是一个无所畏惧的人,坚信并支持我们的教育系统……应该将英语作为教学语言并且应该教育孩子们说英语。"③战时的美国化运动要求每一个移民都切断与祖籍国在政治、文化、情感上的联系,成为安全且忠诚的美国公民。1918 年受俄国十月革命的影响,美国社会主义党和共产党行动活跃,促使联邦政府继续加大美国化力度。1919 年全国美国化委员会通过决议,规定"所有州的学校,无论公立或私立,都应该用英语实施管理,所有的小学都应该用英语进行教学"④。各州纷纷响应,明尼苏达、缅因、弗吉尼亚等州通过法律规定:"所有学校一律采用英语教学,一律使用英语教材,外语只能作为选修课进入课堂,而且每天教学时间不得超过一小时。"⑤到 1923 年,美国共有34 个州通过立法规定学校中只能使用英语教学。⑥

---

① Rider H. Americanization[J]. American Political Science Review, 1920(1): 110 - 115.

② Cordon M. M. Assimilation in American Life: The Role and Race, Religion, and National Origins[M]. New York: Oxford University Press, 1964: 101.

③ Wagner S. T. America's Non-English Heritage[J]. Society, 1981(19): 37 - 44.

④ 周玉忠. 美国语言政策研究[M]. 北京: 外语教学与研究出版社,2011: 88.

⑤ Rider H. Americanization[J]. American Political Science Review, 1920(1): 110 - 115.

⑥ The History of Bilingual Education in America[EB/OL]. (2002 - 03 - 03)[2021 - 02 - 23]. https://www. preceden. com/timelines/40587-the-history-of-bilingual-education-in-america-.

美国化运动是在盎格鲁-撒克逊化模式的基础上，推出熔炉化的同化模式，促使移民形成新身份、新体制以及新认同。它一方面促使移民习得美国的语言，使他们的生活方式、思维方式、价值观更趋同于美国公民，能够更好地融入美国社会；另一方面也对移民带来的祖籍国文化形成巨大的挑战和冲击，导致移民不得不舍弃本民族文化，接纳和认同美国的制度和文化。这一运动一直持续到 20世纪 30 年代才偃旗息鼓，由于联邦政府的移民限额制度效果初显，移民数量逐年下降，最终主流社会对美国化的热衷趋于平淡。

二、美国传承语教育的生存危机

在美国化运动的浸染下，美国社会构建起"说英语代表对美国忠诚"的语言意识形态，各州通过立法规定学校必须将英语作为教学语言，少数族裔的语言被排斥于学校教育之外，语言和爱国主义、国家忠诚之间的联系在教育领域进一步得到加强。在这种语言意识形态的支配下，美国的传承语教育处处受限，甚至遭受毁灭性的打击。

首当其冲的是德语传承语教育。20 世纪初期，德裔移民是美国最大的非英语移民群体，德语在社会上广泛流行，美国共有德语报刊近 800 种，占非英语报刊的半壁江山。[①] 德语学校数量众多且影响广泛，在一些德裔人口集中的州，公立学校甚至允许使用德语进行教学。然而，美国卷入一战后，美德关系恶化，社会上的反德情绪迅速高涨，德裔移民的境遇发生天翻地覆的变化。西奥多·罗斯福总统批评德裔移民倾向德国的立场是对美国忠诚的分化。在美国人眼里，德裔移民不再是安分守己、勤于创业的人群，而是美国的头号敌人；他们的语言是"对美国主义的威胁，是德国政府试图使德裔群体效忠于自己的阴谋"[②]。于是，德语被禁止在公共场所使用，德语书籍被焚烧，德语学校被迫关闭或改制为英语学校。德语传承语教育从此一蹶不振，再也不见往昔之兴盛。

俄国十月革命后，美国政府更是试图将"在美国仍存在的外国文化残迹全部碾碎"[③]。1898 年成为美国领地的夏威夷岛上，日裔、韩裔和华裔人口众多。

---

① 毛颖. 美国语言教育政策发展研究[D]. 武汉：华中师范大学，2017：103.

② James C. Bilingual Education: History, Politics, Theory and Practice [M]. Trenton: Crane Publishing，1999：23.

③ Hartmann E. G. The Movement to Americanize the Immigrant[M]. New York: Columbia University Press，1948：253.

1920 年,仅檀香山就有日语学校 144 所。① 为了限制少数族裔语言的使用,1920 年夏威夷通过立法规定,在外语学校任教的教师必须通过包括英语、美国历史与宪法知识的年度考核,方能取得教师资格证;学生在外语学校的上课时长只能限制在每周 6 天,每天 1 小时;外语学校的课程与教材必须经过教育局审定才能开设与使用。1923 年政府又进一步规定,只有在英文学校学习至 3 年级及以上的学生才能进入外语学校就读,并且每年须缴纳 1 美元支持教育部门的监督。1921 年 5 月,加利福尼亚州政府也通过取缔外语学校的法案,规定所有外语学校要翻译并上交教科书以及汇报每日授课时间,教师须通过美国文化考试方可获得教师资格证。1922 年起,加利福尼亚州中文学校的教师开始参加考试,刘伯骥在《美国华侨史续编》中记录过 4 次这样的考试:

> 1922 年 7 月 5 日,教师考试,三藩市在中华学校举行,南加州则定于 7 月 24 日在洛杉矶北喜威街 318 号日本人会考中日教师。
>
> 1922 年 9 月 2 日下午,假座中华学校分场考试,华侨教育界参加考试者 60 名。试题美国历史 8 条,美国政治 9 条,各任择 5 条为满卷。试后同赴远东楼宴会,组织留美华侨教育会,推基督教男青年会总干事李绍昌为临时会长。
>
> 1923 年,变更办法,先由教育厅派员担任教授,授以应考之科目,功课娴熟,然后照章考试。7 月 27 日,考试在中华学校举行,上午考美国历史,下午考美国宪法,男女教师应试者 50 余人。试毕,公宴加州教育厅副总监森滚氏、助理员泰健氏,及青年会各职员,仍赠送礼物。
>
> 1924 年,教育厅办理中文教师考试,5 月,先通知如投考者多,照去年办理,派员担任教授;若仅少数,恐难照办,有意投考者,请与青年会总干事朱如醴接洽。旋通知青年会,试验美国文化、历史、宪法三科,仅用英文考试,请投考者准备。又寄到美国宪法及历史大纲一束,分发于有意投考者,共 46 名。7 月 29 日,在中华学校举行考试,考取 16 名。②

---

① 麦礼谦. 从华侨到华人:二十世纪美国华人社会发展史[M]. 香港:三联书店,1992:57.

② 刘伯骥. 美国华侨史续编[M]. 台北:黎明文化事业公司,1981:360 - 361.

可见受美国化运动的影响，传承语学校在师资和教材上均受到严格的审查和限制，目的是确保少数族裔在语言文化和政治立场上与主流社会保持一致。即便此时还受《排华法案》的限制，被隔离于主流社会之外的中文学校也面临被关停取缔的风险。尽管在少数族裔的强烈抗议下，他们对权利的伸张得到了一些支持。譬如，1923 年联邦最高法院否决内布拉斯加州禁止在公立或私立学校给九年级以下学生教授英语以外语言的法规；1927 年联邦最高法院判定夏威夷 1923 年对传承语学校的规定违宪，家长有权决定子女使用哪种语言接受教育；1927 年加利福尼亚州对于传承语学校的限制同样被判定违宪——然而，这些都未能扭转整个社会对少数族裔语言的排斥，因为"整个社会的氛围已经被毒害"[1]。

二战爆发后，传承语学校面临更大的生存危机。1941 年日本偷袭珍珠港，美国正式加入二战，夏威夷进入军管戒严状态，政府下令所有外语学校停课。虽然戒严令在 1943 年已解除，但一些排外主义者借机重新通过取缔外语学校的法案。直到 1949 年，在日裔和华裔移民的不断申诉下，关闭外语学校的法案才被废止。经过近十年的停摆，夏威夷的传承语学校元气大伤，华人的中文学校也不例外。许多规模较小的中文学校被淘汰，只有明伦、中山等五所较大的中文学校得以复办。但是随着夏威夷华人大部分已融入主流社会，他们对中文传承语教育的重视大不如前，中文学校的办学水平也今非昔比了。

第二节　民国政府对美国中文传承语教育的推动

一、革命派与美国华人国民意识的形成

19 世纪末，在当时还是美国属地的夏威夷王国，华人社区已经形成主张推翻清政府的政治组织。华人最初因夏威夷盛产檀香木和甘蔗来到这里从事商贸、农业等工作。由于岛上白人数量少，他们受到的歧视少，更容易通过辛勤劳作发家致富。因此到 19 世纪 80 年代，华人数量已达 2 万多，仅次于加利福尼亚

---

[1]　Fishman J. A. 300-plus Years of Heritage Language Education in the United States [M]// Peyton J. K., Ranard D. A. & McGinnis S. Heritage Language in America: Preserving a National Resource. Washington, D. C. & McHenry, IL: Center for Applied Linguistics & Delta Systems，2001：81 - 96.

州的华人数量,且他们在经济和政治上颇具势力,比美国大陆的华人更早融入主流社会。① 1894 年 11 月,孙中山在檀香山成立中国第一个资产阶级革命组织——兴中会。兴中会以"振兴中华,挽救危局"为宗旨,得到华人新兴资产阶级的支持,创立之初拥有会员 20 余人,很快增加至 130 余人,成员主要是商人、工人、农业家、知识分子等。② 为了发动更多美国华人投身革命,1896 年 6 月,孙中山首次前往美国本土,抵达旧金山、纽约等地宣传其革命主张。然而美国大陆的华人比夏威夷的华人更加保守闭塞,大部分人都怀着臣民思想,支持清政府的统治,认为革命是作乱谋反,容易招来杀身之祸,因此孙中山的此次游说几乎是无功而返。

1903 年 10 月,当孙中山再次前往檀香山时,兴中会的阵地已经被保皇会占领,原来的骨干分子都已成为保皇会的得力干将。面对如此情景,孙中山并未气馁,他依照国内邹容出版的《革命军》一书,将兴中会更名为"中华革命军",并在夏威夷各地不辞辛劳地发表演说,批驳保皇会的谬论:"我们要颠覆满洲政府,建立民国。革命成功之日,效法美国,选举总统,废除专制,实行共和。"③振聋发聩的演说令华人深受鼓舞,最终革命派力量压倒保皇会,夏威夷成为革命派在海外的重要据点。但檀香山毕竟是弹丸之地,当地人力财力有限,革命派决定再次赴美宣传。先是孙中山在檀香山加入洪门致公堂,洪门致公堂在美国大陆会员众多,革命派的主张得以在华人中下阶层传播;而后他和其他骨干从旧金山出发,游历美国各大城市,所到之处聚众演说,向华人大力宣传《革命军》。该书号召人民推翻清朝统治,效法"美国革命独立之义"④,建立一个独立自由的中华共和国。此外,孙中山还用英文撰写《中国问题的真解决》(*The True Solution of Chinese Question*)发表于纽约报纸上,向美国人民介绍中国革命,争取欧美国家在道义、物质上的同情与支持。由于保皇会在美国大陆根基深厚,革命派此行依旧收获甚微,"所到百数十埠,赞成者少;然观望或阳奉阴违,误入保皇而不可拔者实众"⑤。虽然成果不理想,但革命派的宣传一方面打破保皇会一统天下的局

---

① 麦礼谦. 从华侨到华人:二十世纪美国华人社会发展史[M]. 香港:三联书店,1992:20.

② 麦礼谦. 从华侨到华人:二十世纪美国华人社会发展史[M]. 香港:三联书店,1992:176.

③ 李新. 中华民国史:第一编[M]. 北京:中华书局,2011:82.

④ 中国社科院近代史所. 孙中山全集:第 1 卷[M]. 北京:中华书局,1981:228.

⑤ 邓慕韩. 本党与洪门[M]//丘权政,杜春和. 辛亥革命史料选辑:上. 湖南人民出版社,1981:83 - 84.

面,在美国华人心中播下革命的种子,使他们看到救国强国的另一条道路;另一方面也启蒙他们的国民意识,使他们接触到自由、权利、独立、自尊、自治等思想,逐步摆脱中国传统社会的血缘宗亲观念及以君主为本位的臣民观念。

随着中国民族危机的加深以及自身在美处境的每况愈下,华人的国民意识不断增强,他们愈发认识到自身命运同国家命运的密不可分。1909年11月孙中山第三次赴美准备筹办美国同盟会时,华人已不再对革命派避之不及,"美洲华侨前时多附和保皇,今大为醒悟,渐有倾向革命之势,不日当可联络成各埠为一大团体,以赞助吾党之事业也。"①1910年美国同盟会总部在旧金山设立,华人聚集的城市纷纷设立同盟会分会。同盟会会员迅速增加至几百人,"凡是华侨所到之地,几莫不有同盟会会员之足迹"。1911年夏天孙中山再赴美国,他促成洪门致公堂与同盟会联合,并且成立洪门筹饷局负责筹集革命经费。美国各界华人的革命热情高涨,他们打破原来狭隘的地缘血缘观念,因共同的强国理想联合起来,争相捐款,即便是那些贫困的华工,也尽其所能慷慨相助。孙中山曾回忆道:"有许多人,将他们的全部财产交给我。费城的一个洗衣工人,在一次集会后来到我住的旅馆,塞给我一个麻袋,一声没吭就走了,袋里装着他二十年的全部积蓄。"②从筹饷局成立到1911年底,美国华人共捐款14余万美元,"于辛亥各省义师之发动,及广州轰炸事件之迭起,至有力焉"③。

除了捐款源源不断地汇入国内,美国华人也有不少回国参加武装起义。早在1895年革命派发起首次武装起义时,檀香山的一些华人就参与其中。譬如侨商邓荫南,因"甲午中日战起,感祖国之危亡,慨然有澄清之志"④,立志追随孙中山为振兴中华而奋斗,毅然回国参加广州起义。武昌起义爆发后,更多华人回国参加革命事业。著名的飞机制造师冯如回国后参加广东革命军,被任命为陆军飞机长,组建了中国第一支空中侦察队。辛亥革命后,美国华人除了回国投身革命活动,还积极参与祖国经济建设。虽然他们的人数只占当时世界华人总数的2%,但其投资在世界华人投资国内资金中占了14%,为民国时期国家的经济发展作出不可磨灭的贡献。⑤

---

① 中国社科院近代史所. 孙中山全集：第1卷[M].北京：中华书局,1981：230.
② 中国社科院近代史所. 孙中山全集：第1卷[M].北京：中华书局,1981：555.
③ 冯自由. 逸史中国历史第2集[M].北京：新星出版社,2016：158.
④ 卞孝萱,唐文权. 辛亥人物碑传集[M].南京：凤凰出版社,2011：46.
⑤ 肖飞. 孙中山与美国华侨[J].求索,2000(3)：135-147.

美国华人因为接触西方资本主义文化，本身思想更加开化，又因受到美国主流社会的排斥，痛恨清政府的软弱无能，更容易接受革命思想。在以孙中山为首的革命派的不懈努力下，他们一步步摆脱传统的臣民观念，意识到个人命运与国家命运息息相关，即只有祖籍国强大，他们才能在美国得到尊重，而祖籍国的强大离不开每个人的参与和斗争。国民意识的发展进一步拉近美国华人与祖籍国的联系，激励他们为振兴中华贡献力量。他们积极捐款捐物、投资建设，甚至跨国参加起义，为推翻清政府、创立中华民国立下不朽的功勋。正是意识到海外华人的作用，民国政府自成立以来就格外重视他们的教育工作。

二、民国政府的华侨教育政策

辛亥革命推翻了清朝统治，标志着封建君主专制制度的终结和资产阶级共和制度的诞生。1912年1月，中华民国南京临时政府成立，孙中山就任临时大总统。同年4月，他为实现和平统一大业主动辞职，袁世凯任临时大总统，迁都北京，开启长达16年军阀混战的北洋政府时期。1927年蒋介石在南京建立国民政府，1928年张学良宣布"东北易帜"，服从国民政府的领导，国民政府由此实现中华民国形式上的统一。尽管民国时期政局动荡混乱，但由于见证了海外华人在推翻清朝统治过程中的重要作用，无论是北洋政府还是国民政府都对海外华人的教育工作十分重视。

首先，设立华侨教育管理机构。1913年，北洋政府教育部与外交部制定《领事管理华侨规程》，将华侨教育委托驻外使领馆管理。1928年国民政府成立专门的机构负责管理华侨教育。华侨教育的监督和指导由驻外领事及国民党海外部负责，归国华侨的教育则由教育部下设的华侨教育委员会管理。1929年，华侨教育设计委员会成立，主要职责包括制定教育方案、调查华侨教育情况、计划教育经费开支等。1931年，侨务委员会侨民教育处取代华侨教育委员会，为了与华侨教育设计委员会划清职能范围，侨务委员会负责华侨教育的调查、立案、监督指导等；而有关华侨教育的大政方针、实施计划、经费筹划、师资培训等则由教育部主管的华侨教育设计委员会负责。1939年7月，为了适应抗战需要，教育部和侨务委员会决定共同负责管理华侨教育设计委员会，并将其更名为"侨民教育设计委员会"。两个部门在初期还能够分工合作，互不干涉，后来逐渐在华侨教育管理权问题上产生分歧，进而造成管理上的一些混乱。1945年国民党第六次全国代表大会召开后，南京国民政府行政院通过《侨教职权划分办法》来明确华侨教育的管理权，其中规定"侨教属海外者，由侨务委员会主管；属于国内者，则由教育部主管"①。这一职能划分一直持续到 1949 年中华人民共和国成立以前。

第二，确立华侨教育的宗旨和目标。1930 年国民政府教育部制定《改进并发展华侨教育计划》，内容包括华侨教育的目标、组织、经费、设计、学校教育、社会教育六个方面。该政策明确了华侨教育的三大目标："第一，根据中华民国教育宗旨和实施方针，以谋华侨教育的统一与发展。第二，根据华侨所处的特殊环境，因为要提高他们的地位，促成中外民族间的平等起见，教育方面，力谋增进他们的民族意识、自治组织能力，并且养成他们改良生活、发展生产的知识技能。第三，根据华侨的实际需要，力谋华侨普通教育、职业教育、师范教育、社会教育、补习教育的改革与扩充。"②在此基础上，1931 年国民党中央训练部又出台《三民主义教育实施原则》，其中的第七章第一节重申了华侨教育的三大目标，即与国内教育宗旨保持一致，根据特殊环境提高华人的国际地位，培养民族意识，发展自治组织能力及生产知识技能。1933 年，南京国民政府行政院再次通过《侨民教育实施纲要》，对教育目标进行补充，增加了一项"以文化合作之精神，与各居留地政府，共谋侨民教育之发展"。这说明国民政府此时已经意识到若要保持华侨教育的长期发展，必须争取住在国政府的支持和合作，这一项目标在今天看来仍然是十分远见卓识的。

第三，派员视察指导华侨教育的建设。1915 年北京教育部委托高登鲤、梁家义为驻外侨校视察员。同年 4 月，黄炎培等政府官员赴美考察，虽然此行的目的并非发展美国华人的教育事业，但却让黄炎培深刻认识到华侨教育的重要性——"政府不暇为谋也，侨民不能尽能为子女谋也。就使有之，入美国学校者，不识汉文通中文，或解粤语，不解普通话。海外相逢，苟不能粤语者，至不得不籍英语答意，使外人引为笑柄。若本国历史、地理，更无从受课。其自设专授汉文之学校，所聘教师，又多为乡村学究，不知教育为何物……数传之后，即非夷人为人奴，亦恐数典而莫知其祖。"③依照黄炎培的看法，美国华人有的无暇关注子女

---

① 教育部教育年鉴编撰委员会. 第二次中国教育年鉴：第十一编[M].上海：商务印书馆,1948：4.

② 侨务委员会秘书处. 侨务法规汇编[G]//耿素丽,张军. 民国华侨史料汇编.北京：国家图书馆出版社,2011：375.

③ 黄炎培. 黄炎培日记：第一卷（1911.7—1918.1）[M].北京：华文出版社,2008：223.

教育,有的只是将子女送入美国学校,导致年轻一代的华人不识汉字不通中文,与国内的民众无法交流,如此发展数代之后便数典忘祖。因此,他认为政府应该重视对海外华人的教育。归国之后,他致力于恢复因辛亥革命爆发而中断的暨南学堂,并于 1917 年被北洋政府教育部指派为暨南学校复建工作主理人,参与拟定《暨南学校章程》及《暨南学校规复宣言并招生启》。为推进华侨教育事业的发展,国民政府在北伐战争结束后不久就成立华侨劝学委员会,该委员会的主要任务是劝导海外华人出资兴办学校,推动中小学、师范学校、补习学校、图书馆等教育文化事业以及谋求华侨教育的全面发展。1933 年国民政府通过《侨务委员会派遣侨务专员及侨务视察员规则》,其中规定侨务视察员的职权包括调查海外华人兴办的学校及各种文化事业,以及介绍海外华人子弟回国就学。

第四,奖励捐资兴学的华侨。1914 年 2 月,北洋政府外交部颁布了中国近代史上第一部专门奖励海外华人的法规《奖励华侨条例》,其中规定"能结合团体,热心公益,如保商兴学等事著有成绩者,……,得请大总统给予各种勋章、匾额、相片以作纪念"①。11 月教育部又出台《捐资兴学褒奖条例》,同年檀香山明伦学校获得教育部奖励的"光被海表"匾额。1927 年国民政府重新修订《捐资兴学褒奖条例》,其中界定的奖励对象包括以私有财产创立或捐助学校、图书馆、博物馆、美术馆及其他教育机关者,奖状的等级依捐款数量而定,"捐资五百元以上者,授予五等奖状。捐资一千元以上者,授予四等奖状。捐资三千元以上者,授予三等奖状。捐资五千元以上者,授予二等奖状。捐资一万元以上者,授予一等奖状。"②条例的推出激起海外华人捐资兴学的热情。据统计,1930 年檀香山的中文学校通过华人募捐、学费收入及会馆或教会津贴共筹得经费 43 000 元,旧金山的中文学校通过捐款、学费、会馆津贴等筹得经费 24 600 元。③ 1939 年,教育部和侨务委员会联合发布《侨民教育奖状规程》,进一步扩大奖励范围,规定只要对华侨教育有贡献者均得以列入奖励范围,也包括外籍人员。④

总之,民国时期政府已经充分认识到华侨教育的重要性,相继出台一系列政策措施来鼓励海外华人兴办教育。在这些政策的激励下,海外华人的教育事业

---

① 外交部统计科. 外交部法令汇编:第 3 册[M]. 1912:20 - 22.

② 侨务委员会秘书处. 侨务法规汇编[G]//耿素丽,张军. 民国华侨史料汇编. 北京:国家图书馆出版社,2011:223.

③ 周邦道. 第一次中国教育年鉴:丙编[M]. 上海:开明书店,1934:292.

④ 侨务委员会秘书处. 侨务法规汇编[G]//耿素丽,张军. 民国华侨史料汇编. 北京:国家图书馆出版社,2011:143.

发展迅猛。据统计,1930 年世界各地海外华人兴办的学校总数约为 2 495 所,学生总数约为 111 807 人,到 1940 年,世界各地海外华人兴办的学校数量已达 3 231 所。① 美国华人社区中同样掀起办学热潮,中文传承语教育得以在《排华法案》的阴霾下蓬勃发展。到 20 世纪 30 年代末,全美已有中文小学 60 多所,中学 6 所。② 尤其是旧金山和檀香山,中文学校数量众多,成为美国中文传承语教育的两大中心。

三、国语运动的浪潮

清末切音字运动的开展孕育滋养了国语统一意识,最终促使清政府于 1911 年通过《统一国语办法案》,于 1916 年在全国普及国语。随后辛亥革命爆发,清政府尚未来得及将该法案付诸实践就轰然倾塌。幸而统一国语的事业并未因此戛然而止,而是在民国时期得以延续并实现实质性的发展。1912 年 7 月教育部在北京主持召开中央临时教育会议,大会通过了《采用注音字母案》,决定从统一汉字读音入手来统一国语,倪海曙认为这一议案是"清末中央教育会议所决议的《统一国语办法案》的移花接木"③。根据这一议案,同年 12 月教育部制定《读音统一会章程》,落实《统一国语办法案》中审定国音和确定音标的任务。1913 年,读音统一会在北京召开,参会者大多是当年积极参与切音字运动的知识分子,如王照、王璞等。在他们的共同努力下,会议议定了汉字的国定读音即"国音"以及拼写国音的字母即"注音字母"。国音和注音字母虽已议定,但北洋政府却迟迟未予公布。于是在 1916 年,北京教育界人士蔡元培、吴稚晖、黎锦熙等发起成立中华民国国语研究会,意在催促北洋政府公布注音字母和改学校国文科为国语科。国语研究会明确提出两大目标,即"言文一致"和"国语统一",国语运动由此以前所未有的规模展开。

1917 年 2 月国语研究会在北京召开第一次大会,会上选举蔡元培为首任会长并通过《中华民国国语研究会暂定简章》。1917 年 3 月陈独秀创办的《新青年》刊载《中华民国国语研究会暂定简章》及《中华民国国语研究会征求会员书》(简称《征求会员书》)。《征求会员书》反驳了中国因地域广、人口多而产生方言之杂,进而导致语言难以统一的观点,强调"语言本古今递变""使立定国语之名

---

① 周邦道. 第一次中国教育年鉴：丙编[M]. 上海：开明书店,1934：540.
② 梁培炽. 美国华文教育论丛[M]. 北京：中国华侨出版社,2014：4.
③ 倪海曙. 中国拼音文字运动史(简编)[M]. 上海：时代书报出版社,1948：22.

义,刊行国语之书籍,设一轨道而导之,自然渐趋于统一,不过迟速之别而已"①。几乎是不谋而合,早先在1月出版的《新青年》就已刊载了胡适的《文学改良刍议》及陈独秀的《文学革命论》。陈独秀旗帜鲜明地提出:"以白话为文学正宗之说,其是非甚明,必不容反对者有讨论之余地,必以吾辈所主张者为绝对之是,而不容他人之匡正也。"②一场以《新青年》为舆论阵地的白话文运动由民间自下而上地展开。1918年4月,从美国归来不久的胡适再次在《新青年》发表文章,题为《建设的文学革命论》,明确表示要以"国语的文学,文学的国语"为文学革命的宗旨。他写道:"我们所提倡的文学革命,只是要替中国创造一种国语的文学。有了国语的文学,方才可有文学的国语。有了文学的国语,我们的国语才可算得真正国语。"③文章的发表促使"'文学革命'与'国语统一'这两大潮流合二为一,于是轰腾澎湃之势愈不可遏"④。尤其是五四运动爆发以后,国语运动更加势如破竹,"各地的学生团体里忽然发生了无数小报纸,形式略仿《每周评论》,内容全用白话。此外又出了许多白话的新杂志。……一年以后,日报也渐渐地改了样子了。从前日报的附张往往记载戏子妓女的新闻,现在多改登白话的论文译著小说新诗了。"⑤

国语运动的丰硕成果很快反映在民国政府的教育政策中。1918年11月,教育部正式向社会公布注音字母表,确立"以京音为基础,折中南北,牵合古今"的国语标准音。1920年1月,教育部训令凡国民学校低年级,国文课教学统一使用国语,初小国文科改为国语科。胡适认为"这一道命令把中国教育的革新至少提早了二十年"⑥。1923年全国教育联合会公布《中小学各科课程纲要》,规定小学、初中、高中的语文科一律定名为国语科。同年国语统一筹备会决定以北京语言作为标准音,称之为"新国音"来替代之前的国语标准音。1932年教育部采用新国音,公布发行《国音常用字汇》。除了在国内大力推广国语,教育部也积极在海外华人中推行国语。1932年12月,针对华侨教育的语言问题,侨务委员会

---

① 高平叔. 蔡元培年谱长编:中册[M].北京:人民教育出版社,1996:13-14.
② 陈独秀. 答胡适之[M]//陈独秀.陈独秀文章选编(上).北京:三联书店,1984:208.
③ 胡适. 建设的文学革命论[M]//胡适.胡适全集:第1卷.合肥:安徽教育出版社,2003:56.
④ 黎锦熙. 国语运动史纲[M].北京:商务印书馆,2011:136.
⑤ 胡适. 五十年来中国之文学[M].台北:远流出版公司,1986:48.
⑥ 胡适. 国语讲习所同学录序[M]//赵家璧.中国新文学大系:建设理论集. 上海:上海文艺出版社,1980:258.

专门颁布《侨民学校应一律改用国语教授令》，以下是全文：

> 为令遵事：查旅外华侨省界边界之区别，言语隔阂，情感难通，每为团结之障碍，各地侨生回国升学，因语言不一，尤感困难，欲除斯弊，当先统一国语教授。年来南洋英荷美各属侨校，多已实行，颇著成效，其他各属各国侨校，间有因循未改，仍用闽粤乡音或土语教授者，殊乖统一主旨。为此通令各地领事，转饬各该辖内华侨学校，其已实施国语教授者，应极力推进，其仍用方言教授者，应恳切劝止（惟外国语课程，得用该外国语讲解），并应举办国语演说会国语辩论会，以资练习，仍将办理情形，随时具报！此令。①

透过这则通令可以看到，国民政府已经充分意识到语言在统一民族意识、加强海外华人团结以及增强他们爱国之心上的重要作用。通令阐明了统一使用国语教学的必要性、华侨教育的语言现状以及语言政策的实施者。虽然只有寥寥数百字，但它是中国政府历史上首次颁布的针对海外华人的外向型语言政策，在中国语言政策史上是空前绝后的，具有举足轻重的意义。此后国民政府仍再三通过行政命令强调华侨教育应"统一使用国语作为教学语言"，譬如 1933 年通过的《侨民教育实施纲要》第三条规定"各校以国语统一教授"；1934 年的《侨民中小学规程》提出"侨民中小学，除外国语外，一律以国语为教授用语，小学不得采用文言教科书"；1936 年的《华侨国语文补习班组织章程》规定了国语文补习班的办班目的、教学内容、学费、师资等细节。②

海外华人也积极响应国语运动，特别是五四运动之后，南洋华人教育界率先打破以往按不同籍贯分班、用不同方言讲授的做法，统一采用国语授课。美国与中国距离更远，国语的师资比较稀缺，唯有留学生或在广东受过良好教育的人才能教授国语。因此，美国中文学校推广使用国语教学的进展较为缓慢，但中文学校使用不同广东方言授课的情况得到改善。1926 年以后，旧金山的中文学校逐渐统一使用广州话作为教学语言。也有一些学校紧跟潮流，譬如 1919 年创办的晨钟学校，该校教师主要是一些亲国民党的知识分子，这个学校最早在美国教授

---

① 侨务委员会秘书处. 侨务法规汇编［G］//耿素丽，张军. 民国华侨史料汇编. 北京：国家图书馆出版社，2011：309.

② 侨务委员会秘书处. 侨务法规汇编［G］//耿素丽，张军. 民国华侨史料汇编. 北京：国家图书馆出版社，2011：282，292，723.

国语;1939 年檀香山华人响应侨务委员会的号召建立华侨国语文补习学校,该校招收学生 90 余人,通过组织演讲比赛和电台广播在学生中大力推广国语。

第三节　华人社区中文传承语教育的蓬勃发展与隐忧

一、中华会馆及同乡会馆的办学

清末内阁侍读梁庆桂赴美兴学的斐然成绩为民国时期美国中文传承语教育的兴盛奠定了坚实的基础。当时在旧金山、萨克拉门托、洛杉矶、芝加哥、波特兰、西雅图等地兴办的侨民学堂,由于得到清政府的资助以及各地中华会馆的支持,资金比较充裕,办学规模较大。中华民国成立后,这些学校继续发展,并因中国国内的教育改革和新文化运动呈现出焕然一新的面貌。

民国初年,旧金山的大清侨民公立小学堂更名为中华侨民公立小学堂。1915 年夏天,民国政府派遣视学专员赴美视察华侨教育。在对中华侨民公立小学堂进行走访调查之后,视学专员对学堂的办学情况不甚满意:"关于教学方面的问题,课程设置与教育部的指导方针不符。儒家经典的教学时间过长,而国文课程的教学时间不足,这在国内是不合法的。而且教师授课敷衍,无视学生的心理特点。有的教师上课时忙着看报纸,让学生自己练习书法;有的教师告诉学生会提早下课,以此来讨好学生。"①鉴于此,在视学专员的指导下,金山中华会馆对学堂的教学工作进行了一系列改革,主要包括:第一,停止教授儒家经典。初小年级设置国文写字、常识、信札、故事、念书、解书串字、唱歌、体操等课程,高小年级设置国文、中国历史、地理、古文、公民、国语、珠算、作文、演说、体操、唱歌等课程。第二,缩短授课时间。由于大多数学生白天已在美国公立学校学习,为了不让他们过于疲惫,上课时间由原来的下午四点至晚上八点改为下午五点至晚上八点。第三,严格考核制度。每学期对学生进行期末考试,成绩优秀者可以免除下学期学费,成绩不合格者不予升班或者予以开除。

1920 年,中华侨民公立小学堂更名为中华侨民公立学校,并且开始招收女生。1922 年学校根据中国国内的学制改革增设三年制初中部。1926 年,教学语

---

① Huang B. Teaching Chineseness in the Trans-Pacific Society: Overseas Chinese Education in Canada and the United States, 1900 - 1919 [D]. Princeton: Princeton University: 203.

言从四邑方言统一改为广州话，仅国语一科，采用国语教授。1927 年金山中华会馆购买附近的基督教会大楼作为新校舍，学校更名为美洲中华中学校。首任校长林始亨励精图治，整顿校风，学生人数大增。1928 年学校开设高中部，成为北美第一所开设高中课程的中文学校。1931 年，学校学生数达 450 人，同年第一届高中学生毕业。① 虽然受国内轰轰烈烈国语运动的影响，美国的华人知识分子大都认同使用国语有助于华人的团结和国家的统一，但由于华人社区中能够教授国语的教师稀缺，只有留学生或是受过良好教育的移民才能担任国语教师，所以美国中文学校使用国语和白话文教学的推进速度比较缓慢。1934 年，美洲中华中学校刊物上登载的学生文章仍然使用文言文，直到 1940 年学校年鉴刊发的学生文章才都使用白话文。作为美国最古老的中文学校，美洲中华中学校对中文和中华文化的传承立下不可磨灭的功绩，"在跨越一个世纪的时间轨道中，虽历经变革，而对发扬中华文化国粹主旨，从未稍懈"②。

美洲中华中学校是美国中文学校的领头雁，在它的引领下，萨克拉门托、洛杉矶、西雅图、波特兰的侨民学堂相继更名为中华学校。纽约 1909 年开设的大清侨民学堂在民国初年更名为中华侨民学校。大清侨民学堂开班之初只有学生 20 多人，由追随梁庆桂赴美留学的朱兆华主持校务。起初学校经费严重不足，但由于当时驻美公使伍廷芳、驻纽约领事何永绍等人的热心捐款，学校得以维持发展。1933 年该校已经拥有在校生 100 多人。二战后随着纽约华人数量的增长，这所学校迅速扩大。1962 年学校迁入勿街 62 号新建的中华大楼，改名为纽约华侨中文学校。该校拥有由幼稚园到高中 14 个年级，学生人数超过 3 000 人，成为全美规模最大的中文学校。加利福尼亚州华人较多的市镇也纷纷兴办中文学校，譬如斯托克顿于 1913 年开设中文学校，汉福德于 1922 年开设中文学校，贝克斯菲尔德于 1923 年开设中文学校，马里斯维尔于 1932 年开设中文学校。

除了中华会馆，一些同乡会馆也积极创办中文学校。1929 年，旧金山的宁阳会馆筹办宁阳学校，但因有议论"宁阳学校成立之日，即为中华学校解体之时"，所以宁阳会馆决定停止创办宁阳学校，全力支持美洲中华中学校的发展。阳和会馆于 1924 年创办阳和学校，该校由于资金问题于 1942 年停办。1920 年

---

① 刘伯骥. 美国华侨史[M]. 台北：黎明文化事业公司，1982：463.

② 周坚乃. 美洲中华中学校简史[EB/OL]. (2010 - 05 - 08)[2021 - 09 - 01]. http://www.cchsia.org/aboutus.html.

三邑会馆辖下的南海福荫堂创办南侨学校,初期学校规模狭小,仅有教室一间,教师一人,学生二三十人。但在南海福荫堂的鼎力支持下,学校于 1926 年迁至位于沙加缅度街 755 号的三层楼新校舍并增设初中,出生于 1925 年的美国知名华人、历史研究专家麦礼谦曾在此学习中文。目前该校已经走过百年,仍然在为美国华人的中文传承语教育事业贡献力量。《金山谣:美国华裔妇女史》曾记载某位女性华人对在该学校学习的回忆:"我在旧金山出生长大。在旧金山的华裔子女一般在公立学校放学后,又去中文学校上学。中文学校一般教授广东话,中国字也是用广东话发音的。星期一到星期五,中文学校从下午五点至晚上八点上课。星期六,则是从上午十点至下午一点。我们每月交一块钱作为学费。我的中文学校叫南侨学校。该学校由当地的中华公所(即中华会馆)兴建。中华公所拥有许多房地产,其收入便用来修建学校。学校由中华公所的董事处管理。董事处的成员都是男性,每年开会数次。教师则有男有女。有的教师是由大学生兼任。他们白天上课,课后来中文学校教书。有些中文学校由卫理公会教堂资助。天主教会也有一所中文学校……我在上初中时,便不再去中文学校。虽然中文学校也开设高中课程,但许多人学到初中程度便辍学。所以中文学校的班级,一般年级越高,人数越少。我也随大流。"[1]从这段回忆可以看出,旧金山的华人儿童从美国公立学校放学后大多会前往中文学校学习,但随着年纪的增长、美国学校课业负担的加重,他们到高年级一般就会放弃学习中文。据 1934 年对旧金山 10 所主要的中文学校的调查,旧金山高中以下的华童约有 64% 放学后继续学习中文。[2] 入学率之所以如此之高,一个重要的原因是旧金山华人大都聚居在中国城,儿童可以结伴进入中文学校。然而即便在中文传承语教育如此繁荣的旧金山,与美国公立学校教育相比,中文学校的教育并不占据主要地位,许多华童年龄小的时候还能在家长的坚持下去中文学校学习,但年龄越大,越容易放弃去中文学校学习。虽然中华民国成立后,华人的爱国之情更切,民国政府也把美国华人创办的学校纳入国民教育体系,但是与东南亚全日制的华文学校不同,美国中文学校受强势主流教育体系的制约,始终只是补习性质的学校。

---

① 令狐萍.金山谣:美国华裔妇女史[M].北京:中国社会科学出版社,1999:115.

② Chon T. Y., et al. Survey of Social Work Needs of the Chinese Population of San Francisco[M]. Sacramento: State Relief Commission,1935:35-37.

二、文化或政治团体的办学

1907 年保皇会改组为宪政会后,宪政党人于 1911 年 2 月 4 日在檀香山开办明伦两等学堂。中华民国成立后,明伦两等学堂更名为明伦学校。康有为、梁启超等宪政党领袖在国内就强调女子教育的重要性,提出"蒙养之本,必自母教始;母教之本,必自妇学始。故妇学实天下存亡强弱之大原也"①。因此,在美的宪政党人同样重视女子教育。明伦学校创办初期就兼收男女学生,开美洲中文学校风气之先,对改变华人社区重男轻女的观念起到引领作用。1915 年,首任校长陈宜庵回国,由毕业于日本横滨大学的广东香山县人郑任先继任。郑校长任职 52 年,鞠躬尽瘁,为明伦学校的发展壮大做出重要贡献。明伦两等学堂开办之初只设小学,教师 2 人,学生 104 人;1931 年明伦学校兴办初中;1936 年兴办高中,同年学校人数也达到顶峰,共有教师 33 人,学生 1 348 人,成为二战前夏威夷乃至美国规模最大的中文学校。

明伦两等学堂筹办之际,檀香山的同盟会积极应对,筹划也兴办一所中文学校。1910 年孙中山在檀香山时同意该提议并发动华人积极捐款办校。1911 年 2 月 8 日,在明伦两等学堂开业后的第 4 天,由同盟会创办的华文学校(Wah Mun School)也开业了,同样只设小学,共有教师 4 人,学生 127 人。两所学校开办之初代表着两个政党截然不同的政治立场,但随着时间的推移,它们的政治色彩渐渐褪去,成为夏威夷两所最重要的中文学校。华文学校在中华民国成立后,与国民党始终保持紧密的联系。在中国教育改革和国语运动的影响下,华文学校率先开设国语课。1914 年 5 月受孙中山之托,抵达美洲主持美洲国民党党务的林森非常支持华侨的教育,提倡要对华人儿童"实施完全国民教育"。他甚至身体力行,到该校担任国语教师,因为"在美闽籍华侨多属闽南人均不谙国语,将来如回祖国,难免诸多阡格且侨胞子弟方在稚龄,宜及时教以中国语文,灌输中国固有道德学识,以养成其响慕祖国之心"②。由此可见,国民党对于华侨教育十分重视,希望华侨通过学习中文和中华文化增强爱国之心,将来为祖国的建设和发展贡献力量。林森任教期间,学校创办《华文杂志》用于刊登教职工及学生的文章,话剧社学生首次使用白话文表演话剧。1925 年孙中山在中国逝世,该

---

① 梁启超. 变法通议·论女学[M]//朱有瓛. 中国近代学制史料：第一辑下册. 上海：华东师范大学出版社,1986：872.

② 陈促经. 青芝老人铁事[A]//胡适,等. 林森纪念集. 台北：文星书店,1966：539.

校为了纪念他,于 1927 年更名为中山学校。1935 年中山学校开设初中部,到 1939 年共有教师 24 人,学生 852 人。

在旧金山,最具代表性的由文化团体兴办的中文学校是晨钟学校。该校由晨钟新剧社于 1919 年创办,剧社的成员大多是受中国资产阶级民主革命影响共情或加入国民党的知识分子。创办之初该校共有学生 126 人,教师 3 人,3 名教师分别毕业于北京大学、台山师范学院以及南吴高中。在办学中,这所学校深受国内五四运动后新思潮的影响,特别具有忧国忧民和勇于创新的精神,正如其校歌所唱:"……今世界弱肉强食,怒潮来汹涌;图强自立,非教育不为功。祖鞭猛著,奋志为雄。人世百年易过,鹏程万里难通。莫等闲,虚老韶华悲功空。勖哉齐努力,振我华国之宗风,将见金门港上,我校人才蔚起与世大同。"① 学校的课程根据国内教育改革后的新科目而定,主要包括修身、历史、地理、唱歌、算数、国文等。限于师资,学校授课语言统一为广州话,但为学生开设国语课,1922 年的校刊上已经刊登一些白话文诗歌,此举开旧金山中文学校之先河。除此之外,根据蔡元培提出的五育原则,学校还为学生提供各种文娱活动。1920 年校方组织演讲团,每周五晚上带领学生穿上制服,列队到中国城作有关中国国事的演讲;1921 年组建第一支男子军乐队,目的是增强学生体质及强化爱国意识,军乐队共有 26 人,老师作为团长,学生按级别设有团长、营长、司务长、副官、排长等。学校还特别重视女子教育,公开声明支持男女平权,1921 年学校的招生人数约 160 人,其中男生 100 人,女生 60 人。② 校方专门为女生组建女子体育团,聘请美国教师教授她们各种体育运动。学校的革故鼎新为它赢得了良好的口碑,1924 年学生人数增加至 200 多人。然而,晨钟学校坚持不收学费,一直只是通过晨钟新剧社的定时演出等来筹集资金,长期的入不敷出最终迫使其于 1924 年决定停止办学。

美国著名的社团组织安良工商会也积极在各地兴办中文学校。安良工商会最初名为安良堂,由著名的美国华人领袖司徒美堂于 1894 年创办。1904 年孙中山从檀香山到美国宣传革命时,司徒美堂与他建立了深厚的友谊,亲自负责他的人身安全,并于 1905 年在纽约将安良堂改组为安良工商会。安良工商会长期从人力、财力等方面支持孙中山的反清革命活动,为中华民国的建立立下不朽功

---

① 麦礼谦. 从华侨到华人:二十世纪华人社会发展史[M]. 香港:三联书店,1999:54.
② Morning Bell School. Morning Bell School Magazine[A]. San Francisco:UCB, Ethnic Studies Library, No. CA. 2,1922:57.

劳。安良工商会热心教育,在美国多地开设中文学校,如 1909 年在纽约创办安良学校;1916 年在芝加哥成立安良学校;1916 年在波士顿开设广教学校;1924年在克利夫兰开设华侨学校等。除了会馆及社团的办学之外,这一时期也有一些私人斥资兴办的学校。譬如刘兴于 1913 年在奥克兰创办公立华侨学校,邓楷隆于 1919 年在菲尼克斯开设中文学校,许蛰辰于 1910 在夏威夷开办蛰辰学校,林叠于 1917 年在夏威夷开办明汉学校等。① 这类学校办学规模较小,因为资金来源有限,只能靠收取学费来维持,但又因为经常遇到生源青黄不接的情况,其中一些学校开办一段时间就停办了。

三、基督教会的办学

19 世纪后半期,基督教的各个教派已经在美国大陆华人聚集的地区开展传教活动。除了在街头布道、组织华人团契,传教士们也积极在华人社区开办教会学校。最早的教会学校大多是为成人开办的,时间通常在晚上或周日,目的是帮助他们补习英语,进而劝导他们信仰基督教。在传教士看来,华人通过学习英语能够更充分地理解上帝的福音,"通过在主日学校学习英语,华人能与我们基督教徒和我们的文明接触,从而进入新的世界。他们焕然一新,甚至改变了外在形象。……一旦华人学会了英语,他就不再是从前的他了。"② 对于初到美国的华人而言,信仰基督教并不是他们热衷的,但补习英语却能满足他们的现实需求,毕竟他们身处说英语的环境,能用英语进行简单的交流对于生存百益而无一害。因此,这种教会学校受到华人的欢迎并迅速发展。1853 年旧金山长老会为华人创办第一所主日学校,到 1892 年,全美已经有 262 个为华人而设的教会学校。③随着华人儿童数量的增加,再加上大多数公立学校将他们拒之门外,教会学校也开始开设日校接收照顾华童,1885 年旧金山各教会学校共接纳华童约 154 人。④与美国大陆的情况不同,夏威夷的教会学校较早参与到华人的中文传承语教育事业中。1881 年 1 月由教会创办的中国儿童英语学校(Chinese Children's English School)设有中文班,该校创办之初共招收 17 名华人男童。1882 年夏威

---

①　麦礼谦. 美国华侨简史[N]. 时代报,1982 - 12 - 28.

②　Condit I. M. The Chinaman as We See Him and Fifty Years for Him[M]. New York: Arno Press Inc., 1978: 107.

③　Wang Z. X. A History of Chinese Churches in Boston(1876 - 1994) [D]. Boston: Boston University, 2000: 69.

④　杨国标,刘汉标,杨安尧. 美国华侨史[M].广州:广东高等教育出版社,1989: 453.

夷政府工作报告提到，这所学校为 50 名华人男童和 2 名华人女童提供中英文两种语言的教育。[①] 1883 年，基督教青年会（YMCA）也开设了一个短期的中文班，这个中文班于 19 世纪 80 年代中期停办，一些华人教徒将其复办，取名为寻真书室。寻真书室后来又由美国传教士接手，改名为米尔斯学院（Mills Institute），学院一直教授英语和中文，直到 1905 年搬出唐人街才将教学重点转向英语。1890 年圣彼得教堂开办一所中文学校，教学语言采用的是客家方言，直到二战前夕这所学校才停办。1899 年，一群基督教七日会的华人教徒与华人社区领导合作，共同开办檀香山中英文学院（Honolulu Anglo-Chinese Academy），教授英语和中文。开学之初有 60 人报名中文班，但第一年学校就产生一些内部纷争，随后华人社区延迟对其进行资助，1902 年该校的中文班就停办了。

进入 20 世纪后，受《排华法案》的限制，华人移民数量大幅萎缩，再加上美国化运动的影响，土生华童一般都进入美国的公立学校学习，英语补习性质的教会学校逐渐衰落，各个教派转而通过兴办中文学校来吸引华人。二战前新兴的教会中文学校主要有：1908 年旧金山金巴仑长老会创办的金巴仑学校；1921 年天主教会在旧金山中国城创办的圣玛丽中英文学校，1933 年这所学校增设初中部，1938 年学校更名为圣玛丽中学，1939 年学生人数多达 400 余人；1924 年公理会和长老会合办的协和学校，后来美以美会加入，该校效仿美国教会学校作风，成绩卓著，1933 年更名为协和中学，1939 年学生数增至 640 人；1930 年浸信会在旧金山创办的浸信学校；1930 年中期旧金山的圣公会和浸礼会分别创办的圣公会学校和浸礼会学校；1932 年基督教二支会在夏威夷创办的谭光学校；1935 年京街中华基督教会在夏威夷创办的友文学校；1937 年中华基督教会在华盛顿创办的建国中文学校。

教会中文学校与华人兴办的中文学校相比，具有以下三个特色。首先，学校的教学语言一般是中英双语。教会传统的工作语言是英语，教会中文学校通常采用中英双语教学，这样既能满足华人在美国社会谋生的需求，又能帮助他们保持中国传统的语言和文化。其次，宗教教育是教学的主要内容之一。既然是教会学校，宗教教育便必不可少，教学内容除了写字、语法、算术、游戏、美术、音乐等，还包括祈祷、圣经学习、礼拜仪式等，让学生在接受语言文化教育的同时也接

---

① Glick C. E. Sojourners and Settlers：Chinese Migrants in Hawaii［M］. Honolulu：Hawaii Chinese History Center and University Press of Hawaii，1980：173.

受宗教教育。最后，教会中文学校的办学规模较大。教会中文学校在美国能够获得广泛的社会捐助，因此资金比较充足，办学条件较好，学校的规模也较大，旧金山的圣玛丽中学和协和中学在 20 世纪 40 年代都是当地颇具影响力的中文学校。一方面，华人儿童通过在教会中文学校的学习更深入地了解中华文化，增强了民族主义精神，他们中有些人在成年后回到中国发展，以饱满的爱国热情参与到中华民国的改革与建设中。另一方面，华人儿童通过在教会中文学校的学习不仅通晓英语，也吸收了西方的伦理观念和资产阶级民主思想，这使他们更容易融入美国主流社会。再加上教会在美国社会的地位和关系，一些学生得以率先进入美国主流社会，成为牙医、银行职员、政府译员等，这在客观上推动了华人的美国化进程，使他们开始蹒跚走向主流社会。

　　总体而言，辛亥革命胜利后，中国从古老的封建帝制国家转型为近代民族国家，新诞生的中华民国极大激发了美国华人的国民意识和爱国热情。华人社区的精英们与民国政府保持密切的联系，在他们的号召和领导下，华人社会各界积极办学，推动中文传承语教育在 20 世纪上半期获得长足的发展，迎来中兴的局面。到二战之前，美国中文学校增至 100 多所，其中加利福尼亚州有 49 所，夏威夷有 27 所，占全美中文学校的 75%。① 尽管发展形势喜人，但不容忽视的是美国中文传承语教育面临着新的问题与挑战。《排华法案》的约束效应显现之后，华人移民数量锐减，华人社区主要依靠人口的自然增长获得新生力量，这就导致在美国出生的华人占比日益提高。新生代华人从小受美国文化熏陶，更亲近美国文化，对中国文化反倒显得疏离；再加上政府推行强制型英语同化政策，少数族裔语言在社会上被边缘化，华人只有掌握英语才能融入主流社会，所以他们对学习中文和中华文化的热情大不如前。据统计，20 世纪 30 年代末，美国大陆约有 12 000 名 5～14 岁的华童，到中文学校学习的仅有 3 000 多人；檀香山约有 9 000 名华童，就读于中文学校的也只有 3 000 多人。② 换句话说，全美大约只有三分之一的华童进入中文学校学习，而且受到学习时间、师资水平、教学经费的限制，学生们的学习效果也得不到保证，有的学生学习两三年就辍学了，年级越高，学生的流失率就越高。新生代华人的美国化以及缺少新移民的到来作为补充的情况为《排华法案》废除后中文传承语教育走向低谷埋下了隐忧。

---

① 麦礼谦. 美国华侨简史［N］. 时代报，1981 - 11 - 14.
② 麦礼谦. 美国华侨简史［N］. 时代报，1981 - 2 - 18.

四、教育对土生华人身份认同的建构

《排华法案》实施以后，华工被排斥于美国国门之外，只有政府官员、商人、教师、学生以及他们的家眷才能进入美国。因此，在单身华工数量急剧减少的情况下，华人社区中双亲家庭的比例不断上升，在美国出生的华人数量也随之增加。这些在美国出生的华人以及一些在中国出生但较小就进入美国的华人被称为土生华人。① 如前文表 3-1 所示，1890 年以后土生华人的数量迅速攀升，到 1940 年，其数量已经超过在美国之外出生的华人数量。一方面，土生华人自幼在美国长大，他们拥有美国国籍，尽管受到歧视，但大部分已经进入公立学校接受教育；另一方面，他们在家庭教育中受中国传统文化的熏陶，放学后被要求到中文学校学习。东西方文化在他们身上交融与碰撞，却囿于客观环境无法得到调和，最终造就了挣扎于身份认同困境的迷惘的土生华人。

身份认同是主体对自身认知的一种选择，它涉及个人与特定社会文化之间的关系。换句话说，它是个体与群体在变动的生活经历中寻求自己身份的确认，以回答"我是谁"这个问题。《排华法案》通过后，大批赴美华人被拒之门外，那些已经在美国或者幸而进入美国的华人也处于极其艰难的境地。种族歧视无处不在，特别是在美国西岸的各州，许多理发店、旅店、医院和其他公共场所都不接待华人，戏院规定他们不得与白人混坐，有些地方禁止他们租房子或做生意。这样的境遇使华人深感自己不是美国社会的一部分，于是他们抱着落叶归根的心态，将前途寄托于祖籍国。尤其是辛亥革命胜利后，华人社区中的精英们与民国政府保持密切联系，他们通过一系列的实践来维持华人对祖籍国的身份认同，譬如在华人社区传播国内的动态；组织华人参与国内的革命和建设；兴办中文学校教育下一代等。因此，老一辈的华人，尤其是聚集在中国城的华人，在家庭生活中普遍保持着中国传统的观念和做法。"我父母信仰孔孟之道。他们崇拜的神也不止一个。他们的习惯是从他们的父母那里传下来的。""我是按照非常严格的中国方式成长起来的。我从不去跳舞，从未接待过客人，虽然有时也有人来，在我生活中从未有过寻欢作乐的事。父亲不喜欢这个。""我父母不会讲英语，所以我们在家对父母必须讲华语。我们在家和兄弟姐妹们都讲英语，对讲英语的朋友们也说英语。父母有时为总在家讲英语骂我们，并敦促我们去华人学校学习，

---

① 麦礼谦. 从华侨到华人：二十世纪华人社会发展史[M]. 香港：三联书店,1999：130.

以便学会中文说、写和阅读。这样，以后我们回国，才能与那里的人们共同生活。"①家庭生活的点点滴滴都在对土生华人的身份认同进行原始建构，将中华文化的基因潜移默化地植入他们的生命之中。

由于在美国长大的土生华人缺乏对中国的具体认知，为了加强他们对中国和中华文化的认同，许多父母坚持让他们课后到中文学校学习。中文学校除了教授他们中国的语言文字，也在精神上向他们灌输中国的道德文化和爱国思想。在中文学校，他们被教导要热爱中国，因为他们是中国人。在1921年美洲中华中学校周年庆典上，学生们唱着学校的新校歌，其中的歌词是："兄弟姐妹们，传扬我校的尊名，增进我共和国的荣耀。我国的名字是中华，我校的名字是中华。中华，中华！清晨灿烂开放花朵。我爱中国。我爱中国。"②晨钟学校在每次重大集会上都会举行升旗仪式，带领学生合唱爱国歌曲，以此锻造学生对中国的国家认同。除此之外，这一时期学校使用的教材大多从国内直接引进，其中不乏直接对学生进行爱国主义教育的内容。譬如在当时普遍使用的、由商务印书馆发行的共和国教科书《新国文》中就有专门讲述为何要爱国的文章："国以民立。民以国存。无民则国何由存？无国则民何以庇？故国民必爱国。……国者载民之舟也。国之利害，即民之休戚。若人人各顾其私，不以图国事为重，或且从而破坏之，其国鲜有能幸存者。"③虽然中文学校只是补习性质的学校，但是通过在中文学校的学习以及和本民族同辈的聚类，土生华人得以进一步确认他们的中国人身份，这让他们中的许多人感到轻松自在。"我从十岁起就进入一所中文学校。我喜欢中文学校更甚于英语学校，因为同本民族的孩子在一起，我觉得更自由、更无拘无束。……更重要的是，这种学校能使年轻的或美国化了的一代，更好地理解年岁大的、较为保守的一代，因为他们之间有了共同的语言、共同的历史知识，以及共同的习惯、传统和观念。"④

然而，美国公立或私立学校的教育却在不断否定和解构土生华人对中国人的身份认同。20世纪上半叶，尽管美国各地对华童入学的限制各有不同，但是

---

①　吴景超. 唐人街：共生与同化[M]. 天津：天津人民出版社，1991：243-246.

②　陈勇. 华人的旧金山：一个跨太平洋的族群的故事（1850—1943）[M]. 北京：北京大学出版社，2009：267.

③　陈勇. 华人的旧金山：一个跨太平洋的族群的故事（1850—1943）[M]. 北京：北京大学出版社，2009：267.

④　吴景超. 唐人街：共生与同化[M]. 天津：天津人民出版社，1991：175.

大部分华童已进入美国公立或私立学校接受教育。此时政府对少数族裔采取同化政策,学校作为美国化运动的主阵地,坚持向少数族裔儿童宣扬美国的民主思想,推崇美国的语言和文化,贬低其他民族的语言和文化。譬如美国世界史对华人的描述是"懦弱的、傲慢的,而且对西方的传教士、西方国家以及改革抱有敌视的态度"①。中国古代史的描述是"怪异矮小的中国男性,留着辫子,长着歪眼睛"。可以想象土生华人在课堂中学到这样的内容会多么无所适从。在这种"美国文化至上"教育的熏陶下,他们中的一些人开始质疑父辈的信仰和文化。"我出生于这里的唐人街,上过市立中学,高中毕业后又在州立大学学了两年。当我还是个小女孩时,我就变得不喜华人的生活习惯和规矩。许多迷信和旧的风俗在我看来是可笑的。我父母希望我成为一个好的华人女孩,但我是美国人,不能接受一切古老的中国方式和观念。""在家里,我总是爱评论父母的所作所为。他们的做法总是使我很难保持沉默。我总是取笑中国式的妇女的小脚。而得到的回答则是:那是中国的风俗,你也逃不了要缠足的。我母亲说:那年月,这是对女孩的一种残酷折磨,但是不得不这样做。在中国,每个人都得按照过去的方式生活下去。还有许多迷信使我好笑。我不信那一套,也不按那一套办。"②两种文化在土生华人身上碰撞,导致他们对身份认同产生困惑与迷茫,再加上成长过程中的叛逆心理,在家庭中他们与父辈的冲突变得频繁且激烈。

久而久之,不少土生华人变得只推崇美国文化,认为一切非美国的东西都是劣等的,并且认为自己是美国的一员。"夏威夷的公立学校有各个种族和各个民族的老师。它对所有的人开放,所有的人都可进这些学校……我们像美国人一样受教育——受忠诚教育、爱国主义教育、公共道德教育、公民教育,等等。展示在我们面前的美国是最伟大、最光荣、最美丽的国家;任何别的国家都不能与她相比。我们在初中阶段就要学美国伟大光荣的历史——一直学到高中。高中毕业前,我已养成一种'美国人的自我'。我总喜欢看不起不属于美国的事情、观念和习惯;我认为美国的文明高于欧洲和亚洲的其他国家。美国是我首先和最终的选择。"③从这段话中可以看出美国学校教育对土生华人强大而持久的身份建构作用,特别是在较为开放的夏威夷,不少土生华人已经形成"我是美国人"的身

① Jorae W. R. The Children of Chinatown: Growing up Chinese American in San Francisco, 1850-1920[M]. Chapel Hill: The University of North Carolina Press, 2009: 126.
② 吴景超. 唐人街:共生与同化[M]. 天津:天津人民出版社,1991:243.
③ 吴景超. 唐人街:共生与同化[M]. 天津:天津人民出版社,1991:263.

份认同。在美国大陆，虽然种族歧视更为严重，但同样不乏这样的现象，"居住在波士顿的华人母亲们告诉我，她们的孩子不喜欢讲中文，甚至当父母用母语同他们讲话时，他们也用英语回答。""当我和你谈话时，我用英语想，也用英语说。我的生活和处世方式已受到美国习惯的支配，我虽然知道我是华人，但总觉得自己是美国人。"语言在确认身份认同中的作用举足轻重，个体通过语言不断地发现并表达内在的自我和集体性的自我。① 土生华人的语言转用现象，即喜欢用英语表达、习惯用英语思维思考，说明他们的身份认同在悄然发生改变。

倘若土生华人能在社会上得到公正的对待，顺利地融入主流社会，那么他们便不会在思想上产生混乱，从而在身份认同问题上陷入彷徨与痛苦。现实的残酷是即便他们接受了美国教育，在社会上仍处处遭遇不公正的对待。1928 年斯坦福大学就业安置服务报告指出："我们几乎没有可能安排第一代或第二代华裔或日裔进入工程、工厂或商店就职。很多雇主拒绝雇佣他们，有些雇主托词他们的同事不愿意和华人共事。……不久之前，斯坦福大学有一位华裔毕业生，从小在大学校园长大，与学校教授的孩子接触，能说一口流利的英语，而且生活作风已经完全美国化，但加利福尼亚州一家大公司仍拒绝雇佣他，因为公司的政策是办公室中不录用远东裔。"②可见在《排华法案》废除之前，美国社会仍然普遍存在对华人的贬低与歧视。根据统计，直到 20 世纪 40 年代，华人从事专业或技术工作的比例仅为美国华裔人口的百分之三，他们通常在小型的华人家族企业打工，或是在唐人街的公司里做事，几乎没有升迁的机会。③ 这样的境遇让土生华人内心充满矛盾，他们希冀在美国有美好的前途，但四处碰壁的现实让他们意识到前路漫漫，如若他们将前途寄托于中国，遥远陌生的环境又让他们心生畏惧。所以究竟要将前途寄托于中国还是美国成为土生华人的普遍困惑。1936 年纽约市华人社区就曾以"我的前途在美国还是在中国"为主题举行征文比赛。应征的文章反映出土生华人的苦恼，他们不满美国现状，但对回中国发展也顾虑重重。④

---

① Herder J. G., Herder V. Philosophical Writings[M]. Cambridge：Cambridge University Press，2002：55.

② Chang I. The Chinese in America：A Narrative History[M]. New York：Penguin Books，2003：185.

③ 尹晓煌. 美国华裔文学史[M]. 天津：南开大学出版社，2006：138.

④ 麦礼谦. 从华侨到华人：二十世纪华人社会发展史[M]. 香港：三联书店，1999：168.

"道阻且长，行则将至。"挣扎于身份认同的土生华人并没有坐以待毙，而是团结起来积极在美国社会伸张权利。与父辈相比，他们能说流利的英语，而且接受过美国自由民主思想的教育，因此他们的抗争更有力也更有效。其中影响最大的组织同源会在其规章中提道："同源总会胡为而起也，盖欲联络全体之土生，结合最大之团体，伸张势力于美国政界而左右其政权者也。我华人生长于美洲者亦众矣，生于美则为美国之国民，对于美则有应享之权利。"①经过土生华人个体和团体的不懈抗争，到20世纪30年代，华人在美国的形象比20世纪初较为正面，一些土生华人能够冲破种族歧视的藩篱进入专业领域工作，成为律师、医生、教师、公务员、银行职员等；到40年代，以土生华人为核心的新兴中产阶级已经在美国大陆形成。然而，华人在美国的社会地位真正得到全面改善、他们的美国人身份得到社会的认可还是要等《排华法案》废除后才守得云开见月明。

第四节　语言规划视角下的分析

20世纪初期，美国化运动席卷全国。为了使移民成为百分百美国人，联邦政府和州政府相继出台政策限制少数族裔语言的使用，推行强制型语言同化政策。特别是两次世界大战的爆发，说英语与爱国主义和对国家忠诚紧密挂钩，少数族裔的传承语教育遭遇沉重的甚至是毁灭性的打击。华人虽仍被排斥于主流社会之外，但中文传承语教育已被纳入政府审查范围，其发展同样面临着种种现实束缚。游走于主流社会边缘的中文传承语教育在恶劣的语言生态下并未停下发展的脚步，因为辛亥革命的成功和中华民国的成立极大唤起了美国华人的国民意识和爱国热情。华人社区的精英们与新建立的政府关系密切，他们投入大量的时间、金钱和精力兴办和管理中文学校，中文传承语教育得以逆势而上，迎来中兴的局面。然而，繁荣之下亦有隐忧，由于土生华人在美国学校中接受的百分百美国人教育，美国人的身份认同逐渐占据上风，英语成为土生华人的日常用语。伴随他们的登场和老一辈华人的落幕，在二战爆发前夕，中文传承语教育已经面临着华人日益美国化的巨大挑战。以下对这一时期中文传承语教育与住在国和祖籍国语言规划的互动特征进行分析和小结。

---

① 麦礼谦. 从华侨到华人：二十世纪华人社会发展史[M]. 香港：三联书店，1999：166.

一、住在国语言规划的特征

（一）强制型语言政策

19世纪末美国施行限制移民的政策,但到20世纪初,移民仍不断涌入美国,1907年移民数量创下新高,达到1 285 349人。[①] 面对前所未有的移民潮,联邦政府通过行政权力介入美国化运动,助推其走向高潮。美国化运动旨在消除移民与祖籍国文化的联系,使他们遵循盎格鲁-撒克逊的方式成为美国人,其最重要的诉求之一就是使少数族裔忘记祖籍国的语言,在日常生活中统一使用英语。与此同时,一战的爆发进一步加剧主流社会对新移民的疑虑,战时歇斯底里的排外情绪赋予美国化运动新的使命——促使移民服从美国利益,团结在美国的旗帜下,在言行等方面显示出对美国的绝对忠诚。于是联邦政府历史上首次对移民实行强制型语言同化政策,要求所有州的公立、私立学校都必须将英语作为教学语言,各个州也纷纷出台类似的规定。少数族裔的语言逐渐被视为阻碍移民融入美国社会,妨害他们对美国忠诚的问题。在这种"语言问题观"的影响下,少数族裔的传承语教育遭遇重创并走向低谷,中文传承语教育同样被纳入监管范围,面临着严峻的现实束缚。

（二）对华人歧视的减轻

"语言问题观"支配下的美国社会对少数族裔语言充满敌意,一些社区传承语学校受到重创,譬如德语学校、意大利语学校等。中文学校也曾几度面临被迫关闭的风险,但为何不像德语学校那样遭受毁灭性打击呢? 主要的原因可归结为两点。一是受《排华法案》的影响,华人数量在20世纪上半期已急剧减少,从1890年最高峰的107 487人降至1920年最低点的61 639人。华人成为美国少数族裔中的极少数,加利福尼亚州华人数量最多,但也仅占全州人口的0.6%。[②] 华人不再对主流社会构成威胁,社会上的排华情绪有所缓和。二是1917年中国作为协约国参加一战,最后与美国共同成为战胜国,一洗清政府时期屡战屡败的国际形象;二战爆发后又与美国在战争中建立同盟关系,树立起顽强抗敌、坚忍不拔的新型国际形象,因而美国乃至整个国际社会对华人的印象大为改观。基

---

① U. S. Immigration and Naturalization Service. Statistical Yearbook of the Immigration and Naturalization Service, 1999[M]. Washington, D. C.: U. S. Government Printing Office, 2002.

② 麦礼谦. 从华侨到华人:二十世纪华人社会发展史[M].香港:三联书店,1999:79.

于以上两点,主流社会对华人的敌视程度减轻,中文学校得以在恶劣的宏观语言环境中生存下来,并因为祖籍国的语言规划而得到蓬勃发展。

二、祖籍国语言规划的特征

(一)依靠制度和机构实现

民国政府由于目睹了广大海外华人对于推翻清政府的巨大贡献,对华侨教育事业倍加重视。承袭晚清政府的做法,民国政府承认海外华人的双重国籍,美国华人社区的中文学校仍然被纳入国民教育体系之中。但相较于晚清政府,民国政府的语言管理已经比较成熟,不仅设立专门的管理机构,还颁布一系列文件来明确教育目标、视学制度以及奖励措施等。换句话说,在民国政府对美国中文传承语教育的管理中,个人的作用已经被淡化,主要是依靠机构和制度来实现。以孙中山为首的革命派在华人社区的广泛宣传唤起了美国华人的国民意识,他们意识到自身命运与国家发展密不可分,当中华民国成立后,他们对新建立的政权怀有热切的期望。民国政府,尤其是国民党在美国华人社区具备深厚的群众基础,而且华人社区的精英们与新政府保持着密切的联系。因此,民国政府颁布的一系列教育政策都能得到较好的落实且成效明显,美国华人对祖籍国的向心力得到进一步加强。

(二)重视语言统一问题

五四运动后,中国的知识分子们为了振兴中华民族,对语言统一的诉求愈加强烈。国语运动在全国蓬勃发展,受其影响,民国政府不仅在国内中小学教育中推广国语,也关注到华侨教育中的语言问题。1932年侨务委员会专门发布关于海外侨校语言使用的政策——《侨民学校应一律改用国语教授令》,这是中国历史上首次针对海外华人兴办的学校提出的外向型语言政策,说明民国政府已经意识到语言统一对培养国家认同的重要作用——"一国之国语可以鼓铸一国之国民性。若国语不普及,不特国民性不能鼓铸,且团结力亦之涣散。"[①]尽管美国华人社区与祖籍国距离遥远,国语师资稀缺,尚无法在学校中统一使用国语作为授课语言,但这一时期美国中文传承语教育发展的一大亮点就是学校中的授课语言逐渐统一为广州话,并且有条件的学校纷纷开设国语课及白话文写作课,这使美国华人能进一步打破方言的藩篱,形成统一的国家认同。

---

① 别必亮. 近代华侨学校的国语教学[J]. 中学语言教学参考,1998(3):3-6.

三、中文传承语教育的发展特征

（一）多方力量的办学

20世纪上半期，美国政府试图通过强制型英语同化政策来打击甚至消灭传承语教育，但是这种自上而下的语言规划并没有完全达到其预期效果，中文传承语教育恰在这一时期逆势而上，呈现出方兴未艾的发展势头。这说明个人和社区具有能动作用，有可能抵制和改变为强势集团利益服务的语言政策的运行方式。[①] 由于美国华人与祖籍国的密切联系，在民国政府出台的一系列华侨教育政策指导下，华人社区掀起兴办中文学校的热潮。各地中华会馆与民国政府联系最为密切，是华人社区办学的主力。在晚清梁庆桂赴美兴学的基础上，一些规模较小的中国城在这一阶段也开设起中文学校；原先开办的中文学校紧跟国内教育改革的步伐，废止读经讲经科，开设修身、历史、地理等科目，使教育更符合儿童身心发展的特点；其中金山中华会馆创办的中文学校不断壮大，成为全美最早开设高中课程的学校。一些同乡会馆也开设中文学校，以三邑会馆支持下的南侨学校最为著名。政治团体和文化团体的办学最勇于创新，夏威夷的明伦和中山学校，旧金山的晨钟学校，都实行男女同校，较早引入国语课，晨钟学校还为学生提供各式各样的康乐活动。基督教会的办学与主流社会联系最紧密，圣玛丽中文学校、协和学校等学校的办学资金充足，规模和影响力大，采用中英双语教学，培养的学生得以率先踏入主流社会。除此之外，个人办学的积极性也很高，但私人学校常常面临资金和生源的不稳定，故办学时间无法长久。正是在华人社区各方力量的积极参与下，中文传承语教育才能够在面临种种现实束缚的不利条件下依然砥砺前进。

（二）土生华人双重认同的出现

《排华法案》实施以后，华人入境人数骤降，在美华人主要依靠人口的自然增长来补充新生力量。20世纪20年代，夏威夷土生华人的人数已经超过在外国出生的华人人数，30年代土生华人已经占美国大陆华人人口的半数。[②] 土生华人没有在中国生活的经历，他们在美国长大，拥有美国国籍，大部分人已经进入

[①]　詹姆斯·托尔夫森. 语言教育政策：关键问题[M].北京：外语教学与研究出版社，2014：33.

[②]　麦礼谦. 从华侨到华人：二十世纪华人社会发展史[M].香港：三联书店，1999：130.

美国公立或私立学校学习。这一时期美国学校对少数族裔儿童采取的是高压同化政策，加紧向他们宣扬美国民主思想，推崇美国的语言和文化，贬低其他族裔的语言和文化。这样的教育方式对土生华人身份认同的建构产生深刻的影响，他们中的许多人开始倾向于认同自己是美国人，其语言使用、生活方式，甚至是思维方式都更接近美国白人。然而，土生华人的家庭教育却依然是中国式的，他们的父辈大多文化水平不高，在生活中只能使用中文与他们进行交流，用中国传统的价值观对他们进行教育，将他们送进中文学校，希冀他们能进一步掌握中文和中华文化，从而增强对中国的亲近感和认同感。中美两种语言和文化因此在土生华人身上发生碰撞，致使他们经常困惑于自己的身份认同问题——"我到底是中国人还是美国人？"遥远而陌生的中国让他们望而却步，而美国社会的歧视常常令他们沮丧——即便他们的言行已经美国化，却始终无法顺利融入主流社会。许多土生华人在双重身份认同中陷入彷徨，也有一些人开始联合起来，为争取他们在美国的合法权益而斗争。双重认同的出现悄然改变着土生华人的语言选择，英语成为他们的主要日常交流用语，中文的使用频率逐步下降，这对中文传承语教育的后续发展构成巨大的威胁。

第五章

坚守抗争：美国中文传承语教育的衰落与复兴（1943—1979）

1943 年《排华法案》废除后，美国社会对华人的歧视逐渐减轻，在美出生的新生代华人得以走出中国城，拥抱二战后经济高速发展带来的机遇。新生代华人对中国的语言和文化日渐疏离，再加上中华人民共和国成立后中美关系一度剑拔弩张，他们对让后代学习中文的热情大不如前，中文传承语教育一度陷入停滞。20 世纪 60 年代后，美国政府推行双语教育政策，少数族裔语言和文化的社会地位大幅提高，中国台湾、香港地区和东南亚地区华人移民的涌入形成第二波华人赴美浪潮，中文传承语教育得以重获生机。周末中文学校广泛兴办，并于 70 年代出现区域性中文学校组织。本章主要论述 1943 年《排华法案》废除之后至 1980 年中国大陆新移民潮形成之前，中文传承语教育经历的由衰落到复兴的曲折历程。

第一节　联邦政府的双语教育政策

一、移民限额政策的松动与修订

1941 年珍珠港事件爆发后，美国正式向日本宣战，并且与中国、苏联、英国等国家迅速结成反法西斯联盟，共同对抗德意日组成的轴心国联盟。中国成为美国对日作战的主要盟国，此时《排华法案》的存在已经成为发展两国同盟关系的不利因素，敌国日本就常以此宣扬中国人和日本人一样在美国遭受歧视，"美国的华人只能在隔离的脏乱差的唐人街居住，无权享受连最低阶层的欧洲移民都可以享受的归化权"①，中国应和日本联合起来，共同建设亚裔人的亚洲，即所

---

① 杨红波. 城市发展史视野下的美国唐人街演变研究［M］. 广州：世界图书出版广东有限公司,2014：178.

谓的"大东亚共荣圈"。出于联合中国抗击日本的战略需要,再加上美国华人的奔走呼吁以及民国政府的多番交涉,1943 年 12 月 17 日,美国总统富兰克林·德拉诺·罗斯福正式签署由国会通过的《马格纳森法案》(*Magnuson Act*),其主要内容包括以下三点:第一,废除 1882 年以来颁布的所有排斥和禁止华人入境的法律;第二,每年给予中国 105 名移民限额;第三,允许华人以同等条件归化为美国公民。法案的生效为华人入境美国重新打开了国门,同时也标志着自 20 世纪 20 年代开始施行的移民限额政策的松动。

二战结束后,美国进一步放宽对亚洲国家的移民限制。1946 年联邦政府分别给予两个战时盟国印度和菲律宾每年各 100 名的移民配额。此外,1945 年和 1946 年国会先后通过《战时新娘法》和《美军未婚妻法》,允许 17.5 万美军的外籍妻子、未婚妻以及美军人员与外籍女性所生育的子女入境,1947 年又允许美军的中国籍妻子(约 5 000 人)和日本籍妻子(约 8 000 人)作为非限额移民入境。① 1952 年联邦政府基于国内外形势的变化,对移民政策进行修订并颁布《外来移民与国籍法》。该法案的亮点在于设立"亚洲—太平洋三角区"条款,规定三角区内的国家,包括中国、阿富汗、巴基斯坦、东南亚各国、蒙古人民共和国、日本、韩国、菲律宾等国家,每年享有 100 名移民配额。该法案的出台为更多亚洲移民进入美国打开了通道,但尚未完全消除美国对亚洲移民的歧视,因为其中规定的移民配额人数与每年移民美国的总数相比仍然微不足道,且还有许多亚洲国家仍被排斥在外。事实上这一时期进入美国的亚洲移民数量依然寥寥。以华人为例,从 1944 年至 1952 年,按照配额进入美国的中国移民只有 615 人,而以非配额移民身份进入美国的华人反倒较多,1946 年至 1952 年共有 10 458 人,这些移民中妇女占比接近 90%。②

20 世纪 50 年代末 60 年代初,美国进入战后经济高速发展的黄金时期,经济的繁荣使主流社会对少数族裔的担忧和排斥有所减轻,与此同时,以马丁·路德·金为代表的黑人掀起声势浩大的民权运动,这场运动不仅重塑了美国黑人的形象,也使民主平等的观念深入人心。1964 年美国国会通过《民权法》(*Civil Rights Act*),在法理和制度上赋予不同种族平等的政治和社会权利。社会的巨

---

① LeMay M. C. From Open Door to Dutch Door: An Analysis of U. S. Immigration Policy Since 1820[M]. New York: Bloomsbury Publishing, 1987: 99.

② 杨国标,刘汉标,杨安尧. 美国华侨史[M]. 广州:广东高等教育出版社,1989:539 - 540.

变此时已经使以种族为基础的移民限额制度显得与时代格格不入，正如美国社会学家罗伯特·阿蒙森(Robert Amundson)所说："我们能够看到在美国移民立法领域里存在一个有趣的困境，即美国民主自由平等的理念与我们当前的移民政策是如此的自相矛盾，完全处于一个道德困境之中。"[1]跟不上时代发展趋势的制度终将被淘汰，1965年10月联邦政府颁布具有划时代意义的《外来移民与国籍法修正案》(Immigration and Nationality Act Amendments of 1965)。该法案规定，各国移民不分种族、宗教和国籍均可申请移民美国，每年移民总限额为29万，其中西半球国家总限额为12万，东半球国家总限额为17万，各国每年的移民人数不得超过2万。该法案对移民优先权的分配也进行了调整，将优先权提供给美国公民和合法永久居民的亲属、专业技术人士和其他具有专业技能的人以及政治难民。[2]该法案的划时代意义在于，一方面它标志着美国与种族主义色彩浓厚的移民政策的决裂，林登·贝恩斯·约翰逊总统认为该法案的签署"虽然不是革命性的，但它真切修正了美国法律中深刻且痛苦的伤疤，以及行动中残酷且持久的错误。新的法案实施后，那些对于这个国家的发展、实力和精神能做出最大贡献的人们，将优先进入这个国家"[3]；另一方面它影响了美国移民政策的整体走向，此后联邦政府虽对移民政策做过一些改革，但都是对该法的补充和完善，换言之，由它奠定基础的移民政策体系一直沿用至今。

1965年《外来移民与国籍法修正案》实施以后，新一轮的移民潮随之而来。据统计，1961年至1970年入境美国的移民约332万人，1971年至1980年约449万人，1981年至1990年约733万人；移民数量占美国人口的比例也不断攀升，50年代移民数量占比9%，60年代占比14%，70年代跃升至17%。[4] 除了数量的增加，移民的构成同样发生了翻天覆地的变化，来自亚洲和拉丁美洲的移民迅速将美国"棕色化"。1921年至1960年，欧洲移民占美国移民总数的58%，亚洲移民占4%，拉丁美洲移民占18%；1961年至1970年欧洲移民占33%，亚洲移民占13%，拉丁美洲移民占39%；1971年至1980年欧洲移民占18%，亚洲移民

---

① Shanks C. Immigration and the Politics of American Sovereignty, 1890 - 1991[M]. Michigan: University of Michigan Press, 2001: 167.

② 梁茂信. 美国移民政策研究[M]. 长春：东北师范大学出版社,1996: 168.

③ Kennedy E. M. The Immigration Act of 1965[J]. The Annals of the American Academy of Political and Social Science, 1966(9): 147.

④ Veatch R. M. Population Policy and Ethics: The American Experience[M]. New York: Irvington Publisher Inc., 1977: 412.

占 35％，拉丁美洲移民占 40％；1981 年至 1990 年欧洲移民降至 10％，而亚洲移民和拉丁美洲移民分别跃升至 38％和 47％。①

亚洲和拉丁美洲移民的大量涌入前所未有地改变和重塑着美国社会，其中最显著的表现就是人口结构的多源性导致的语言多样性。来自拉丁美洲的移民增长速度最快，西班牙语取代德语成为使用最广泛的传承语。据统计，1960 年西班牙语使用者为 330 万，到 1985 年已经增长至 1 320 万；西班牙语的报纸、电影、电台等层见叠出，譬如西班牙语环球电视台在全美有 450 个分台，24 小时播放西班牙语节目。② 中文、日语、韩语等亚洲语言也逐渐摆脱二战前备受歧视的地位，它们的重要性随着移民人数的增加而稳步上升。新一轮移民潮的到来使美国的语言呈现出更加纷繁复杂的景象，而且由于移民民权意识的觉醒，他们将保持本民族的语言和文化视为理所当然的权利。这些变化最终驱使联邦政府摒弃二战前的英语同化政策，转向实行双语教育政策。

二、多元文化主义的兴起

20 世纪的前 20 年，正当美国化运动如火如荼之际，社会上一些怀有民主思想和社会理想的知识分子已经在重新审视强制型同化政策的合理性，并试图寻求解决文化差异和分歧的新思路和新方法。1915 年犹太裔哲学家霍勒斯·卡伦（Horace Kallen）公开反对美国化运动，他提出一个人对自己的服饰、信仰、伴侣、宗教等有能力进行选择或者改变，对自己的祖辈却无法如此，倘若强制一个犹太人放弃犹太文化，这就等同于扼杀他的生命；不仅如此，强制性的一元文化，即让所有人都同化在盎格鲁-撒克逊文化之中，只能离间移民对美国的感情。③ 1916 年美国著名作家诺曼·哈普古德（Norman Hapgood）同样对美国化运动提出异议，他说："如果民主倾向于鼓励差异将更成效显著。我们的美国梦并非千篇一律，我们不应该认为这是一个人人都一样的社会。"④ 著名的教育家约翰·杜威（John Dewey）也支持对不同的族裔文化采取包容的态度，特别是他于 1919

---

① Schaefer R. T. Racial and Ethnic Groups (Seventh Edition) [M]. New Jersey: Addison-Wesley Educational Publishers Inc., 1998: 105.

② 罗辉. 从国防安全到全球视野：二战后美国外语教育政策变迁研究[D]. 长沙：湖南师范大学，2017：74.

③ Kallen H. M. Democracy versus the Melting Pot[J]. Nation, 1915(2)：190-194.

④ Race A. G. C. Ethnicity and Class in American Social Thought, 1865-1919[M]. Illinois: Harlan Davison, 1982：74.

年至 1921 年访华亲历中国社会的激变之后，曾多次撰文呼吁美国社会更多地理解中国，理解文化之间的差异。1922 年他在《像中国人那样思考》中写道："目前人们共有的信念——太平洋将会变成世界下一个巨大灾难的舞台，白种人与黄种人之间的冲突是注定的这种宿命论般的信念，是使相互理解变得不可能的那条深深的、潜藏着的裂缝的一个真实表现。……如果我们成功地真正理解了对方，那么，为着共同目标的某种方式的合作就能建立起来。"[①]

　　1924 年卡伦首次提出并使用"文化多元主义"（cultural pluralism）的概念，其核心是强调各民族文化的共存与交融，提倡对于本民族文化的认同以及对于其他民族文化的尊重。他认为美国的生活和文化就像一支管弦乐曲一样，来自不同地域、种族、职业和宗教的团体是共同弹奏它的乐器，所以每种文化都具有可识别性，都同等重要。[②] 卡伦的文化多元主义思想被视为"多元文化主义"（multiculturalism）的前身，因为其中包含了多元文化主义中的一些观点。但是受时代的限制，文化多元主义主要是对美国化运动的抵制，寻求的是欧洲白人族群内部各种文化之间的平等，没有为真正处于社会边缘的非白人民族的权益呐喊。因此，在当时社会上，它的实际影响较为有限，未能引起民众的广泛共鸣。

　　诚然，美国社会发展至此已经显得如此的矛盾，它虽然自诩为"山巅之城""民主的庇护所"，却在对待少数族裔的态度和实践上完全背道而驰。二战后国内外局势的巨变使这样的言论愈加无法自圆其说，非裔美国人率先奋起打破主流社会白人的话语权，轰轰烈烈的民权运动随之发生。这场运动不仅使美国白人重新审视少数族裔文化的价值，也使少数族裔认识到捍卫本民族语言和文化的重要性。在此情境下，文化多元主义得以蜕变、升华、重构，多元文化主义从此登上了历史的舞台。多元文化主义坚持要求承认不同文化的平等价值以及给予所有社会文化群体以平等的政治、社会和文化地位，并且主张政府和社会公共机构积极介入消除各种不平等。换言之，多元文化主义的诉求不仅在于争取主流社会对不同族裔的语言和文化的尊重，而且要求全面检讨和重新界定美国传统的主流文化，进而将种族平等的观念落实至具体的政治和经济生活中。因此，相较于文化多元主义，它承载了民众更为深刻和广泛的诉求，在社会上引起的反响

---

　　① 杜威. 杜威全集：中期著作(1899—1924)[M]. 上海：华东师范大学出版社,2012：191.

　　② Kallen H. M. Culture and Democracy in the United States：Studies in the Groups Psychology of the American People[M]. New York：Anro Press and New York Times, 1970：124 - 125.

也更为强烈。

多元文化主义的兴起深刻地改变着战后美国社会的各个领域,譬如在政治上,少数族裔参政的人数不断增加,不少人进入各级政府机关甚至是联邦高层工作;在就业上,少数族裔得到更多的工作机会,1965 年出台的"肯定性行动计划"要求所有接受联邦政府商业合同的公司或机构必须保证求职者不因种族、宗教、肤色等遭受歧视。教育是受多元文化主义影响最深刻的领域,其变化主要表现在政府对教育资源的分配以及对各级学校教育的改革上。在高等教育方面,自 20 世纪 70 年代起,美国大学校园中的肤色更加丰富,许多大学设立专门项目来招收少数族裔学生,越来越多的少数族裔获得进入大学学习的资格;各个大学围绕多元文化进行大规模的课程改革,研究少数族裔文化的学科开始兴起,譬如 1969 年旧金山州立大学设立全美第一个亚裔美国人研究系,其他族裔的研究也渐成声势。在基础教育方面,随着公立学校中种族隔离制度的取消,公立学校为各族裔学生敞开了大门,教学内容打破了欧洲文明和欧洲历史占主导地位的局面,增加对不同族裔语言和文化的介绍;贫困家庭子女的教育成为联邦政府关注的重点,1965 年联邦政府颁布《中小学教育法》,旨在为中小学教育提供款项以及为低收入家庭儿童提供教育援助,以促进全国范围内教育的平等;少数族裔因为英语水平有限而导致学习成绩落后的问题也得到重视,在 1968 年联邦政府对《中小学教育法》进行修订时,特别增加了《双语教育法》作为修正案的第七条,规定由政府划拨专款资助学校和学区开展双语教育,目的是消除语言障碍给少数族裔学生造成的不利,体现知识传授上的公平。这是联邦政府在历史上首次承认双语教育的合法性,事实上也承认了少数族裔语言在教育领域使用的合法性。[①]

三、双语教育政策的实施与扩张

二战期间,由于政治和军事的需要,联邦政府启动一系列短期外语人才培训班。1941 年,著名的结构主义语言学家莱昂纳德·布龙菲尔德(Leonard Bloomfield)牵头成立语言强化训练项目(Intensive Language Program),专门负责战时外语人才的培养。1942 年,该项目与美国 15 所大学合作开办 65 个外语速成班,教授中文、日语、阿拉伯语等战时急需的 26 种语言。[②] 战争让美国政府

---

① 吉布森·弗格森. 语言规划与语言教育[M]. 北京:外语教学与研究出版社,2018:43.
② 理查德·T. 汤姆逊,鲁健骥. 美国中文教学综述[J]. 语言教学与研究,1980(4):12-20.

初步意识到外语教育的重要性，战争结束后，以美苏为两极的世界格局形成，美苏两国以冷战的方式在各个领域展开竞争。1957年10月，苏联成功发射世界上第一颗人造地球卫星，美国举国上下为之震惊。为了提高教育质量以增强国际竞争力，联邦政府于1958年出台《国防教育法》(*National Defense Education Act*)，主要目标之一就是提高美国的外语教育水平，其中明确规定将在各级学校中加强外语教育并提供资金培养各类外语教师。此举率先打破了二战前美国学校中实施的英语同化政策，也改变了社会各界对外语的排斥态度。

1955年12月，民权运动揭开序幕。争取平等的教育权、消除教育中的种族隔离是民权运动的重要内容。迫于其影响和压力，联邦政府于1964年出台《民权法》，明确规定所有学生，无论种族、肤色、宗教信仰或民族均享有平等的受教育机会。民权运动激发了少数族裔民族意识的觉醒，他们强烈要求政府对其子女实施双语教育，以消除他们因语言障碍所形成的学习上的弱势。与此同时，佛罗里达州科勒威小学双语教育的成功引起社会的关注。1963年聚居在佛罗里达州迈阿密市的古巴人在福特基金会的帮助下建立了一所名为科勒威的小学。科勒威小学对1~3年级的学生实施英语—西班牙语的双语教育并取得了良好的效果。地方教育当局在对其学生进行学业测试后发现，该校学生学习成绩普遍高于该州只接受英语单语教育的移民学生。科勒威小学双语教育项目很快在其他学校得到推广。20世纪60年代末，许多州在政府支持下重新开启双语教育。

1967年12月，得克萨斯州的民主党议员亚伯勒(Yarborough)向国会提交《双语教育法》并很快获得通过，1968年经约翰逊总统签署，正式成为1965年《中小学教育法》修正案的第七条。该法旨在采取一些补偿性措施帮助因英语能力有限而处于学业弱势的贫困学生，法案中没有明确规定学校必须使用双语进行教学，而是鼓励学校以创新和试验的方式来教授英语，并且学校可以基于自愿的原则开展双语教育项目。事实上联邦政府在法案生效的前两年仅拨款750万美元资助学校的创新项目，这显然只是杯水车薪，因此《双语教育法》在颁布之初更多是作为一种象征而存在，它标志着少数族裔的语言在教育领域的使用得到合法化，这在美国语言政策史上是一个具有里程碑意义的重大转向。在其颁布以后，一些州迅速响应，譬如1971年马萨诸塞州率先立法允许公立学校实施双语教育，1973年伊利诺伊州也通过类似的双语教育法，到70年代中期，共有十几个州立法允许公立学校开展双语教育。①

---

① 毛颖. 美国语言教育政策发展研究[D]. 武汉：华中师范大学，2017：122.

　　然而,由于 1968 年《双语教育法》并非强制性要求,一些地方教育部门不愿接受联邦政府的管理和干预,未能有效落实双语教育,导致许多学校仍然延续二战前的做法,只采用英语作为教学语言。譬如在华人众多的旧金山,1973 年有 3 457 名华人学生需要英语方面的特殊教育,但其中有 1 812 名学生未能得到特别的帮助和指导。① 于是在 1974 年出现了著名的"刘诉尼古拉斯案"(Lau v. Nichols)——13 名华人学生代表近 3 000 名华人学生状告旧金山联合校区教育局,诉其未能以华人学生能够理解的语言提供教育,违背了 1964 年《民权法》第六条所规定的学生权利。在华人社区的不懈坚持和共同努力下,该案一直诉至联邦政府最高法院。最高法院最终判定华人学生胜诉,裁定旧金山联合校区的做法实际上剥夺了华人学生接受平等教育的权利,"如果仅仅提供相同的设备、教材、教师和课程给学生,并不能保障平等,因为这样实际上是把不懂英语的学生排斥在任何有意义的教育之外"②。

　　在最高法院做出裁决之后,1974 年国会重新修订《双语教育法》,扩大双语教育的惠泽对象,取消少数族裔学生接受双语教育的贫困标准,将之称为联邦政府"为所有儿童提供平等教育机会的政策",并且在历史上首次承认美国社会具有多元化、多语言和多文化的特征,明确双语教育的目标是"培养和加强儿童的自尊,并在两种文化中培养自豪感"③。双语教育从此不再只是小范围的试验,而成为全国性的教育实践。不仅如此,1975 年联邦政府教育部公布一套"刘案补救措施"(Lau Remedies)的指导方案,要求各学校必须为英语能力有限的学生提供将英语作为第二语言的教学,并以学生的家庭语言教授学校课程,直至他们的英语足够流利;规定学校中只要少数族裔学生人数超过 20 人就必须开设双语班,否则将面临联邦政府财政拨款的终止。这意味着 1968 年《双语教育法》的性质发生根本改变,由自愿选择转变为强制执行。1978 年国会对《双语教育法》进行再次修订,进一步扩大双语教育的范围,将双语教育的对象由原来的"说英语能力欠缺"的学生改为"英语水平欠缺"的学生,目标对象不再局限于不会说英语

---

　　①　Steinman E. H. The Lau v. Nichols Supreme Court Decision of 1974 [J]. California Association of Teachers of English to Speakers of Other Languages,1974(12):12 - 15.

　　②　Lyons J. The Past and Future Directions of Federal Bilingual Policy[M]//Garcia O. & Baker C. Policy and Practice in Bilingual Education. Clevedon:Multilingual Matters,1995:1 - 14.

　　③　James C. Bilingual Education:Language,Learning and Policies[N]. Education Week,1987 - 04 - 21.

的学生,而是扩大至虽然会说但是读写能力不足的学生。该修正案还取消了禁止母语为英语的学生学习外语的规定,允许一定数量(可达到 40%)母语为英语的学生自愿参与双语教育计划,从而使他们了解少数族裔的语言和文化。[①]

　　总体而言,二战后美国的语言政策由强制型英语同化政策转向双语教育政策,特别是 20 世纪 50 年代至 80 年代,这一时期是双语教育发展最蓬勃的时期。联邦政府通过颁布和修订《双语教育法》切实推动双语教育的发展,对双语教育项目的资助范围和规模也不断扩大。数据显示,从 1969 年到 1978 年,参与双语计划的学生人数由近 2.7 万人增加到近 30 万人,联邦政府的拨款从 750 万增加至 1.38 亿美元。[②] 公共教育领域对少数族裔语言的认可与接纳为传承语教育的发展创造了良好的环境,传承语教育走出二战前的生存危机,进入快速复苏和崛起的阶段。费什曼从 20 世纪 60 年代开始关注少数族裔的传承语教育问题,根据他对美国社区传承语学校进行的不完全统计,20 世纪 60 年代初全美共有传承语学校 1 885 所,所涉语言约几十种,主要是南欧和东欧的语言;到 80 年代初,全美传承语学校已达到 6 553 所,涉及的语言达到 145 种。也就是说,短短 20 年间,传承语学校的增长率高达 228%,而相比之下,同期公立学校的增长率仅为 63%,天主教学校的增长率仅为 24%。[③]

第二节　中华人民共和国对美国中文传承语教育的影响(改革开放前)

一、中国大陆华侨教育政策的变化与调整

　　1945 年 8 月,中国人民赢得抗日战争的胜利后,国民党和共产党就如何公正合理地支配抗战胜利果实展开新一轮的争斗。以蒋介石为首的国民党一方面

①　何倩,刘宝存. 美国少数民族双语教育政策及其特点[J]. 比较教育研究,2014(9)：4-11.

②　Angela G. E. Overview of Federal Bilingual Education Programs and Participants：No. 78-234-EPW [R]. Washington, D. C. ：Congressional Research Service, 1978.

③　Fishman J. A. 300-plus Years of Heritage Language Education in the United States [M]// Peyton J. K., Ranard D. A. & McGinnis S. Heritage Language in America：Preserving a National Resource. Washington, D. C. & McHenry, IL：Center for Applied Linguistics & Delta Systems, 2001：81-96.

虚假地与共产党进行和平谈判,另一方面在美国的大力支持下加紧部署全面内战,试图一举消灭共产党。1946年6月,国民党不顾人民的反对,向解放区展开大规模进攻,全面内战爆发。中国共产党领导解放区群众和人民解放军经过3年的浴血奋战,最终推翻国民党政权,于1949年10月1日成立中华人民共和国。中国共产党十分重视争取海外华人对中华人民共和国的支持。早在筹建中华人民共和国之际,毛泽东就亲自致信邀请司徒美堂、陈嘉庚等海外华人领袖回国参加新政协会议。1949年9月,中国人民政治协商会议第一届全体会议在北平举行,司徒美堂、陈嘉庚等应邀参会,司徒美堂在会上代表海外华人民主人士致辞:"我们华侨相信,我们的新政府是为争取广大人民利益的,我们坚决表示拥护!……侨胞在新政府切实保障华侨正当权益的号召下,一定会踊跃投资,返回祖国来。中国有无穷尽的宝藏尚未开发,协助政府把自己的祖国搞好,这是我们华侨义不容辞的责任。"①他的此番发言情真意切,表达了海外华人对祖国的眷念与热爱之情。大会通过《中国人民政治协商会议共同纲领》,对海外华人的深情厚谊也予以回应,明确规定"中华人民共和国中央人民政府应尽力保护国外华侨的正当权益"以及"保护守法的外国侨民"。② 而后中国政府成立中央人民政府华侨事务委员会,其主要职责包括开展对海外华人的宣传工作,创办华侨大学、北京外国语专科学校和北京、广州、厦门等地的归国学生补习学校,以及支持华侨教育事业的发展。

作为新兴的社会主义国家,中华人民共和国实行"一边倒"的外交政策,支持以苏联为首的社会主义阵营,与以美国为首的资本主义阵营对立,再加上1950年朝鲜战争的爆发,20世纪五六十年代,中美关系进入全面对抗。以美国为首的资本主义国家对中国实行封锁禁运,给中国国民经济的恢复造成不少困难,国内各项事业百废待兴。因此,对于海外华人的教育事业,中国政府事实上几乎没有出台任何具体的政策加以指导,只有一些负责侨务工作的领导人曾通过讲话体现国家的政策导向。譬如1953年廖承志在中央人民政府华侨事务委员会扩大会议上指出:"国外的华侨学校是侨民学校性质,主要内容是教会华侨子弟懂得祖国语言文字,长期培养华侨后代。"③该讲话明确了华人在海外所办学校的

① 中国致公党中央研究室. 司徒美堂[M].北京:人民出版社,1954:670.
② 任贵祥. 略述建国时期的侨务政策[J].中共党史研究,1990(3):63-70.
③ 廖承志. 中央人民政府华侨事务委员会四年侨务工作报告[G]//中央人民政府华侨事务委员会.侨务政策文件资料汇编.北京:中央人民政府华侨事务委员会,1955:7.

性质及目的，说明中国政府仍将华侨教育视为国民教育的一部分。同年9月，廖承志发表《关于资本主义体系国家中华侨学校工作方针的意见》，提出华侨教育工作必须注意以下问题：一、鼓励华侨发扬传统，捐资兴办学校；二、华侨学校应争取在当地的合法存在，少参加政治活动；三、采取多头并进的办法，联合编撰华侨学校教科书；四、对台湾当局控制的学校进行争取和分化；五、重点加强华侨子女学习祖国语言文字，适当开展文娱、体育活动及爱国主义教育；六、侨校的师资主要依靠自力更生，举办师资培训等；七、侨校的学制、课程、管理等不要求与国内一致，各地因地制宜，以能在当地巩固合法地位为准则。① 从中可见，由于中国面临的恶劣国际环境，当时的华侨教育同样遭遇波折和困难，中国政府无法提供财政和师资上的帮助，只能依靠海外华人自力更生。基于这样的现实情况，中国政府以保护海外华人的安全为出发点，及时调整政策导向，提出华侨教育应以能在当地取得合法地位作为准则，因地因时制宜地开展。

1954年第一届全国人民代表大会召开，来自世界各地的30位海外华人代表参加会议，此举引起东南亚国家政府的担忧，认为"华侨是中国对东南亚抱有帝国主义企图的实证"，一些国家甚至出现反华端倪。毛泽东、周恩来等党和国家领导人冷静分析国际形势，利弊权衡之下主张取消双重国籍，加强和促进中国与亚非国家的友好关系。周恩来指示解决海外华人的国籍问题，一定要从他们的长远利益和住在国的民族独立出发，重点应鼓励他们自愿选择住在国国籍。他指出："凡已经或自愿取得当地国籍的华侨，就当然丧失中国国籍，他们和中国的关系是亲戚关系。华人成为所在国公民以后，应当效忠入籍的国家，应当同当地人民一道为所在国政治、经济独立和文化繁荣作出贡献。同时也希望华侨为促进所在国人民同中国人民的友谊，为两国之间经济文化交流起积极作用，以利于促进中国同华人众多的国家的友好关系。"②1955年4月，周恩来在参加万隆亚非会议期间与印尼政府签订《中华人民共和国和印度尼西亚共和国关于双重国籍问题的条约》，中国政府从此放弃以血统确定国籍的原则，海外华人"根据本人志愿的原则在两种国籍中选择一种，选择一种国籍后即丧失另一种国籍"③。取消双重国籍是中国侨务政策的一个重大转变，对海外华人社会产生了深远的

①　毛起雄，林晓东.中国侨务政策概述［M］.北京：中国华侨出版社，1993：276-277.

②　彭光涵.周总理心系海外华侨［EB/OL］.（2006-1-7）［2021-12-22］.https://www.chinaqw.com/news/2006/0107/68/12134.shtml.

③　任贵祥.略述建国时期的侨务政策［J］.中共党史研究，1990（3）：70.

影响。绝大部分海外华人选择加入住在国国籍,他们的住在国身份认同逐渐取代祖籍国身份认同,这种身份认同的转向从东南亚国家一直蔓延到北美洲和大洋洲。不仅如此,华侨教育的性质从此也发生了转变,它不再是中国国民教育的一部分,而是落地生根成为住在国教育的一部分;中国政府放弃直接管理权,中央人民政府华侨事务委员会明确倡议,海外华侨学校的主要任务是教育华人子女熟悉当地语言、文字、历史和地理,仅保留一定学时数的中文课程。①

1966年"文化大革命"开始以后,中国的侨务工作遭到极大破坏。"四人帮"推翻此前正确的侨务政策,推行极"左"的政策,强调"必须把侨务工作放在准备对付美帝国主义要早打、要大打的基点上",导致侨务工作革命化、政治化的特点日益突出。② 中央人民政府华侨事务委员会被打垮,廖承志等主要负责人受到批斗,全国侨办学校、华侨补习学校、暨南大学、华侨大学等相继停办。海外华人不再被视为爱国统一战线的组成部分,而被看作"资产阶级"和"敌人",大量归国华侨及华侨在国内的亲属遭到批判、诬陷和迫害,这些错误做法严重伤害了海外华人对中国政府的信任和感情。20世纪五六十年代中美关系本就已经进入全面对抗,许多美国华人与国内亲友的联系大幅减少,再加上这一时期极"左"思潮的冲击,他们更加坚定了在美国落地生根的心理。1970年前后,世界形势发生了一系列微妙的变化——1969年尼克松就任美国总统后,基于遏制苏联扩张的国家利益,主张改善与中国的关系,结束中美对抗的局面;而苏联却积极推行霸权主义扩张政策,攻击中国政府,在中苏边境不断增兵。美国的态度和苏联的威胁促使中国政府重新评估外交政策并积极调整策略,在周恩来的主持下,中国政府的侨务工作从全面瘫痪走向部分恢复。周恩来在不同场合重申"文化大革命"前的侨务政策,即鼓励海外华人加入当地国籍、学习住在国的语言和文化、提倡通婚等,以此消除华人较多的国家对中国的担忧和疑虑。侨务政策在一定程度上步入正轨,但仍受到"四人帮"的严重扰乱,这种情况一直持续到"文化大革命"结束才有所变化。

二、中国大陆的文字改革运动

自清末以来,面对列强的瓜分和民族的危亡,社会上文字改革的思潮与实践

---

① 方方. 四年来侨务工作概况[J]. 侨务报,1959(4):8-9.
② 胡愈之. 五四与文字改革[N]. 进步日报,1949-05-05.

从未间断过，从切音字运动到国语统一运动，都贯穿着知识分子忧国忧民、企望国富民强的远大理想。中华人民共和国成立后，一些有识之士仍然关注着文字改革，时任《光明日报》总主编的胡愈之发文写道："当人民革命获得胜利，人民有了自己的政权的时候，我们不应当忽略一件事，那就是完成五四以来没有完成的文字改革工作。"①1949 年 10 月 10 日，吴玉章、黎锦熙、胡乔木等在北京成立中国文字改革协会，着手进行文字改革的探索工作。

中国政府虽忙于国家经济的恢复，但对语言文字工作也十分重视。1950 年 2 月，刘少奇要求中宣部要研究蒙古国、朝鲜、越南等邻国的文字改革经验，"现在我们亚洲邻国蒙古国、朝鲜、越南的文字改革均已成功。从某一方面来讲，他们的文字已较中国文字进步，而他们原来是学并用中国文字的……我想我们的文字研究者应研究他们的字母及文字改革经验。"②1951 年，毛泽东也约见郭沫若、马叙伦等人讨论文字改革问题，并明确提出"文字必须改革，要走世界文字共同的拼音方向"③的方针。文字改革工作由此很快被中国政府提上议事日程。1951 年 12 月，中国文字改革研究委员会成立，1954 年 12 月，中国文字改革研究委员会正式更名为中国文字改革委员会，隶属国务院，标志着文字改革运动在全国范围内的全面铺开。

文字改革运动主要围绕三个方面展开，即整理和简化汉字、制定和推行《中文拼音方案》以及推广普通话。1950 年 6 月，中央教育部社会教育司着手整理和简化汉字，并于 1950 年 9 月编写《常用汉字登记表》，1951 年编写《第一批简体字表》。1952 年中国文字改革研究委员会接手汉字简化工作，1954 年中国文字改革委员会继续研究整理简化字。在广泛征求意见的基础上，1956 年 1 月，国务院第二十三次全体会议通过并发表《汉字简化方案》。为了减少改用简体字带来的社会震动，《汉字简化方案》共确定 517 个简化字，于 1956 年至 1959 年分四批在《人民日报》公布并在全国推行。1964 年，中国文字改革委员会又编撰《简化字总表》作为教学、出版领域简化字使用规范。

1951 年中国文字改革研究委员会根据毛泽东的指示，开始探索汉语拼音方

①　费锦昌. 中国语文现代化百年纪事（1892—1995）[M]. 北京：语文出版社，1997：110-111.

②　中共中央文献研究室，中央档案馆. 建国以来刘少奇文稿：第 1 册[M]. 北京：中央文献出版社，2005：441.

③　马叙伦. 中国文字改革研究委员会成立会开会辞[J]. 中国语文，1952(7)：4-5.

案。起初吴玉章等学者认为可以用拼音字母立即取代汉字,但引起一些争议,毛泽东对此也提出意见,认为"文字必须改革,要走世界文字共同的拼音方向;形式应该是民族的,字母和方案要根据现有汉字来制定"①。根据这一意见,1956 年 2 月,中国文字改革委员会发表《汉语拼音方案(草案)》,并在草案中明确说明汉语拼音方案的用途包括:给汉字注音、作为普通话的教学工具、作为科学和技术上的符号、试验汉语拼音文字以及作为少数民族制定拼音文字的字母基础。②自仓颉造字以来绵延数千年的汉字得以保留,汉语拼音最后仅作为推广普通话和辅助扫盲的汉字注音。1958 年 2 月,第一届全国人民代表大会第五次会议正式批准《汉语拼音方案》,同年秋季该方案在全国小学课堂推广。

1955 年 5 月,在听取吴玉章关于文字改革工作的汇报后,刘少奇首次使用"普通话"这一概念,他说:"汉民族要有统一的语言,学校要用普通话进行教学,可以考虑做出这样的规定:老师在一定时期内学会普通话。今后凡是不会讲普通话的,不能当老师。"③此后,"普通话"的说法取代"标准语",在 1955 年 10 月举行的全国文字改革会议上,推广普通话的决议正式通过。1956 年 2 月,国务院发出《关于推广普通话的指示》,规定普通话"以北京语音为标准音,以北方话为基础方言,以典范的现代白话文著作为语法规范"并且确立普通话作为民族共同语的地位。同年秋季起,除少数民族地区外,全国小学和中学的语文课一律开始教学普通话。

中华人民共和国成立后至 20 世纪 60 年代的文字改革运动,是对半个多世纪以来中国文字改革思潮的继承和发展。在国家统一的背景下,中国政府成立专门机构,组织语言文字方面的专家学者,在广泛征求各界意见的基础上对语言进行本体规划和地位规划,集前人之大成,最终形成比较完善的文字改革方案。实践证明,文字改革运动对提高民众的文化水平、推进中国各项事业的发展具有积极而深远的意义。根据 1964 年我国对国民文化素质的调查,13 岁以上人口的文盲率从解放初期的 80% 下降到 32%。④ 1971 年中国恢复在联合国的合法席位后,中文的国际影响力随之增强,于 1973 年成为联合国的六种工作语言之一。

---

① 马叙伦. 中国文字改革研究委员会成立会开会辞[J]. 中国语文,1952(7):4 - 5.
② 王爱云. 中国共产党与新中国文字改革(1949—1958)[J]. 党史研究与教学,2009(6):10 - 24.
③ 费锦昌. 中国语文现代化百年纪事(1892—1995)[M].北京:语文出版社,1997:203.
④ 苏培成. 汉字进入了简化字时代[N].光明日报,2009 - 5 - 28.

　　然而，由于 1955 年国籍政策调整之后，中国政府已经失去对华侨教育的直接管理权，在海外华人如何对待文字改革的问题上，中国政府也充分考虑他们的特殊性："祖国的文字，是华侨与祖国联系的主要工具。……但是由于华侨远离祖国，处境不同，不能照搬国内一套。因为要使华侨都能了解关于文字改革的问题，还需要一定的时间进行宣传解释；更由于文字改革是关系华侨社会生活的一件大事，还需要听取华侨在这方面的意见。所以在目前，华侨社会最好只进行讨论酝酿，不宜过早采取文字改革。"①总体而言，文字改革运动在这一时期对海外华人的影响较小。尤其是在美国，20 世纪五六十年代美国政府对中国实行封锁禁运，来自中国的报纸、杂志、书籍等皆被列入禁运行列，两国间的文化交流、文艺表演等活动也完全中断，文字改革的成效未能波及美国华人社区。但是 80 年代以后，随着大陆移民赴美人数的增多以及中国国际影响力的增强，汉语拼音、简体字以及普通话对美国中文传承语教育的发展产生了重大的影响。

第三节　华人社区中文传承语教育的停滞及恢复

一、中文学校发展的停滞

　　1941 年 12 月，日本偷袭夏威夷珍珠港后，夏威夷实施紧急军事管制，岛上所有学校停课。1943 年军事管制撤销后，学校复课，但是由于担心为数众多的日语学校会教导学生效忠日本，夏威夷政府又通过法案关闭岛上所有的外国语学校，中文学校亦受到殃及。1945 年二战结束，檀香山的中华总工会着手谋划争取中文学校的复办，于是明伦、中山、大公三所中文学校联合家长和教师代表向法院提起诉讼，联邦特别法庭于 1947 年判决取缔外国语学校的法案违背美国宪法。但夏威夷政府不服，上诉到联邦政府最高法院，华人组成檀香山华侨教育联合会筹款应诉，最高法院最后以法律程序不妥为由，撤销原判，回复初审。考虑到重新上诉的时间和金钱成本，檀香山华侨教育联合会改变策略，联合日语学校向夏威夷议会请愿。经过一连串的游说和抗争，1949 年取缔外国语学校的法案最终被废除。但是经历长期的停办，夏威夷的中文传承语教育元气大伤，许多

---

　　①　北京归国华侨联谊会. 关于侨务政策及其他若干问题的答复[Z].北京：北京归国华侨联谊会,1956：39.

小规模的中文学校被淘汰,最后只有明伦、中山、大公、互助及位亚域5所中文学校复办。① 由于此时夏威夷的土生华人大多已融入主流社会,他们习惯将英语作为日常交际用语,对让子女学习中文已不甚热衷,所以这些学校在复办的第一年仅招收到学生781人,与1941年的2538人形成鲜明的对比,中文学校的规模整体上已大不如前。②

在美国大陆,中文学校虽然没有因战火关闭,却也受到不小的冲击。美国宣布参加二战后,许多华人应征入伍或志愿参军,据统计大约有16000人,占美国大陆华人的20%。③ 大量年轻人前往战场,导致中文学校师资紧张。此外,1943年《排华法案》废除后,华人拥有更多的就业机会,中文学校菲薄的收入对他们已不具有吸引力,"侨校教员薪俸之微薄,诚为在美国各业中所仅见者,平均每月约五十元,故当教师在外兼职亦可,其教员既不专于其职务,又安能有良好之效率,比如芝加哥、费列得尔菲亚、波地摩,每因缺乏师资,或无人管理,以致停复不定"④。师资的短缺导致一些中文学校的关闭,为了应对这一困难,中文传承语教育最发达的旧金山率先做出调整,中文学校将课时由每周19个小时缩减为10个小时,其他地区也陆续效仿。⑤

战前每周19个小时的学习时间大致等于中国国内学生上课时间的一半,而现在每周仅有10个小时,学习效果更加无法得到保障。战前一些学生已经抱怨无法跟上国内同级教科书的进度,"我记得我曾花了不少时间学习那枯燥无味的中文课本,但不论我多么努力,总是记不住。我记不清为什么我学别国语言时非常机灵,而对为了保持自尊必须学会的中文却其笨如牛。"⑥现在课时的调整更加使国内的教科书明显超出华人学生的理解水平,再加上他们没有在中国生活的经历,对书中介绍的中国观念和中国人的生活十分陌生,学习的兴趣大打折扣,"侨校所用教科书,均采用国内商务或中华版本,严格言之,此等教科书,殊不

① 麦礼谦. 从华侨到华人:二十世纪美国华人社会发展史[M]. 香港:三联书店,1992:59.

② 林侃新. 檀山华侨办理外语校特刊[Z]. 火奴鲁鲁:檀山中华总工会及华侨教育联合会,1950:269-274.

③ 麦礼谦. 从华侨到华人:二十世纪美国华人社会发展史[M]. 香港:三联书店,1992:328.

④ 李星川. 美国华侨教育概观[J]. 华侨先锋,1943(1):42-76.

⑤ 刘伯骥. 美国华侨史续编[M]. 台北:黎明文化事业公司,1981:358.

⑥ 吴景超. 唐人街:共生与同化[M]. 天津:天津人民出版社,1991:175.

适用。华侨童生长外国，环境不同，教育方针不能无异，应着重于民族意识之培养，授以我国之固有文化，固有道德，以养成其爱国自尊之心理，不仅仅认识若干中国字作几句国文而已也"①。适用教材匮乏的问题一直存在，但现在随着教学时间的缩短日益凸显出来。

二战结束后，中文学校的发展状况并没有立刻得到好转，主要的原因可以归结为以下两个方面：

一方面是受土生华人身份认同的影响。美国在战后成为世界第一强国，国内经济高速发展，各行各业生机蓬勃，在美国长大的土生华人"生当逢时，同沾美国战后经济复原和繁荣的好处"②。他们本就在美国长大，因为环境和教育的缘故倾向于与美国认同，现在终于不再受《排华法案》的掣肘，可以大踏步走向美国主流社会。伴随着他们对"我是美国人"身份认同的加强，土生华人开始搬离拥挤的中国城，到郊区寻找条件更好的房屋、社区和学校。华人社区不再是局限于中国城的地理社区，而发展为地域边界模糊、成员依靠语言以及文化认同来维系的精神社区。在融入主流社会的过程中，土生华人将英语作为日常交际语言，中文的使用范围进一步缩小，他们对中华文化的感情也日渐淡漠，因此对子女的中文学习已不甚关心和重视。

另一方面是受中美关系的制约。中华人民共和国成立后，推行"一边倒"的外交政策，与苏联结成社会主义阵营，与以美国为首的资本主义阵营相互对立。而后朝鲜战争爆发，中美两国对峙战场，美国对中国实施商业和贸易禁运，两国在此后的 20 余年间没有任何来往。在这期间，中文仅作为华人社区或家族成员间交流的语言，大多数华人看不到中文学习和他们的切身利益有何关系。从现实功利的角度出发，他们更加重视子女在美国学校接受良好的教育，将来在美国社会出人头地，对于子女中文学习的关注明显降低。有研究表明，与其他少数族裔相比，华人移民在美国社会向上流动的趋势最明显，但是传承语流失的状况也最严重。基于以上原因，美国中文传承语教育走向低谷，中文学校被认为"在 60 年前就阻碍中国学生融入美国生活和文化"，"现在是不合时宜的，已经没有用处，应该被逐渐取消"③。因此，中文学校"不仅没有能够接续着原有的继续向前

① 外交部情报司.美国华侨教育概况[J].国外情报选编,1936(154)：43-58.
② 梁培炽.美国华文教育论丛[M].北京：中国华侨出版社,2014：5.
③ MAY. Y. Effects of Attendance at Chinese Language Schools upon San Francisco Children[D]. Los Angeles：The University of California，1945：76.

发展,反而陷入了低潮,陷入衰落"①。

二、中文学校发展的恢复

战争不仅有铁血,亦有柔情。二战结束后,联邦政府先后通过《战时新娘法》和《美军未婚妻法》迎接军人们在海外的妻子,这为华人女性进入美国打开了一扇大门。根据移民规划局 1950 年的年度报告,1945 年至 1950 年间,通过这两部法案进入美国的华人总数达到 5 726 人,其中妻子 5 132 人,丈夫 5 人,子女 589 人。② 华人女性的到来使美国华人社区中男女性别的比例走向平衡,如表 5-1 所示,1950 年男女比例为 1.90∶1,1960 年为 1.35∶1。许多家庭由此实现团圆,这为华人社区带来战后生育的高峰。除此之外,每年 105 名的移民配额以及一系列的难民潮使华人社区的人口实现大幅增长,1950 年在美华人数量为 117 140 人,1960 年上升至 236 084 人。为了适应生育高峰及新移民涌入的新情况,美国大陆在 1946 年至 1961 年间新建 15 所中文学校。全国各地旧有的中文学校也通过不懈的调整和改进,到 50 年代中期逐渐走出低谷,迎来招生人数的上涨。譬如檀香山的明伦学校,学生数量从 1848 年的 364 人上升至 1954 年的 528 人;旧金山的圣玛丽中学,学生数量从 1948 年的 520 人增加至 1958 年的 800 余人;美洲中华中学校的学生人数达到 560 余人;协和学校的学生人数达到 418 人。③

表 5-1　在美华人数量表(1950—1980)

年份	总数	男性	女性	男女比例	外国出生与美国出生比例
1950	117 140	76 725	40 415	1.90∶1	0.63∶1
1960	236 084	135 430	100 654	1.35∶1	1.53∶1
1970	433 469	227 163	206 306	1.10∶1	0.89∶1
1980	812 178	410 936	401 242	1.02∶1	1.73∶1

资料来源: Ruggles et al. Integrated Public Use Microdata Series.

1965 年美国政府放弃以种族为基础的移民制度,颁布具有划时代意义的

---

① 梁培炽. 美国华文教育论丛[M].北京:中国华侨出版社,2014:5.
② 杨红波. 城市发展史视野下的美国唐人街演变研究[M].广州:世界图书广东出版公司,2014:180.
③ 刘伯骥. 美国华侨史续编[M].台北:黎明文化事业公司,1981:334-335.

《外来移民与国籍法修正案》。该法每年拨给中国内地 2 万名的移民配额,另有
600 名移民配额拨给香港地区。由于中美之间的对立以及中国国内政治的动
荡,直到 20 世纪 70 年代末,这些移民配额主要由来自中国台湾和香港的移民使
用。根据美国移民归化局公布的统计数据,1960 年至 1969 年,中国大陆入境美
国的合法移民数量为 14 060 人,台湾地区移民数量为 15 657 人,香港地区移民
数量为 67 047 人;1970 年至 1979 年,中国大陆入境美国的合法移民数量为
17 627 人,台湾地区移民数量为 83 155 人,香港地区移民数量为 117 350 人。①
还有一批移民是 70 年代中后期因为南越政权垮台而逃往美国的华人难民,他们
数量庞大,大约有二三十万人,且使用中国各地的方言。移民新鲜血液的注入极
大地改变了华人社区的居住模式和语言景观:二战之前 90％的华人移民是粤
籍,二战之后则各省籍都有,他们带来更多的中国方言,也刺激着旧金山、纽约、
洛杉矶等大城市的中国城发展为更加熙熙攘攘的多元文化区;而中国香港和台
湾来的移民大多是专业技术人员,他们受教育水平高,收入高,不居住在中国城,
而是在郊区开辟出新的华人聚居区。华人新移民的涌入恰逢美国社会民权运动
和多元文化主义的兴起,少数族裔开始关注自身的历史、语言和文化。在这种氛
围下,华人也逐渐意识到中华文化作为"根"文化对他们在一个多元文化国家中
立足的重要性。随后《双语教育法》的颁布让少数族裔语言再次得以回归学校课
堂,整个社会对少数族裔语言的态度更加包容和开放,这为中文传承语教育的复
兴提供了良好的社会基础。

　　然而,随着华人对美国认同感的增强,他们对于子女学习中文的期待已不同
往昔。曾几何时,他们希望子女掌握中文以便能回到中国或在中国城找到未来
的出路,而现在,中文的学习仅仅是为了让他们能了解一些自己的文化。新的需
求很快催生出新的教学模式,这一时期中文学校发展的最大亮点在于周末中文
学校的兴起。周末中文学校是华人分散居住带来的直接产物,一些华人父母搬
出中国城后,送子女上中文学校不如从前方便,于是他们便联合附近的华人居
民,自己开设周末中文学校。起初只是小范围尝试,但很快这种模式便受到许多
华人的欢迎。

　　在纽约市郊区,早在 1962 年,长岛中华协会就筹划在周六开设粤语学习班。

　　① Office of Immigration Statistics. 2010 Yearbook of Immigration Statistics ［EB/
OL］.（2011 - 08 - 08）［2021 - 12 - 01］. https://www. dhs. gov/immigration-statistics/
yearbook/2010.

此后不久,中国城内的中文学校也开办周日下午上课的中文班,周末中文班一经开启便得到纽约华人的喜爱,该校的招生数从 1963 年的 678 人跃至 1968 年的 2 592 人,1975 年上升至 3 250 人,高居全美中文学校之首。① 随着中国香港和台湾地区的移民不断涌入,纽约附近的新泽西州、康狄涅格州、宾夕法尼亚州都出现了家长自发组织的周末中文学校,这些中文学校在严格意义上只能被称为"中文班",因为没有独立的校舍,大多只是租用,学生规模也小,几十人到百人左右不等,上课时间短,每周一次,每次 2～3 个小时。但在 20 世纪 70 年代中期,周末中文学校已经成为这类周末中文班的正式称呼了。

南加利福尼亚州的周末中文学校发展迅猛。1964 年在洛杉矶郊区的蒙特利公园市,信义会中文学校建立,成为该市第一个开设周末中文班的学校。这所学校最开始采用粤语作为教学语言,但第二年随着台湾地区移民的不断增加,学校又增设一个国语班。在北加利福尼亚州,也就是中文学校最密集的旧金山湾区,周末中文学校也如雨后春笋般在中国城外的市镇中出现。在被誉为"硅谷之心"的圣荷西市,集结了一大批来自台湾地区的高科技人才,1974 年创办了圣荷西中文学校和硅谷中文学校,1980 年又创办了博爱中文学校,目前该校已是享誉湾区的粤语和国语双轨授课的中文学校。中国城中旧有的中文学校仍然坚守着每日教学的方式,但是应越来越多家长的要求,到 70 年代中期也开始增开周末班,周末班设立后大受欢迎,其学生数量很快就超过日常班。檀香山旧有的中文学校也依旧保持每日课后上学的形式,直到 1986 年,圣彼得教会才成功地创办一所周末中文学校,创办初期仅有学生 13 人,1996 年已达到 136 人。②

在这一阶段,台湾地区"侨务委员会"为美国华人中文传承语教育的发展付出巨大的努力。早在 1951 年,"侨务委员会"就把编写适合华侨教育的教材列为工作的重点。1960 年台湾地区一家书局出版了一套为北美中文学校设计的教科书,包括小学低年级使用的《国语》《常识》和高年级使用的《国语》《历史》《地理》等。1961 年台湾地区"侨务委员会"开始向美国中文学校免费提供《华语》和《常识》等教科书,虽然教科书的内容难免带有一些台湾地区的文化观念,但实现了中文作为传承语与中文作为母语在教学内容上的分离。此后美国中文学校的教学内容不再与中国大陆或者台湾地区保持同步,特别是周末中文学校,由于授

---

① 刘伯骥. 美国华侨史续编[M]. 台北:黎明文化事业公司,1981:339.
② 麦礼谦. 传承中华文化:在美国大陆和夏威夷的中文学校[J]. 华侨华人历史研究,1999(4):55-69.

课时间短,教学主要是围绕《华语》开展的听说读写训练。许多中文学校为了吸引家长将子女送来学习,还在课后开办丰富多彩的文娱活动,譬如中国舞蹈、武术、烹饪、绘画和篮球等。不仅如此,台湾地区"侨务委员会"还定期选派合格的中文教师赴美国教学,或者资助美国中文学校的教师赴台湾地区接受师资培训。此阶段来自台湾地区的留学生数量庞大,据统计,从 1949 至 1983 年,台湾地区留美学生共计 90 000 多人,其中返回台湾地区的只有 10 000 多人。① 他们中的一些人在学期间会到中文学校兼职教授中文,这在很大程度上缓解了师资短缺的问题。

中文学校数量的增加催生中文学校联合组织的产生。1974 年,美东的 6 所学校率先发起成立中文学校协会,此后协会规模不断扩大,到 1993 年其会员包括大华盛顿地区在内、美东 10 个州近百所中文学校。洛杉矶地区也紧随其后,于 1976 年成立南加利福尼亚州中文学校联合会,该会到 90 年代已经成为美国最大的区域性中文学校联合组织,拥有会员学校 102 所,中文教师 1 100 人,学生 18 000 人。在旧金山湾区,1978 年,8 所学校成立旧金山湾区中文学校联合会,后扩大为北加利福尼亚州中文学校联合会,1998 年其拥有会员学校 90 所,学生 12 000 人。② 而后在中文学校较集中的地区陆续成立类似的组织,这些组织不定期举办教师培训、研讨以及学生竞赛等活动,不仅有力地促进了校际交流和学习,提升了中文学校的教学质量,而且结束了中文学校一盘散沙的局面,有利于各中文学校团结一致,争取融入主流社会的教育资源,是美国中文传承语教育发展的第二次飞跃。

三、中文学校的主要类型

20 世纪 50 年代至 80 年代,美国从英语同化政策向双语教育政策的转向点燃了少数族裔保持本民族语言和文化的热情,华人也在时代的大潮中重新审视学习中文和保持中华文化的意义。随着中国台湾和香港及中南半岛华人移民的纷至沓来,中文学校在美国各地蓬勃地发展着,在 60 年代,全美只有几十所中文学校,到 1979 年,15 个州就有 128 所以上,到 1980 年增加至 18 个州共有 143

---

① 田汝康. 台湾与美国华人社会[J]. 华人,1986(5)：16.
② 麦礼谦. 传承中华文化：在美国大陆和夏威夷的中文学校[J]. 华侨华人历史研究,1999(4)：55-69.

所。① 根据办学主体的不同，笔者将这一阶段的中文学校大致分为以下四种类型。

第一类是旧有的侨校。这些学校在清末和民国初年建立起来，主要由各地的中华会馆或同乡会馆、文化或政治团体以及基督教会创办。它们通常坐落于中国城内，拥有较悠久的办学历史，长则已八九十年，短则已四五十年，拥有独立的校舍，办学设施比较完备，将广州话作为教学语言。二战后华人社区的生育高峰以及新移民的涌入为它们提供充足的生源，使它们走出战时和战后的低谷，并在原有的基础上继续扩大规模。为了满足新移民的需求，除了仍然坚持每日课后班的教学模式，这些学校还增加了周末中文班。以全美最资深的美洲中华中学校为例，该校周一至周五课后班每天 2 个小时，周六和周日上下午开设周末班，时间是 3 个小时。此外，每年还开设暑期班，时间从六月下旬到七月下旬。美洲中华中学校在这一阶段的办学成效斐然：1951 年该校改建校舍，将楼下大礼堂改作华人聚会的会堂；1956 年学校重修操场和教室，学校面貌焕然一新，学生人数激增；1959 年它与台湾地区中流剧艺社合作，举行公演为学生筹措奖学金；1966 年开始举办中国舞蹈研究班、太极拳研究班、中国古文研究班等，进一步丰富教学内容，并且积极邀请非华人美国人参加，以推进不同文化之间的交流；到 70 年代又组织滚球队、国语班和郊外旅游等各式各样的文化活动。②

第二类是台湾地区移民创办的学校。从 20 世纪 50 年代起，一些先行赴美的台湾地区移民和留学生就开始自发合作建立用国语教学的家庭互助式中文班。随后台湾地区移民持续涌入，这种周末中文班备受欢迎，逐渐发展为目前美国中文学校的主要形式。这类学校的创办者大多是在美国接受过高等教育的华人父母，他们既是家长，又是老师或者管理者。学校仅在周末上课，没有自建校舍，通常是租用美国学校、基督教会、孔子庙或其他宗教场所的教室上课；采用台湾地区"侨务委员会"免费赠送的《华语》作为教科书，教授国语、繁体字和注音符号。譬如 1980 年创办的博爱中文学校，最初由几位家长联合发起，租用当地芬奇公园小学（Vinci Park Elementary School）的教室，开校时有两位粤语教师和两位国语教师，学生 40 余名，每位学生每学期学费为 30 美元。随着规模的扩

---

① 梁培炽. 美国华文教育论丛 [M]. 北京：中国华侨出版社，2014：7.
② 周坚乃. 美洲中华中学校简史[EB/OL]. (2010 - 05 - 08)[2021 - 09 - 01]. http://www.cchsia.org/aboutus.html.

大，1987 年校舍扩展到皮埃蒙特初中（Piedmont Middle School），1988 年和
1989 年又向附近两所初中租借教室。在一任任家长的辛勤耕耘下，博爱中文学
校在加利福尼亚州圣荷西地区树立了良好的口碑，目前学校设有由学前到 12 年
级的国语班和粤语班，以及由幼儿园到 8 年级的中文外语班（Chinese as a
Foreign Language），上课时间是周六上午九点至十一点半。十一点半至十二点
三刻为文化课程，包括珠心算、西画、漫画、国画、围棋、手工艺、国乐、少林武术、
太极拳、舞蹈和羽毛球等。在读学生总人数超过 670 人，分布在三所初中校园
上课。①

　　第三类是中国香港移民创建的学校。因为地缘和方言的关系，早期中国香
港移民通常将子女送入中国城旧有的中文学校就读。70 年代以后，来自中国香
港的移民数量持续增长，一些中国香港移民也着手创办自己的学校。这些学校
采用粤语授课，但通常也是在周末上课，教学方法和教学内容与台湾地区移民创
办的学校更接近。譬如位于纽约皇后区的鸣远中文学校，该校创办于 1978 年，
最初只设置粤语班和国语班，招收学生 70 多人，而后规模不断扩大，开设舞蹈、
音乐、剪纸、绘画、中国象棋、功夫等文化课，到 1885 年，在读学生超过 700 人。
80 年代中期，除了中文和文化课程，该校还提供英语、数学、计算机、SAT 预备课
程等的补习，时间在每周一至周五下午。1984 年，该校增设暑假中文夏令营，有
400 多名学生参加。到 1986 年，鸣远中文学校的课程种类达到 40 种，在校学生
700 余人，教职员 50 人，成为纽约皇后区华人教育和文化中心。②

　　第四类是东南亚地区华人建立的学校。70 年代由于中南半岛风云突变，大
批难民逃往美国，从 1975 年起到 1986 年，大约有 80 万人入境美国，其中大约
30％至 40％的人有华人血统，超过美国 1960 年华人人口的总数。③ 他们的祖籍
属于不同的中文方言区，但以讲粤语和潮语的人数最多，再加上社会文化背景与
珠江三角洲相近，所以许多人选择在传统的中国城及其附近居住，促使旧金山、
纽约、洛杉矶的中国城更加人头攒动，在街上随时可以听到不同的中文方言。因
为共同的政治经历，东南亚地区华人通常自成一个社会体系，拥有自己的社团和

---

① 博爱中文学校. 博爱中文学校历史[EB/OL]. (2005 - 01 - 08)[2022 - 1 - 20].
https://www.bcs-usa.org/about-us/berryessa-chinese-school-history/.
② 陈迎雪. 隔离、融合与多元：美国华人教育发展研究[D]. 保定：河北大学,2007：96.
③ 麦礼谦. 从华侨到华人：二十世纪美国华人社会发展史[M]. 香港：三联书店,1992：
421.

报纸等。一些社团除了设立奖学金奖励优秀学子之外，还投入大量人力和物力兴办中文学校。其中最早的一所是由越南华裔联谊会建立的芝华中文学校，随后类似的学校也在美国各地东南亚华人社区中兴办起来。由于他们持不同的方言，为了不引起争端，大多数学校采用国语授课，偶尔在必要时使用方言解释。教科书通常也是选用由台湾"侨务委员会"提供的《华语》。①

由于中美关系的剑拔弩张，虽然中国国内自 20 世纪 50 年代起就开始进行文字改革，推行中文拼音、普通话和简体字，但是在 80 年代以前，它们几乎未在美国的中文学校中使用。70 年代两国关系有所改善之后，1972 年在大底特律地区出现第一所教授简体字和中文拼音的中文学校——大底特律中文学校。根据该校网站的信息，1976 年该校共有在校生 56 人，1977 年达到 101 人，发展至今每年在校生达 800 人左右。除了教授中文拼音和简体字，该校还设有中国历史、绘画、书法、音乐、舞蹈、武术等文化课程。② 但整体而言，20 世纪 50 至 80 年代，美国中文传承语教育的发展与台湾地区移民的到来以及台湾当局的推动密不可分，国语、繁体字和注音符号的教学成为中文学校教学内容的主流。直到 80 年代末，越来越多来自中国大陆的留学生和访问学者在美国建立家庭后，才逐渐为他们的子女建立起教授中文拼音、普通话和简体字的中文学校。

第四节　语言规划视角下的分析

二战爆发之前，在美国长大的土生华人经过美国化教育的洗礼，已经不断向美国的社会生活和文化靠拢；1943 年《排华法案》废除以后，他们的美国人身份得到确认，这使他们无须像父辈那样受尽主流社会的歧视与凌辱。于是年轻一辈的美国华人纷纷走出中国城，投身到美国生活的洪流中，他们搬离中国城，散居在各地的郊区，寻找战后经济高度繁荣带来的各种机遇。原本就缺乏祖籍国文化熏陶的他们，因为社会现实生活的功利化价值观，对中华文化的感情越发淡漠，再加上中华人民共和国与美国的关系走向敌对，两国断绝一切沟通和往来，

---

① 麦礼谦. 传承中华文化：在美国大陆和夏威夷的中文学校[J]. 华侨华人历史研究，1999(4)：55 - 69.

② 大底特律中文学校. 课程[EB/OL]. (2021 - 04 - 28)[2021 - 09 - 10]. https://www.acsgd.org/cn/curriculum/classes/.

中文传承语教育一度走向低谷。然而，随着战后生育高峰与中国台湾和香港及中南半岛移民的到来，加之民权运动和多元文化主义的兴起，华人与其他少数族裔移民一起投身于争取平等权利的斗争中，联邦政府颁布《双语教育法》，承认少数族裔保持本民族语言和文化的权利。华人对中文学习的热情重新被点燃，周末中文学校开始在美国各地新的华人社区遍地开花，中文传承语教育走出低谷走向复兴。以下对这一时期中文传承语教育与住在国和祖籍国语言规划的互动特征进行分析和小结。

一、住在国语言规划的特征

（一）排华政策的废除

二战爆发后，美国与中国结为对日作战的盟国，中国人民在抗日战场上不屈不挠的表现改变了美国主流社会对华人的刻板印象。像富兰克林·德拉诺·罗斯福总统这样富有战略眼光的政治家已经洞察到新时代的征兆：中国人无论在国内或者国外都不能再被视为"天生的劣等民族"了。出于巩固战略同盟的需求，再加上美国华人和民国政府的积极争取，1943年联邦政府通过《马格纳森法案》，最终废除了持续61年的《排华法案》。《马格纳森法案》的重大意义在于确认了美国华人归化入籍的权利，标志着美国针对华人特殊立法时代的结束，华人从此可以昂首挺胸地走出中国城，拥抱战后美国经济高速发展带来的各种机遇。此后伴随华人受教育水平的提高，他们活跃在社会的各行各业，社会地位得到大幅提升。二战结束后美国政府先后颁布一些有利于中国移民的移民法，并于1965年最终废除了以种族为基础的移民限额制度，给予中国每年2万人的移民配额，此后来自台湾、香港和中南半岛的移民源源不断地涌入，带动华人社区人口的迅速增长。人口是美国中文传承语教育发展的硬件，在生源得到扩充的基础上，旧的中文学校在坚守中恢复生机，新的中文学校层出不穷，中文传承语教育从此走向复兴。

（二）发展型语言政策

二战的爆发及战后国际形势的变化让美国政府认识到外语教育的重要性，1958年联邦政府颁布《国防教育法》，将加强外语教育纳入各级学校教育的重点，率先打破了20世纪上半期学校中实施的英语同化政策，也改变了社会各界对外语学习的排斥态度。与此同时，亚洲和拉丁美洲移民的大量涌入前所未有地改变着美国社会，最显著的变化是人口结构的多源性导致的语言多样性。此时民权运动的深入人心和多元文化主义的兴起已经使少数族裔将保持本民族的语言和文化视为必须捍卫的权利,这些变化最终驱使联邦政府摒弃二战前的英语同化政策,转向实行双语教育政策。双语教育政策的推行标志着联邦政府承认少数族裔语言在教育领域使用的合法性以及美国社会的多语言性和多文化性,这为美国中文传承语教育走出战时和战后的低谷创造了宽松而友好的社会环境。尽管由于中国与美国的敌对关系以及麦卡锡主义的横行,美国华人仍然受到一些不公正的对待,但此时华人的政治意识已经觉醒,他们通过法律手段来维护和争取自己的合法权利。"刘诉尼古拉斯案"的胜诉是华人为美国少数族裔语言权利发展作出的巨大贡献,它使双语教育政策真正落地,联邦政府开始大规模资助公立学校中的双语教育项目。双语政策的推行让华人认识到学习自身文化的价值,即对本民族语言和文化的传承,不仅有助于增强文化自信心和个人自尊心,也有助于将之作为构建跨文化认知的先决条件和基础,促进跨文化交流。这赋予了美国中文传承语教育新的意义,即不是为了加强与祖籍国的联系,而是为了在住在国生活得更好。

二、祖籍国语言规划的特征

(一)双重国籍的取消

中华人民共和国成立初期,中国政府仍将海外华人的教育视为国民教育的一部分。但由于受到西方资本主义国家的孤立,中国的外交局势十分严峻,为了稳定与东南亚国家的关系,20世纪50年代中国政府出于对国际形势的分析把握,主动调整国籍政策,取消双重国籍制度。再加上这一时期美中交恶,美国国内处于反共高潮,美国华人选择落地生根,对中国的国家认同转变为对美国的国家认同。双重国籍制度的取消意味着华侨教育的性质发生根本性的变化,由中国国民教育的一部分转变为住在国教育的一部分,也就是说中国政府放弃了对美国中文传承语教育的直接管理权。但是这一时期,国民党对美国华人社区的影响力仍然较大,并且在退守台湾地区后,为了实现其联合海外华人反攻大陆的政治目的,加强对华侨教育的扶持。台湾当局针对中国政府国籍政策的调整,重申双重国籍的政策,并且凭借其在美国华人社区的深厚根基,台湾地区"侨务委员会"加大对美国中文传承语教育的政策指导和资金支持。再加上源源不断赴美的台湾地区移民将繁体字、注音字母和国语带到美国华人社区,国语逐渐替代广州话,成为中文学校主要的教学语言。

（二）语言统一的实现

中华人民共和国成立后，中国政府高度重视语言文字工作，1954年底文字改革运动在全国范围内全面启动。此次文字改革运动是中国政府自上而下对中文进行的本体规划和地位规划，主要围绕整理和简化汉字、制定和推行《汉语拼音方案》以及推广普通话三个方面展开。在广泛征求意见的基础上，中国政府先后颁布《汉字简化方案》《关于推广普通话的指示》以及《汉语拼音方案》。到20世纪50年代中期，全国中小学课堂开始将普通话作为教学语言，教授汉语拼音和简化汉字。此次语言文字改革是对清末以来文字改革思潮的继承和发展——中国政府成立专门机构，团结各方力量，使半个世纪以前自下而上兴起的文字改革运动最终取得硕果，确立普通话作为民族共同语的地位。语言是联系海外华人与祖籍国的纽带，语言文字改革同样与海外华人息息相关。然而，由于1955年国籍政策调整之后，中国政府已经放弃对美国中文学校的直接管理权，再加上美国政府对中国实行封锁禁运，两国间的文化交流完全中断，且大陆赴美国的移民寥寥无几，文字改革的成效尚未能传播到美国华人社区。但是随着改革开放后大陆移民的赴美，汉语拼音、简体字以及普通话对美国中文传承语教育的发展将产生重大的影响。

三、中文传承语教育的发展特征

（一）对住在国的国家认同

《排华法案》废除后，在美华人得以归化入籍，他们可以堂堂正正地成为美国人，在二战后高速发展的经济浪潮中大显身手。而他们的祖籍国，在经历国共内战后，建立起中华人民共和国。中华人民共和国成立后不久，朝鲜战争爆发，中美在战场上兵戎相见，两国关系进入全面对抗，美国对中国实施全方位的孤立和封锁政策，华人与国内的联系几乎完全中断。与此同时，为了稳定与东南亚国家间的关系，中国政府主动对国籍政策进行调整，取消双重国籍制度，规定海外华人选择住在国国籍就自动丧失中国国籍，反之亦然。这一调整更加促成美国华人对住在国的国家认同，加速他们落地生根，融入美国社会。他们搬离中国城，到郊区分散居住，他们父辈曾经的"中国性"执念在他们的情感上已经变得非常有限。所幸的是，民权运动和多元文化主义的兴起让他们对保持本民族语言和文化的意义有了新的认识。在双语教育政策构建的多元语言环境中，中文传承语教育走出低谷走向复兴，但是此时它的目标已经不再是培养回到中国或在中国城发展的人才,而仅仅是培养华人儿童对中华文化、对自己来自何处的一些认知。新的需求催生新的教学模式,周末中文学校应运而生。周末中文学校耗时短、费用低、学习负担小,既能让华人儿童在课余时间接触中文和中华文化,又不影响他们在美国学校的学习。正因如此,周末中文学校的办学模式发展迅速,受到广大华人的欢迎,很快成为美国中文学校的主流模式。

（二）区域性组织的出现

二战后美国社会对华人的歧视逐步减弱,华人向上流动的通道被打开;华人移民迎来新一轮的高潮,新移民不仅数量庞大且文化素质大幅提高。华人的能力赢得主流社会的认可和尊重,被誉为"模范少数族裔"。华人数量的增加和社会地位的提高使一切具备中华文化特色的事物在美国都得到长足的发展,中文学校也由此走出低谷走向复苏,并且跟随华人的脚步走出中国城,周末中文学校遍布新的华人聚居区。随着周末中文学校的快速发展,20世纪70年代,区域性中文学校联合组织开始产生,最早是美东中文学校协会,此后有南加利福尼亚州中文学校联合会、北加利福尼亚州中文学校联合会等。这些区域性中文学校联合组织通过举办各类教师培训、研讨以及学生竞赛等活动,不仅促进了中文学校之间的资源共享,而且提升了中文学校的教学质量。区域性中文学校联合组织的出现结束了中文学校长期以来一盘散沙的局面,有利于进一步提升它们在美国社会的影响力,实现了美国中文传承语教育继20世纪初梁庆桂赴美兴学后的第二次飞跃。

第六章

迈向主流：美国中文传承语教育的
繁荣（1980 至今）

中国实施改革开放以后，自 20 世纪 80 年代起大陆掀起新一轮的赴美移民浪潮，由大陆新移民创办的中文学校在美国遍地开花。1994 年两大全国性中文学校联合组织相继成立，为中文学校与主流教育体系创造了交流平台。21 世纪以来，随着中国经济的发展和国际影响力的增强，中国政府加强对海外华文教育事业的推动；美国政府则致力于推行关键语言教育政策，中文作为最高级别的关键语言之一，被纳入优先发展的语言行列。中文传承语教育迎来发展的春天，以稳健的姿态迈向主流社会。本章论述的是 1980 年至今形成的第三波华人赴美浪潮以及中文传承语教育逐步迈向主流社会的繁荣景象。

第一节　联邦政府的关键语言教育政策

一、双语教育政策的修订与终结

进入 20 世纪 80 年代，美国国内经济出现滞涨，失业率居高不下，社会福利的过度膨胀导致联邦政府出现庞大的财政赤字，但这一时期入境美国的外来移民数量却保持迅猛增长的势头，70 年代合法入境的移民人数为 4 248 203 人，80 年代达到 6 244 379 人，并且从移民的来源看，来自拉丁美洲和亚洲的移民比例不断提高，而来自欧洲的移民比例则持续走低，到 80 年代末仅占移民总额的 10%。[①] 于是社会上各种排斥移民的声音又开始此起彼伏，主要的观点是移

---

① Office of Immigration Statistics. 2010 Yearbook of Immigration Statistics［EB/OL］.（2011 - 08 - 08）［2021 - 12 - 01］. https://www. dhs. gov/immigration-statistics/yearbook/2010.

民加重了政府的财政负担,并且将导致白人成为美国人口的少数,从而冲击美国传统的文化和价值体系。双语教育政策在这种情势下遭到猛烈攻击,反对者认为它正在创造一个巴尔干化的社会,只会导致语言隔离和种族冲突,社会上兴起一股宣扬"唯英语"的热潮。1981 年加利福尼亚州参议员早川一会向参议院提交《英语语言修正案》(The English Language Amendment),建议联邦政府以宪法的名义将英语确定为官方语言。虽然修正案没有通过,但由此拉开"唯英语运动"的序幕。运动的支持者反对双语教育及语言的多样性,宣称英语是美国社会的"胶水",能使不同背景的美国人互相理解和克服分歧。1983 年早川一会和眼科专家坦顿成立"美国英语协会",将"唯英语运动"推向高潮。该协会以将英语定为美国的官方语言为目标,倡导"英语是美国移民必须继承的、唯一的、伟大的和强有力的工具",提醒白人提防西裔移民从他们手中"夺取生存空间与政治权利"①。由于在国会的英语官方化提案屡战屡败,"美国英语协会"转战各州推动英语官方化的立法并取得明显的效果。1984 年至 1988 年间,相继有肯塔基、田纳西、印第安纳、加利福尼亚等 12 个州将英语定为官方语言。②

社会上要求限制双语教育的呼声得到联邦政府的重视。1981 年,以保守派形象崛起的共和党人罗纳德·威尔逊·里根就任总统后推行"新联邦主义",反对政府干预教育,大幅削减联邦政府的财政资助,把教育权更多地下放到州政府。"刘案补救措施"遭到取消,实施双语教育的具体办法交由各学区自行决定。里根本人在公开场合也明确提出:"当前的双语教育项目公然公开地致力于维持英语水平欠缺学生的母语,这种做法是完全错误和违背美国理念的。"③1984 年,联邦政府对《双语教育法》进行再次修订。修正案规定学生参与双语教育项目的学习期限为三年,并且明确双语教育的目标是使英语水平欠缺的学生获得充分的英语语言能力以达到升级和毕业的标准;联邦政府将把主要经费用于资助过渡性双语教育项目,在这种项目中少数族裔的语言只是作为向英语教学过渡的工具,而对于以同时提升少数族裔语言能力和英语能力为目的的发展性双语教

---

① 蔡永良. 语言一致与文化趋同:解读美国唯英语运动(1981—2002)[J]. 江苏社会科学,2005(3):147-152.

② 张治国. 中美语言教育政策比较研究[M]. 北京:北京大学出版社,2012:161.

③ García O. Bilingualism in the United States: Present Attitudes in the Light of Past Policies[C]// Greenbaum S. The English Language Today: Public Attitudes Toward the English Language. Oxford: Pergamon Press, 1984: 154.

育项目则没有专门规定,这导致发展性双语教育项目在各学区遭遇冷落。1988年《双语教育法》再次修订,联邦政府进一步减少对维持少数族裔语言教学项目的资助,双语教育政策愈发注重移民学生由母语向英语过渡的结果,双语教育因此受到巨大冲击,社会对双语教育的热情骤然降低。

1988 年里根卸任后,乔治·赫伯特·沃克·布什(下文简称老布什)在担任总统期间一改里根政府的做法,致力于发挥联邦政府的影响力推动教育改革。1990 年 2 月,联邦政府发布全面规划美国教育改革方向的《全国教育目标》(*National Education Goals*),这份纲领性文件提出美国教育改革的六项目标,其中第三项明确提出要切实提高掌握双语或多语学生的比例,增强学生对世界多元文化的理解。在这份文件的指导下,为了进一步促进教育公平和拉拢拉美裔美国人的支持,老布什政府将大部分的拨款转向过渡性双语教育项目和发展性双语教育项目。此后的克林顿政府继续推动双语教育的发展,1994 年 10 月克林顿签署《改进美国学校法》(*Improving America's schools Act*),该法是对1965 年《中小学教育法》的第五次修订,《双语教育法》作为其中的一部分也再次修订。此次修正案首次将双语教育视为有助于提升美国国际竞争力的国家资源,"当今世界联系日益紧密,各国在政府、商业等领域的国际交流频繁……掌握多语已成为重要的国家资源,是值得保护和发展的"。修正案强调要让英语水平欠缺的学生达到和其他学生一样高的学业标准,承认使用学生传承语教学的积极作用,允许学生根据实际情况调整参与双语教育项目的年限。修正案规定,1995 年联邦政府将拨款 80 亿美元资助公立学校的双语教育项目,一直受到冷落的发展性双语教育项目也得到强有力的资助。在 1994 年《双语教育法》的推动下,全国再次掀起了开展双语教育的高潮,截至 1999 年,实施双语教育的学校已经遍及 24 个州,分布在 143 个学区的 259 所学校。①

尽管克林顿政府积极推动双语教育,以反双语教育为特点的新一轮"唯英语运动"于 1996 年卷土重来,导火线是加利福尼亚州洛杉矶市的一次抗议活动。一群西班牙裔移民学生的家长在反双语教育分子的煽动下,向学校提出抗议,理由是学校的双语教育项目阻碍了他们子女的学业进步。1997 年加利福尼亚州软件商人翁兹趁此机会成立"儿童英语组织",该组织向社会宣扬全英语教育是

---

① Reyes P. & Rome A. US School Reform Policy, State Accountability System and the Limited English Proficient Student[J]. Journal of Educational Policy, 2001(2): 163 - 178.

为了让移民学生更快更好地融入美国社会,从而成为适应社会发展的栋梁之材。经过多方游说,以翁兹为首的反双语教育者促使加利福尼亚州通过"227号提案",提案要求加利福尼亚州所有公立学校停止双语教育项目,取而代之的是沉浸式英语教育项目,即英语水平欠缺的学生通过一年的沉浸式英语学习就必须过渡到全英语课堂。2000年,亚利桑那州在民众的要求下,通过了结束双语教育的"203号提案"。2002年,马萨诸塞州也通过了终结双语教育的"问题2提案"。这三个州都是移民大州,终止双语教育提案的通过意味着进入21世纪后,双语教育政策在事实上已经危如累卵。

州层面的反双语运动逐渐影响到联邦政府对双语教育的态度,再加上2001年9·11恐怖袭击发生后,美国民众再次担心移民的涌入会威胁美国的安全和加速美国社会的分裂,"认同盎格鲁清教徒价值观,讲英语,维护欧洲文化遗产"的呼声愈演愈烈。2002年,乔治·沃克·布什总统(下文简称小布什)正式签署《不让一个孩子掉队法》(No Child Left Behind Act),取代此前克林顿政府颁布的《改进美国学校法》。在该法中,关于英语水平欠缺学生的教育问题被列入第三条,重新命名为《英语习得法》(English Acquisition Act),这标志着历经34年风风雨雨的《双语教育法》最终落下帷幕。《英语习得法》更强调英语语言技能的习得和提高,在该法中"双语"这一术语几乎不再被提及,这说明联邦政府试图重新界定对英语水平欠缺学生的教学方法及语言教育政策。① 《英语习得法》认为英语能力是保障学业成绩的必要条件,少数族裔语言是妨碍学生融入全英语课堂的绊脚石;要求英语水平欠缺学生必须在三年内达到和母语为英语的学生一样的学业标准并参加统一考试。尽管该法没有明令禁止双语教育,但统一的考试标准和学校问责制迫使许多学校不得不放弃双语教育项目,采用全英语教学来加速移民学生英语水平的提高。《双语教育法》的终结意味着20多年来美国主流社会保守主义势力的反双语教育运动最终获得胜利,联邦政府语言政策的总体趋势转向英语同化政策,"一种语言(英语)、一套法律和一个经济体系,再加上基本相似的价值观念和被称为'美国生活方式'的道德标准,在社会生活中被

---

① García O. & Torres-Guevara R. Monoglossic Ideologies and Language Policies in the Education of U. S. Latinas[G]// Murillo E. , et al. Handbook of Latinos and Education: Research, Theory and Practice. Mahwah, New Jersey: Lawrence Erlbaum, 2010: 182 - 194.

大多数美国人所接受"①。

二、关键语言教育政策的实施

早在 1958 年的《国防教育法》中，联邦政府就首次提出将对关键语言教育及区域研究进行财政支持，所谓关键语言，就是指那些对美国的国家安全、经济发展、科学研究和国家竞争力发挥重要作用的语言或者方言。1961 年联邦政府教育办公室公布优先支持的 83 种关键语言，它们共分为三个层次，分别是国家急需的 6 种语言(第一层次)，包括俄语、中文、日语、阿拉伯语、北印度-乌尔都语和葡萄牙语，非特别急需的 18 种语言(第二层次)以及未来潜在重要的 59 种语言(第三层次)。② 在此之后，美国的语言教育迎来前所未有的高潮，少数族裔语言成为公立学校合法的教学语言，高校开设的外语语种数量和学习外语的人数显著增长。然而进入 70 年代以后，由于经济的滞涨及政府的重视程度不够，关键语言教育政策陷入低迷状态，一直到 90 年代美苏冷战结束后，关键语言教育政策才进入实质性发展阶段。

冷战结束后，两极格局被打破，美国政府认为"世界局势的变化给国际局势的稳定带来新的挑战，经济竞争、地区冲突、恐怖活动和武器扩散等问题日益凸显"，要应对这些挑战，在全球建立由其领导的世界新秩序，就需要提升美国民众的语言能力和跨文化交往能力，"未来美国国家安全和经济繁荣将主要依靠美国人民了解国外语言和文化的能力以及国际交际能力和竞争能力"③。为了在高等教育机构中培养精英语言人才，1991 年联邦政府出台《国家安全教育法》(*National Security Education Act*)，将关键语言教育提升到关乎国家安全的重要地位。该法最重要的贡献是设立国家安全教育项目(National Security Education Program)，该项目重点关注对美国国家安全发挥关键作用的语言和文化，如亚洲、非洲、东欧、中东和拉丁美洲的语言和文化，受到资助的前 10 大语种包括阿拉伯语、中文、俄语、韩语、日语、葡萄牙语、斯瓦希里语、土耳其语、波斯

---

① 邓蜀生. 世代悲欢"美国梦"：美国的移民历程即种族矛盾(1607—2000)[M].北京：中国社会科学出版社,2001：411.

② 从丛,李联明. 论美国大学外语教学如何与国家安全战略发生联系[J].南京社会科学,2008(12)：122-128.

③ 李艳红. 美国关键语言教育政策的战略演变[D].北京：北京外国语大学,2015：86.

语和印地语。①

然而,《国家安全教育法》主要关注的是高端语言人才的培养,对普通民众的影响十分有限。实际上美国的普通民众从意识到实践上都不重视语言学习,原因很简单,美国已经是冷战结束后世界上唯一的超级大国,英语成为全球通用的语言,只要能说英语就能"走遍天下都不怕",又何必花费大量的时间和金钱去学习其他语言呢? 为了解决语言人才稀缺的问题,1992 年克林顿总统上任后,加大对关键语言教育的支持力度。1994 年,联邦政府颁布的《改进美国学校法》将语言视为一种资源,鼓励美国民众掌握多语,因为这对美国经济发展和国家安全起着至关重要的作用。基于更有效推动外语学习的理念,1996 年以美国外语教学委员会为首的工作小组开发了面向 K-12 学生的《外语学习标准:为 21 世纪做准备》,并于 1999 年发布修订版《21 世纪外语学习标准》(*Standards for Foreign Language Learning in the 21st Century*),将适用范围扩展至大学外语教育。该标准提出外语学习的 5C 标准,即语言交流(Communication)、文化沟通(Cultures)、学科联系(Connections)、语言比较(Comparisons)和社区活动(Communities),并且根据 5C 标准为 9 种外语的学习分别制定阶段性标准,这 9 种外语包括古典语言、中文、法语、德语、意大利语、日语、俄语、葡萄牙语和西班牙语。以中文为例,《21 世纪外语学习标准》提到,中文是解锁一个古老文明的钥匙,是与十几亿中国人交流的工具,学习中文的学生将来拥有大量在政府和企业工作的机会以及参与学术和文化交流的机会;与此同时还在 5C 标准下设立 4 年级、8 年级和 12 年级学生中文学习水平的衡量指标。中文学习 5C 标准的制定对中文传承语教育的发展意义非凡,因为它为中文学校教学效果的评价建立起全国统一的标准,从而使社区中文学校与美国公立学校之间实现学分互认成为可能。

2001 年,9·11 恐怖袭击的发生深刻触动了美国举国上下的语言危机意识。9·11 事件调查委员会指出:"美国联邦调查局缺少足够的资源满足监控和反恐机构的翻译需求,尤其缺少熟悉阿拉伯语和其他关键语言的人才。"②《新闻周刊》2003 年 10 月 27 日的文章犀利地评论道:"美国的反恐战争,败在翻译,尽管

---

① Susan J. Now That We're Comrades, We Don't Care Anymore[N]. Washington Post,2003-11-9(B3).

② Committee of Economic Development. Education for Global Leadership [Z]. Washington, D. C.: Committee of Economic Development,2006:9.

反恐情报及时,但由于翻译人手不足,导致翻译速度迟缓。"①数据显示,恐怖袭击发生之时,全美精通阿拉伯语的人数不到 200 人,学习乌兹别克语、土克曼语和塔吉克语的人数不到 10 人,无人学习阿富汗的任何一门小语种语言。② 为了应对语言危机,2004 年 6 月,美国国防部召开由联邦政府和州政府、企业领导、学术界权威和语言协会专家共同参与的"全美语言大会"(National Language Conference)。大会发布《改善国家外语能力行动倡议》(A Call to Action for National Foreign Language Capabilities),指出美国目前面临的外语战略危机主要来自非传统安全领域,全体美国民众应该行动起来,学习国家需要的关键语言,增进对世界不同文化的了解和尊重,从而改善和巩固美国在全球的领导地位。③

2006 年 1 月,联邦政府在华盛顿举办全美大学校长国际教育峰会,参会的有总统、国务卿、国防部长、教育部长、国家情报委员会主席、参议院外交委员会主席以及来自各州的 120 位校长。会上,小布什总统亲自启动由国务院、国防部和教育部共同推出的《国家安全语言计划》(National Security Language Initiative),标志着以国家安全为导向的关键语言教育政策全面实施。该计划主攻的关键语言包括阿拉伯语、中文、俄语、印地语、波斯语等,主要目标是让更多美国人更早更好地掌握关键语言,培养高水平的关键语言人才,以及培养更多教授关键语言的教师。计划的实施主体由国务院、教育部、国防部和情报联合部(The Intelligence Community)组成,各机构通过设立一些新项目和扩展项目培养掌握关键语言的人才,并致力于形成贯穿幼儿园、小学、中学、大学及职业阶段的一条龙外语人才培养体系。

在该计划的指导下,国务院在原来资助的教育项目上偏向对关键语言的支持,主要项目包括富布赖特关键语言项目、东欧及原苏联研究和语言培训项目、关键语言奖学金项目、吉尔曼国际奖学金项目以及教师交流项目等。教育部加大对中小学外语教育的财政支持,建设外语和区域研究中心,促进中小学与高等院校合作开展关键语言教育项目,设立语言资源中心进行师资培训、教材开发及

---

① Klaidman D. Lost in Translation[N]. Newsweek,2003 - 10 - 26.

② Edwards V. Multilingualism in the English-Speaking World: Pedigree of Nations [M]. Malden: Blackwell Publishing,2004:208.

③ Scott W. Composing Alternatives to a National Security Language Policy[J]. College English,2009(5):460 - 485.

语言测试等工作。国防部继续联合高校培养外语人才,一方面在高校建立语言培训基地,另一方面为优秀学生提供奖学金。语言培训基地包括语言旗舰中心(National Flagship Centers)和语言培训中心(Language Training Centers),前者培养在校大学生,后者培训国防部在职人员。截至2014年,全国共有22所高校成立27个关键语言旗舰中心和9个国防部语言培训中心。[①] 情报联合部于2005年在高校成立"情报联合部卓越人才中心"(Intelligence Community Centers for Academic Excellence),负责挖掘具备多文化背景的各学科人才,2007年又启动"星谈"(Startalk)暑假语言培训计划,支持K-16学生在暑假学习关键语言,这些语言包括阿拉伯语、中文、达里语、印地语、波斯语、葡萄牙语、俄语、斯瓦希里语、土耳其语和乌尔都语。

美国关键语言教育政策实施至今已取得显著的成效,2017年美国国际教育委员会公布的《全国K-12外语注册调查报告》(*The National K-12 Foreign Language Enrollment Survey Report*)显示,在受调查的10 879所美国中学中,2 064所开设了关键语言课程,共有约1 460名全职或兼职的关键语言教师,76 410名注册学生;高中开设的关键语言课程包括阿拉伯语、中文、韩语、俄语、波斯语和印地语,其中中文课程的开设数量和选修人数均位列第一,而后依次为日语、阿拉伯语、俄语、韩语和葡萄牙语(见表6-1)。[②] 伴随中国综合国力的增强和国际地位的上升,美国政府愈加重视推广中文学习。中文虽然自1961年以来一直被列为最高级别的关键语言之一,但直到2006年以后,全国开设中文课程的美国学校才呈现爆发式的增长。在受调查的学校中,72%的高中提供线下或线上的中文课程,其中加利福尼亚州的中文教学势头最盛,共有108所高中开设中文课程,学生人数达到7 322人。86%的中文课程为学年课程,其余为暑假、课后或周末课程,这说明中文在中学课程体系中已经占据重要的位置。这些中文课程除了由本校完成之外,也有相当一部分是通过与其他教育机构合作来完成的。在全美1 144个中文项目中,有112个项目与当地其他中学合作,25个与社区学院合作,69个与高等院校合作,还有8个与华人社

---

① 李艳红. 美国关键语言战略实施体系的构建和战略目标[J]. 外语研究,2016(2): 1-8.

② American Councils for International Education. The National K-12 Foreign Language Enrollment Survey Report[R/OL]. (2017-06-17)[2021-02-25]. https://www. americancouncils. org/sites/default/files/FLE-report-June17. pdf.

区的中文学校合作。

表 6‑1　美国高中关键语言课程情况表①

语　言	课程数量	选修人数	关键语级别
中文	1 144	46 727	最高级
日语	433	14 373	次高级
阿拉伯语	161	3 740	最高级
俄语	147	3 562	最高级
韩语	43	936	第五级
葡萄牙语	37	2 827	最高级
土耳其语	27	865	次高级
印地语	19	219	最高级
波斯语	10	10	最高级

三、传承语教育的发展机遇

在 20 世纪五六十年代民权运动的影响下,向来推崇个人权利的美国民众不得不开始面对群体权利和群体认同,这构成了多元文化主义的核心思想。伴随 1965 年以后大量非传统欧洲移民的涌入,美国不可避免地成为一个多语言和多文化的国家,多元文化主义渐渐深入融合到美国社会的各个方面,体现在语言政策上就是《双语教育法》的颁布与推行。然而双语教育政策在美国的实施并非一帆风顺,因为同化主义的声音总是此起彼伏,代表同化派的"唯英语运动"支持者们认为共同的语言是把美国人民紧密联系起来的重要纽带,通过这一纽带,人们成为由自由平等的个人组成的统一社会中的一分子;而双语教育及其他多元文化主义政策变相阻碍了语言和文化本身自然的交流和进化,容易导致种族敌视,固化族群界限,进而损害国家的统一。②

---

①　American Councils for International Education. The National K‑12 Foreign Language Enrollment Survey Report[R/OL]. (2017‑06‑17)[2021‑02‑25]. https://www. americancouncils. org/sites/default/files/FLE-report-June17. pdf.

②　Schmidt R. Language Policy and Identity Politics in the United States[M]. Philadelphia: Temple University Press,2000:171.

尤其是 9・11 恐怖袭击发生之后,强调国家认同和民族凝聚力的呼声越来越高,社会各界对于多元文化主义的批评日益增多。为了避免过分追求多元文化而导致价值观的混乱,塑造主流价值观和核心文化成为社会发展的大势所趋,美国开始步入后多元文化时代。相较于多元文化时代,后多元文化时代强调"建立包容性的共同国家认同应该优先于承认族裔的文化认同,以及文化变革和融合应该优先于静态文化差异的固化"①,换言之,国家既要形成强有力的共同认同感和价值观,也要承认文化的差异性。在此背景下,联邦政府的语言政策转向强调提高少数族裔的英语水平,并借此向他们传播主流文化和价值规范,从而增强他们对国家的归属感,发展他们的精神共同体。2002 年,小布什政府通过《英语习得法》。《双语教育法》自 20 世纪 60 年代以来几经沉浮,最终退出历史舞台。

然而《双语教育法》的废止并不意味着少数族裔语言教育的终结,相反地,在后多元文化时代,在"存异"的基础上"求同"已经得到社会各界的普遍认可。传承语教育项目立足于在维护英语作为通用语的社会环境中传承和发展少数族裔语言,很大程度上消解了英语和少数族裔语言之间的对立和博弈,为其在后多元文化时代赢得了巨大的发展空间;此外,联邦政府大力推行关键语言教育政策,将传承语资源与国家安全战略相接轨,传承语使用者成为关键语言人才的重要来源。因此,自 20 世纪 90 年代以来,传承语教育在美国获得前所未有的发展机遇,社区、中小学和大学等不同层面的传承语教育项目层出不穷,并取得显著的进步与发展。

社区传承语学校长期以来都被视为保持和传承少数族裔语言最重要的场所,目前涉及的语言种类已超过 145 种,包括原住民语、中文、日语、韩语、波兰语、德语、乌克兰语等。这些学校由少数族裔社区自发组织,所以在数量、规模、师资和教学水平上存在较大的地区差异,譬如全美目前有大约 1 200 所韩语传承语学校,注册学生人数达到 60 000 人左右,其中有 260 所坐落于洛杉矶,210 所分布在纽约。② 一些规模大、质量高的社区传承语学校已经实现与美国中小

① King D. Facing the Future: America's Post-multiculturalist Trajectory[J]. Social Policy & Administration,2005(2):116 - 129.

② Li G. & Wen K. East Asian Heritage Language Education for a Plurilingual Reality in the United States: Practices, Potholes, and Possibilities[J]. International Multilingual Research Journal,2015(4):274 - 290.

学的合作,在这些学校的学习可以抵扣外语选修的学分。随着社区传承语学校数量的不断增加,一些区域性或全国性的联盟也相继出现,比如全美德语学校联盟、全美中文学校联合会等,为社区传承语学校与主流学校的进一步交流合作创建了对话的平台。

美国的中小学一般很少专门开设传承语课程,学生主要在双语模式下学习传承语,或者在外语课或世界语课上进行学习。2017 年美国共有 11 个州在高中毕业有通过外语考核的要求,16 个州不作要求,24 个州要求必须通过某些指定科目的考核,外语是其中一门。① 西班牙语自 20 世纪 60 年代以来一直是中小学中选修人数最多的外语。母语为西班牙语的美国人有别于其他族裔的移民,他们大多来自与美国相邻的中美洲和南美洲,特殊的地缘亲近性使他们更倾向于长久地保持他们的语言和文化。根据 2017 年《全国 K-12 外语注册调查报告》,全国 K-12 学校外语选修率大约是 20% 左右,其中 7 363 125 名学生选修西班牙语,位列第一,位列第二的是选修法语的学生,共有 1 289 004 人,位列第三的是选修德语的学生,共有 330 893 人,中文选修人数自 21 世纪以来突飞猛进,位列第四,达到 227 086 人。② 在西班牙语移民聚集区,一些中小学推出英语和西班牙语双语课程,这些学校甚至还把学生分为母语学习者、外语学习者和传承语学习者进行分级教学。

与 K-12 学校相比,高校与国防部、教育部等政府机构合作密切,获得的关键语言资助较为丰厚。以国防部项目为例,2016 年至 2020 年共有 978 名本科生获得由其资助的博伦奖学金,527 名研究生获得博伦助学金;2016 年至 2021 年参与语言旗舰项目的本科生累计达到 5 643 人。③ 目前部分高校的外语课程已经采用双轨模式上课,学校根据学生的水平和意愿把他们分为传承语学习者和外语学习者分别授课。双轨授课的语言主要包括西班牙语、中文、日语、俄语

① American Councils for International Education. The National K-12 Foreign Language Enrollment Survey Report[R/OL]. (2017-06-17)[2021-12-20]. https://www.americancouncils.org/sites/default/files/FLE-report-June17.pdf.

② American Councils for International Education. The National K-12 Foreign Language Enrollment Survey Report[R/OL]. (2017-06-17)[2021-12-20]. https://www.americancouncils.org/sites/default/files/FLE-report-June17.pdf.

③ National Security Education Program 2020 Annual Report[R/OL]. (2020-12-20)[2021-12-20]. https://dlnseo.org/sites/default/files/2020%20NSEP%20Annual%20Report.pdf.

等选修人数较多的语言,选修人数较少的语言如阿拉伯语、印地语、越南语等仍然采用传承语学习者和外语学习者混合上课。

1999年10月,为了更好地保护和发展传承语资源,国家外语中心和应用语言学中心在加利福尼亚州立大学召开首届全美传承语大会。2002年10月,第二届全美传承语大会在弗吉尼亚州召开,会议提出的愿景是"发展我国传承语使用者的语言能力,传承语使用者高水平的语言能力有助于满足美国在全球经济竞争、国家安全、公民参与、社区领导和文化保护方面的需求"①。在此次会议的推动下,传承语发展联盟(The Alliance for the Advancement of Heritage Languages)正式成立,该联盟将美国丰富的语言和文化视为应该受保护和发展的资源,以发展公民的语言能力为目标,主要开展传承语项目的信息收集、资源共享、会议筹办和教师培训等工作。同年,加利福尼亚大学语言中心和语言教学联盟共同创立国家传承语资源中心(National Heritage Language Resource Center),该中心推出第一本传承语研究的专业期刊《传承语》(*Heritage Language Journal*)。自此,关于传承语教育的研究也开始蓬勃发展起来。

第二节　中华人民共和国对美国中文传承语教育的影响(改革开放后)

一、改革开放后的新赴美移民潮

自1949年中华人民共和国成立到70年代,中美交恶,国门互闭,中国大陆只有少数人能通过合法途径移民美国。根据美国移民局公布的数据,1950年至1979年,中国大陆合法入境美国的人数仅有40 523人。② 这种封闭隔离的状况一直持续到1978年以后才有所改变。1978年12月,中国政府在十一届三中全会上确定实行改革开放的基本国策,将工作重点转向经济建设;除此之外,在中美两国领导人和社会各界有识之士的共同努力下,1979年1月1日中美正式建

---

① Center for Applied Linguistics. 2nd National Conference on Heritage Languages in America[EB/OL]. (2002 - 10 - 18) [2021 - 12 - 25]. https://cal. org/heritage/involved/2002/index. html.

② Office of Immigration Statistics. 2010 Yearbook of Immigration Statistics[EB/OL]. (2011 - 08 - 08) [2021 - 12 - 01]. https://www. dhs. gov/immigration-statistics/yearbook/2010.

交,两国关系实现正常化。随着中美两国接触和交流的增多,中国大陆很快形成一股新的赴美移民浪潮。

广东珠三角地区的民众是改革开放后赴美新移民的重要组成部分。由于珠三角地区是老一辈美国华人的祖籍地,因此该地区的民众能够享受 1965 年《外来移民与国籍法修正案》中优先照顾家庭团聚的规定,即美国公民或是持有绿卡、享有永久居民身份的人可以申请自己的配偶、未成年子女和父母作为非配额或配额移民前往美国。较为宽松的移民政策使珠三角地区民众的赴美移民行动呈滚雪球之势,有的地方甚至出现整个村几乎都奔赴美国的情况,譬如台山横湖龙场里,原有人口约 200 人,到 1998 年该村仅剩 6 人,91%的村民移居美国。在素有"美国华侨之乡"美誉的开平,从 1978 年至 2003 年底,累计出境移民 58 790人,其中移居美国人数为 29 678 人,移居加拿大人数为 20 322 人,他们之中 98%是家庭移民,投资移民仅 268 人,合法劳工 132 人,自费留学生 390 人。①

除了家庭移民,改革开放后,赴美留学也步入新的轨道。早在中美建交前,邓小平就做出扩大派遣留学生的重要指示。1978 年 6 月,他在听取清华大学工作汇报时说:"我赞成留学生的数量增大,主要搞自然科学。要成千成万地派,不是只派十个八个……这是五年内快见成效、提高我国科教水平的重要方法之一。现在我们迈的步子太小,要千方百计加快步伐,路子要越走越宽,我们一方面要努力提高自己的大学水平,一方面派人出去学习,这样可以有一个比较,看看我们自己的大学究竟办得如何。"②同年 12 月,第一批从清华大学、北京大学、中国科学院等挑选出的 52 名学者抵达美国。1984 年,为了加快教育对外开放、拓展人才培养渠道,国务院颁布《关于自费出国留学的暂行规定》,为普通民众打开自费留学的大门。"春风如贵客,一到便繁华",政策的利好、思想解放的助力,再加上经济水平的提高,出国留学很快从精英群体走向大众。据统计,1978 年至2013 年,中国大陆向国外输送留学生总数达 305.86 万人,其中美国是第一目的国,2012 至 2013 学年,中国赴美留学生人数达 235 597 人,占美国国际学生总数的 29.7%。③ 这些赴美留学生中有相当比例学成之后选择留在美国,根据《北京

① 方灿宽. 广东五邑侨乡的新移民潮[J]. 海内与海外,2004(9): 68 - 70.
② 武士俊,陈蕾,白晓军. 做好留学生工作 为科教兴国服务[J]. 中央社会主义学院学报,1999(2): 40 - 42.
③ 中国教育在线. 2014 年出国留学趋势报告[EB/OL]. (2014 - 11 - 20)[2021 - 12 - 27]. https://www.eol.cn/html/lx/2014baogao/content.html.

科技报》2010 年 6 月的报道,2002 年至 2009 年,在美国获得科学和工程博士学位的中国留学生中,留居美国的比例高达 91%。① 赴美留学生通常学历较高,他们比较容易找到收入高且稳定的工作,在美国立足之后他们又能申请家属到美国团聚,进而又带来新一波的移民。

此外,美国政府在 1990 年新修订的移民法中增设每年 1 万名的投资移民限额,中国不少富商也借此踏上赴美之路。这类移民按规定在入境后必须在美国失业率较高的地区投资 100 万美元,或者在农业地区投资 50 万美元以上,并且雇佣 10 名美国人或合法移民。2000 年以后来自中国大陆的投资移民数量逐年上涨,2007 年人数是 110 人,2008 年是 360 人,2009 年达到 1 979 人,占美国当年所有外来投资移民数量的 47%。② 还有一批移民是从福建、浙江等省进入美国的非法移民。他们通过有组织的偷渡、短期签证入境后滞留不归或者假结婚等方式进入美国。福州及周边的长乐、连江和马尾等地区非法移民美国的数量最为惊人,特别是 20 世纪八九十年代,一些没有直系亲属在美国却希望出国闯荡一番的福州人开始通过偷渡前往美国,他们利用美国的大赦政策或者申请避难等方法,最终获得合法居留权,继而再为国内的亲属担保移民。截至 2003 年,福州赴美移民达到 45 万人,仅在纽约地区就有福州移民约 30 万人。③ 以前纽约的中国城以广东籍华人为主,如今福建籍华人已经成为纽约最大的移民群体。90 年代后,来自浙江和东北三省等地的非法移民也逐渐增多,他们抵达美国后或经营餐馆、超市等,或从事餐饮服务、搬运、看护等工作。

根据人口迁移的"推拉模型"理论,改革开放以后之所以形成新一轮的赴美移民潮,主要的原因从中国方面来说,推动因素包括随着民众对外交流频率的增加,他们走出国门的愿望日益强烈;商品经济的发展让不少人期望追求更高的收入和生活质量;中国政府坚持教育对外开放,鼓励学生出国留学。而美国方面的拉动因素包括宽松的移民政策、高度发达的经济以及先进的科学教育水平等。除此之外,我国东南沿海一带长期以来就是侨乡,拥有悠久的移民传统以及建构完善的移民网络,这也驱使这一带的民众源源不断地前往美国。

---

① 中国人才再现出国潮[N].北京科技报,2010 - 6 - 14(12).
② 李小丽. 国际人口迁徙的现状与趋势[M]//李慎明,张宇燕. 全球政治与安全报告(2011 年). 北京:社会科学文献出版社,2010:208.
③ 黄英湖. 1978 年后福州向美国的移民及其发展变化[J]. 发展研究,2013(2):111 - 115.

大量新移民持续的涌入使美国华人数量不断攀升，1980年美国华人数量为812 178人，1990年达到1 645 472人，到2000年增至约300万，2010年更是突破400万，其中出生于美国以外的纯血统华人约为238万。[①] 数量庞大的大陆新移民成为美国华人人口的主要增长点，2006年美国华人有70%在美国以外出生，20%在美国本土出生，10%为移民第三代，这使美国华人群体重新成为第一代移民占主体的族群。[②] 因为第一代移民在中国的成长和生活经历，他们通常更习惯在家中说中文和保持在中国的生活习惯，再加上华人重视教育的传统，他们无论在美国生活得多么艰辛，都不遗余力地供子女上学，这为美国中文传承语教育走向繁荣提供了充足的人口基础和强大的发展动力。

二、中国大陆的华文教育政策

"文化大革命"结束以后，中国政府着手恢复遭受严重破坏的侨务工作。1978年1月，在邓小平的亲自倡导下，国务院侨务办公室成立，行使原来中央人民政府华侨事务委员会的职权，负责制定侨务工作的方针、政策、法规以及领导和管理侨务工作。

此后侨务办公室开展大量落实新侨务政策的工作来愈合广大海外华人及其国内亲属的心灵创伤，尤其注重加强广东、福建等地与美国华人社会的亲情联系。1980年时任广东省省长习仲勋率"省长访问团"抵美访问当地华人社团，11月北京中央人民广播电台增设对欧美国家的广东话节目。美国华人社区与国内的联系逐渐增加，对中国的态度渐渐由敌视害怕转向接受现实或积极肯定。特别是一些工商界开明人士和知识分子最先活跃起来，成立各种团体，支持美中关系的发展。譬如1977年美国华人知识分子成立"全美华人协会"(National Association of Chinese Americans)，其宗旨是保护华人权利，谋求华人福利，介绍中华文化以及促进美中友好关系，首任会长由杨振宁担任。不过这些知识分子大多不是粤籍，与美国传统华人社区在语言和生活方式上存在较大差异，所以到1981年，纽约中国城的土生华人成立了"华人联合会"，其宗旨与全美华人协会相似，首任会长是纽约中华公所

---

① Reeves T. J. & Bennett C. E. We the People: Asians in the United States, Census 2000 Special Reports[R]. Washington, D. C.: US Government Printing Office, 2004.

② 周敏. 美国华人社会的变迁[M]. 上海：上海三联书店，2006：78.

主席梅子强。① 该会的成立也代表着美国传统华人社区对中华人民共和国的认同。

到了 80 年代中后期,改革开放不断深入,为了配合国家以经济建设为中心的基本国策,侨务工作的重点由拨乱反正转向为经济建设服务。1984 年,在北京召开的省、自治区、直辖市侨务办公室主任会议上,时任国家主席胡耀邦强调:"三千万华侨华人是了不起的力量,搞得好,可以变成促进四化建设、实现统一祖国、扩大海外影响和争取国际友人的重要力量。"② 由此可见,中国政府充分认识到海外华人是我国社会发展的独特资源和优势。伴随国家实力的增强和国际地位的提升,中国政府开始重视加强对海外华人的宣传和教育工作。1989 年召开的国务院侨务工作会议提出要关心华侨华人的发展,使他们成为中国同各国开展友好合作和交流的桥梁;要改进和加强对华侨华人的宣传、文化艺术交流和教育工作,将其摆上重要的位置。1985 年,暨南大学文学院设立中国最早的对外汉语教学系,开始加强海外华文教育师资的培养;1993 年暨南大学华文学院成立,并受国务院侨务办公室委托着手编写适合海外华人子弟学习的中文教材。1997 年《中文》(试用版)全套课本 12 册、练习 24 册及教师参考书 13 册正式出版,并开始免费向美国各地的中文学校提供使用。

迈入 21 世纪以后,中国以更加稳健的实力和积极的姿态走向世界。面对全球化的加速发展,中国政府充分认识到语言传播对提升文化软实力和国际影响力的战略意义。2001 年国务院侨务办公室印发《关于大力加强海外华文教育和华裔青少年工作的通知》,提出华文教育工作是侨务工作中具有战略意义的基础性工作,要求增强侨办系统开展华文教育工作的整体优势,调动各方面积极性,共同推动海外华文教育工作的开展。③ 这是我国自 20 世纪 50 年代取消双重国籍制度以来首次针对推进海外华文教育工作出台的指导性意见。2004 年 3 月,华文教育议题首次被列入全国政协双周协商座谈会,时任国家主席胡锦涛在会上提出:"中华民族之所以几千年始终不衰,其中文化的凝聚力是很重要的因素。

① 麦礼谦. 从华侨到华人:二十世纪美国华人社会发展史[M]. 香港:三联书店,1992:508.

② 胡耀邦同志在省、自治区、直辖市侨办主任会议上的讲话[G]//国务院侨务办公室. 侨务法规文件汇编 1955—1999. 内部资料,1997:17.

③ 丘进,严武龙. 中国侨务政策概述[M]//贾益民,张禹东,庄国土. 华侨华人蓝皮书. 北京:社会科学文献出版社,2019:49.

无论从优秀传统文化的传承角度考虑,还是对骨肉同胞的亲情考虑,都应对海外侨胞开展华文教育给予帮助和支持。要加大政府的投入,动员各方面的力量来支持这件事情。"①次月,"国家海外华文教育工作联席会议"在北京成立,会上制定了《2004—2007年海外华文教育工作规划》。同年9月,以募集资金服务海外华文教育为宗旨的"中国华文教育基金会"正式挂牌。可以说,2004年是海外华文教育起飞的元年。原华侨大学校长吴承业说:"中国的华文教育,已进入了历史上最佳的时期。"②在中国政府的重视与推动下,各地政府相关部门、高校、学术界、民间组织等积极行动起来,参与到发展海外华文教育的事业中,主要开展和推进的工作包括以下几个方面。

首先,打造优质教材。近年来,国务院侨务办公室先后组织修订适合欧美地区的《中文》和适合东南亚地区的《汉语》两套教材。1997年《中文》(试用版)教材开始免费提供给美国中文学校使用,2002年至2003年间,全美中文学校协会对该套教材全面收集修订意见,并将回收的意见反馈给原编写单位暨南大学华文学院。华文学院于2005年着手修订工作并于2007年完成,修订版适当降低了课文难度,并附有简繁对照的生字表,在原有48册基础上增编配套的《学拼音》课本一册、《学拼音练习册》两册及《学拼音教学参考》一册,并且开发了与教材配套的多媒体光盘。另外,北京华文学院等华文教育基地还编写了《海外华文教师培训教材》《中文夏令营教材》等书籍。

其次,组织文化体验活动。国务院侨务办公室于1999年起正式推出"海外华裔(及港澳台地区)青少年中国寻根之旅"夏令营,目的是激发华裔青少年学习中文和中华文化的兴趣,增进他们对祖籍国的认知和感情,推动中外文化交流。自开办以来,已有来自100多个国家和港澳台地区的30余万名青少年参加了夏令营,目前仍保持每年约2.5万人参营的规模。③该夏令营活动主要分为三类:一类是由国务院侨务办公室与地方侨办合作举办的常规营;一类是由国务院侨务办公室委托华文教育基地院校举办的特色营如厨艺营、功夫营、舞蹈营等;还

① 谢萍. 背景资料:海外华文教育概况[EB/OL]. (2009-10-20)[2021-10-10]. https://www.chinanews.com.cn/hwjy/news/2009/10-20/1919272.shtml.
② 张明. 华侨大学校长:2004中国华文教育走过划时代一年[EB/OL]. (2005-03-07)[2021-10-10]. https://www.chinanews.com/news/2005/2005-03-07/26/547227.shtml.
③ 李嘉郁. "中国寻根之旅"夏令营发展探析[J]. 八桂侨刊,2020(1):30-36.

有一类是由国务院侨务办公室主办的领养中国儿童外国家庭夏令营。[①] 2006 年起,国务院侨务办公室、中国海外交流协会又精心打造了另一个文化品牌活动"中华文化大乐园",由国内华文教育基地院校和海外华文教育示范学校合作承办,以"学会一支中国舞、学打一套中国拳、学唱一首中文歌、学做一个中国手工艺品、学画一幅中国画"为基本目标,组织教师直接前往海外授课。"中华文化大乐园"先后赴美国南加利福尼亚州、芝加哥、旧金山、马里兰等地开展文化交流,受到美国华人的欢迎和好评。

再者,建立华文教育帮扶体系。2004 年成立的中国华文教育基金会原始基金数额为人民币 1 000 万元,来源于国家财政拨款和社会募捐,主要资助境内外与华文教育相关的项目,如教材开发、教师培训、华裔青少年夏令营活动以及境内外华文教育公益宣传活动等。作为公益性民间组织,该基金会为发展华文教育事业、促进中外文化交流作出了积极的贡献。除了中国华文教育基金会,为了帮助海外中文学校提升教学质量,国务院侨务办公室于 2009 年在全球遴选出首批 55 所"华文教育示范学校",其中美国有 8 所中文学校入选,分别是希望中文学校、南侨学校、圣地亚哥华夏中文学校、尔湾中文学校、休斯敦华夏中文学校、亚特兰大现代中文学校、华夏中文学校、希林亚裔社区中心。[②] 截至 2018 年,国务院侨务办公室已在全球 50 多个国家和地区遴选出 304 所华文教育示范学校给予重点支持,帮扶 294 所困难华文学校或新兴华文学校,支持 25 个重点华文教育组织,设立 607 个华星书屋。[③]

最后,加强华文教育学术交流。2000 年起,国务院侨务办公室陆续在国内挑选实力雄厚、独具特色的高校和部分中学作为"华文教育基地",负责编写教材、培训师资和承接冬夏令营等活动,在一定程度上缓解了海外华文教育的教材和师资问题。此外,国务院侨务办公室还定期举办大型华文教育大会或学术交流会。世界华文教育大会是由国务院侨务办公室和中国海外交流协会主办的,2009 年在成都召开首届大会,大会主题报告倡议海峡两岸求同存异,加强合作

---

① 贾益民. 世界华文教育年鉴(2013)[M].北京:社会科学文献出版社,2014:92.
② 董方. 首批海外"华文教育师范学校"名单[EB/OL]. (2009 - 08 - 04)[2021 - 10 - 15]. http://www.chinaqw.com/news/200908/04/174383.shtml.
③ 中国新闻网. 中国在 50 多个国家地区建设 300 余所示范华文学校[EB/OL]. (2018 - 05 - 29)[2021 - 10 - 15]. https://baijiahao.baidu.com/s? id=1601781705325021054&wfr= spider&for=pc.

与交流,共同推进华文教育事业的大发展。这说明海峡两岸在华文教育上的交流和合作被提上议事日程,中国政府希望能整合海峡两岸资源,共谋华文教育的大发展。此后两岸的华文教育学界之间的交流愈加频繁,相继共同举办了华侨教育论坛、海外华文教育论坛、两岸教师论坛、世界华语文教学研究生论坛等。除此之外,学术期刊、杂志、报纸、电子读物等也不断被推出,如北京语言大学主办的《世界汉语教学》、暨南大学主办的《华文教学与研究》、厦门大学主办的《海外华文教育》等。海内外学者、教师互相争鸣,相互借鉴,共同促进华文教育研究的发展。

三、中国台湾地区的华文教育政策

20世纪80年代以后,中国取得举世瞩目的成就,伴随其国际影响力的提升,世界上掀起一股学习中文的热潮。台湾当局为了维持其对海外华人社会的影响力,着手调整华侨教育政策,将重点放在推进海外华文教育事业上,华侨教育成为附庸。"这一时期侨民教育性质已经慢慢发生改变,不再局限于原来单纯的华侨教育,而是转变成各国少数族裔语言文化教育的一种。"①由于起步较早,经过多年深耕,台湾地区在辅助海外中文学校发展、办理师资培训、编制中文教材及软件、开展海外文艺活动等方面已经形成较为成熟的工作机制。在此基础上,八九十年代台湾地区海外华文教育工作在以下两个方面实现了较大进展。

一方面是建立民间组织启动华文教育研究。1972年,台湾地区"侨务委员会"筹组"世界华语文教育协进会",其宗旨是倡导中华语文的研究,推广华文教育的发展和促进世界华文学术的交流。从20世纪70年代开始,该会以民间华文学术团体之名,受教育部门与"侨务委员会"委托开展各类活动——1974年发行华文教学季刊《华文世界》;1980年组织举行"国内华语文教学研讨会";1984年举办第一届"世界华语文教学研讨会",此后每三年举办一次。1997年"世界华语文教育协进会"更名为"世界华语文教育学会",继续致力于推动华文研究和华文教育的发展。

另一方面是探索华文数字化教学模式。1979年台湾地区"侨务委员会"创立"空中书院",通过广播电台在亚洲、美洲、欧洲和澳洲播出,向海外华人进行华文空中教学。"空中书院"的教学内容包括华语会话、中华文化、中华历史讲话、

---

① 夏诚华. 1949年以来的"中华民国"侨生教育回顾[J]. 研习资讯,2006(2):23-33.

商用华语、教育概论等,将国语作为主要教学语言,辅以其他语种或者方言进行解释。随着信息技术的发展,台湾地区的华文教学开始尝试突破传统线下教学的方式,1997 年起台湾地区"侨务委员会"着手规划"全球华文网络教育中心"工作,1998 年 12 月"全球华文网络教育中心"网站正式启用,启用之初共包含中华文化天地、华语教室、亲子园地、中华文化资源、华语教学资源、侨校总汇等 12 个单元,内容丰富有趣,很快成为全球学习华语、认识中华传统文化及中国台湾文化的入口网站。[①] 1999 年 5 月,台湾地区"侨务委员会"与学术机构及产业界联合举办第一届"全球华文网络教育研讨会",主题为"整合信息科技推动华文网络教育",此后每两年定期举办一次,持续推动着台湾地区华文数字化教学模式的发展。

进入 21 世纪以后,面对中国大陆加速推广华文教育的情状,"世界华语文教育学会"于 2001 年向台湾地区教育主管部门建议应加强华文教育并获得高度重视。2003 年 1 月台湾地区教育主管部门组织召开"促进华文教育发展实施方案会议",提出华文教育工作重点包括:首先,建立跨部门的、统筹推动华文教育事业的政府领导部门,构建政府制定政策与民间团体推行实务相结合的模式;其次,收集整理当前台湾华文教育存在的问题,并与大陆华文教育相关模式进行比较;再者,加强台湾地区在网络教学、传统文化与乡土语文方面的研究与教学的领先优势;最后,重视优良师资的培养,派遣教师到国外最需要的地方从事华文教学。

2004 年,台湾地区教育主管部门正式设立"对外华语文教学政策委员会",明确其职能包括制定对外华文教学相关政策,规划华文教材、师资、测验、专业建设等工作。这是台湾地区第一个跨部门统筹华文教育的官方机构,说明台湾当局加大了对华文教育的支持和投入,也表明台湾地区的华文教育"从华侨华人教育进一步向华裔和非华裔教育相结合,从母语教学向第二语言教学方向发展"[②]。2004 年 6 月该委员会召开第二次会议,研讨参与 AP 中文考试等问题。AP 考试由美国大学理事会主持,指在高中阶段预先开设具有大学水平的课程。美国大学已经普遍把学生 AP 考试的表现作为大学录取的重要依据之一,学生只要通过这些课程的 AP 考试就可以抵扣大学学分。2003 年 6 月美国大学理事

---

① 台湾地区"侨务委员会". 2000—2008 年侨务施政回顾[M].台北:台湾地区"侨务委员会",2008:16.
② 郑通涛,陈荣岚,方环海. 两岸华文教育与文化传播协同创新的建构机制与运作模式研究报告之一[J]. 海外华文教育,2015(1):3-23.

会宣布启动 AP 中文考试项目,最初只选定简体字作为指定字体,但在台湾地区
"对外华语文教学政策委员会"和全美中文学校联合总会的共同努力下,美国大
学理事会于 2006 年 5 月公布 AP 中文考试采用简体字和繁体字,中文拼音和注
音符号并用的原则。

2012 年,台湾地区制定"华语文教育产业输出的八年计划"(2013—2020),
该计划的内容涉及华文教育推动组织机构的整合与建设、华文教材资源的研发、
华文测试体系的完善、云端学习的推动及海外华文市场的开发等不同领域。在
该计划的指导下,台湾地区近年来在海外华文教育方面着力进行以下工作。

首先,大力推行并完善华语能力测验。2003 年台湾地区教育主管部门推出
华语文能力测验,当年举办了听读测验的初等、中等和高等考试。2006 年该测
验正式面向海外,并在美国、英国、泰国、日本、韩国 5 个国家举办。2014 年 1
月,该测验推出完整的 6 级考试,对应《欧洲语言共同参考框架》,同时提供儿童
华语文能力测验。参加测验的人员除了大量海外华人青少年,还有许多非华人
人士,截至 2019 年底,累计考生已经超过 30 万人次。①

其次,强化数字化教学资源建设。2007 年台湾地区"侨务委员会"在"全球
华文网络教育中心"的基础上进行升级,并于 2008 年 4 月正式推出"全球华文
网",该网站超越 Web 1.0 数据库的形式,改以 Web 2.0 基于"持续创新""信息
分享""社群互动"及"群体智慧"的概念建构而成,受到全球华文学习者的欢迎和
好评。② 2012 年台湾地区"侨务委员会"推动"海外数字华语文推广计划",协助
海外中文学校开办数字化师资培训。2018 年台湾地区"侨务委员会"推广"华语
101,带我去旅行"线上中文学习的新模式,从 Web2.0 进阶到 Web3.0 虚拟实境
的远距及非同步等方式。2019 年台湾地区"侨务委员会"与美国麻省理工学院
签约合作,规划推出 3 门国际华语线上课程。③

再者,推广繁体字和中华文化。由于中国大陆华文教育事业的快速发展,简体
字越来越受国际社会的认可,繁体字的市场逐渐变小。为了推广繁体字,台湾地区
"侨务委员会"大力推行"海外汉字文化节"系列活动,活动包含征文比赛、书法比

① 台湾地区教育研究院. 2020 重大教育政策发展历程：华语教育[EB/OL]. (2020 - 05 - 26)[2021 - 12 - 28]. http：//history. moe. gov. tw/policy. asp? id=26.
② 姚兰. 六十年台湾地区海外侨民教育之沿革[J]. 海外华文教育,2015(2)：186 - 224.
③ 台湾地区教育研究院. 2020 重大教育政策发展历程：华语教育[EB/OL]. (2020 - 05 - 26)[2021 - 12 - 28]. http：//history. moe. gov. tw/policy. asp? id=26.

赛、朗读比赛、相声比赛等多种形式,譬如 2014 年南加利福尼亚州中文学校联合会举办"春季学术研讨会汉字文化节",共有 45 个学校,600 多名华人和非华人学生参加。[①]"海外汉字文化节"系列活动将知识教育与传统文化融为一体,得到海外华人家长的广泛关注,目前已经成为在海外传播中华文化的高规格平台。

最后,重视中文教材的编撰。由于海外中文学校对适合的中文教材需求旺盛,"对外华语文教学政策委员会"积极推进教材的编撰,台湾地区政府部门、民间机构、高等院校的华语文中心、专家学者等纷纷加入编撰行列。为了适应不同国家的需求,中文教材的编撰向国别化发展,譬如 2003 年美国大学理事会宣布增设 AP 中文考试之后,台湾地区随之出版了与此课程及考试相适应的教材。此外,台湾"侨务委员会"分批将以往出版的平面教材数字化,方便海外中文教师及学习者根据需求自行下载使用。

第三节　美国社会中文传承语教育的空前发展与面临的挑战

一、大陆新移民中文学校的创办

改革开放后中国大陆新移民源源不断地抵达美国,当他们在美国找到工作、建立家庭时,就如同 100 多年前的华人移民一般,开始考虑子女的教育问题。作为第一代移民,他们怀有强烈的继承传统语言和文化的情怀,企盼子女能对中国的语言和文化有所了解,"看到很多孩子不肯再讲中文,读不懂爷爷奶奶的来信,与爸爸妈妈产生了文化'代沟'。自以为是美国人,却又无法完全融进美国文化。遇到学校里庆祝亚裔传统节日,又讲不出个所以然。做家长的都很着急。"[②]于是为了避免子女成为"无根"和"彷徨"的一代,各地的华人新移民不约而同地为子女四处找寻合适的中文学校。

在 20 世纪 80 年代以前,受华人移民来源地的影响,美国主要有两种中文学校:一种是早期广东移民兴办的以广州话为教学语言的中文学校,另一种是台

① 史词. 南加利福尼亚州中文学校联合会举办华语演讲朗诵比赛[EB/OL]. (2014-05-07)[2021-10-25]. http://www.chinaqw.com/hqhr/2014/05-07/3128.shtml.
② 全美中文学校协会. 做在当代,利在千秋:全美中文学校协会[EB/OL]. (2016-12-28)[2021-12-27]. http://www.csaus.net/archive/CSAUS-history2016.pdf.

湾地区移民兴办的以国语为教学语言，使用繁体字和注音符号的学校。以广州话为教学语言的中文学校虽然办学历史悠久，设备完善，但大多位于旧的中国城内，与新移民的居住地距离遥远，且对于非广东籍的移民来说并不合适。对于以国语为教学语言的中文学校，虽然从表面上看，国语和普通话一脉相承，都是汉民族的共同语，只是台湾地区沿用民国时的旧称"国语"，但实际上由于两岸之间较长时间的隔绝，政治、经济形态的差异以及方言的影响，国语和普通话在发音、词汇、语法等方面都存在一定差异；再加上繁体字和注音符号与简体字和拼音之间也存在较大差异，这类学校也非理想之选。因此，这些华人新移民很快发现，尽管中文学校的数量不少，却没有适合他们子女学习的地方。于是当大陆新移民的数量越来越多，他们就着手建立将普通话作为教学语言，教授简体字和中文拼音的中文学校。

其中最早的一所是创办于 1989 年 8 月的希林中文学校——几位留学生毕业后在美国成家立业，他们为了让孩子学习中文，联合起来在周末聘请一位中文老师进行授课，地点最初在其中一位家长家中的地下室，后来在伊利诺伊大学芝加哥分校的支持下，他们才从地下室搬进正规的教室。2015 年 6 月 17 日中国中央电视台采访该校校长何振宇时，他说："多艰难多打拼困难的时候，孩子学中文一定是必须的，希望这个根也要植入到孩子的心里面去。"[①]这代表了大多数一代华人移民期望子女学习中文的心声，朴素的愿望最终成就了如今这所芝加哥华人无人不知、无人不晓的中文学校。此后类似的周末中文学校如雨后春笋般出现，1991 年全美共有 5 所教授简体字和中文拼音的中文学校，1994 年发展到 16 所，到 90 年代末已经发展到近百所，遍布全美 30 余个州，拥有学生 10 000 余人。[②]

1994 年 5 月，为了把分散在全美各地大陆新移民创办的中文学校联合起来，马里兰州希望中文学校、乔治亚州沙瓦那中文学校、犹他州盐湖城中文学校、得克萨斯州奥斯丁长城中文学校、密西根州立大学中文学校 5 所学校的代表在美国首都华盛顿发出倡议，共同成立全美中文学校协会(The Chinese School Association in the United States, CSAUS)，12 月该倡议获得华盛顿特区批准，

---

① 央视网. 希林中文学校：传授中文 传承文化[EB/OL]. (2015 - 06 - 17) [2022 - 01 - 01]. http://tv.cctv.com/2015/06/17/VIDE1434519841785738.shtml.

② 麦礼谦. 传承中华文化：在美国大陆和夏威夷的中文学校[J]. 华侨华人历史研究，1999(4)：55 - 69.

协会正式成立。在这之后大陆新移民创办的中文学校大都加入此协会,成为会员学校,还有一些之前创办的中文学校也在会员之列,譬如 1920 年成立的南侨学校、1972 年成立的底特律中文学校以及 1977 年成立的匹兹堡中文学校。1997 年该协会的会员学校增加到 70 余所,到 2014 年会员学校达到 400 余所,遍布全美 46 个州。①

  这些新兴的中文学校凝聚着中国大陆新移民为下一代创造学习中文和中华文化条件的美好愿望和满腔热情。与前期中国台湾和香港移民创办的中文学校类似,这些学校通常是非营利性的,初期从周末班开始,日后规模才逐渐扩大。以休斯敦第一所教授简体字和中文拼音的中文学校——休斯敦华夏中文学校为例,几位家长于 1993 年初商讨自力更生创办中文学校,但创业艰难百战多,他们先联络想办学的骨干成立理事会,而后到州政府登记注册,向美国联邦政府申请非营利机构的免税待遇,租借教室,与中国总领馆联系寻找中文教材,四处发放招生简章等。经过大半年时间的准备,1994 年初休斯敦华夏中文学校才正式开学。学校最初向当地的一所公立小学租用教室,使用时间是每周六,第一期招收学生 70 人,开学典礼当天,中国驻休斯敦总领事亲自到场祝贺,并赠送教材 30 余套。② 此后学生人数一直成倍增长,2003 年 10 周年校庆时,学校已经有 6 所分校,1 000 多名学生,2009 年学校入选国务院侨务办公室首批海外“华文教育示范学校”,2013 年 20 周年校庆时,学生人数达到近 2 500 人,分校遍布休斯敦邻近的卫星城区。总校和其中一个分校还购置了校舍,有了固定的校舍后,学校除周末办学外,还开设周一至周五的课后班、暑假夏令营等。学校创始人之一米秀君女士感慨地说:“现在回想起来,(休斯敦)华夏中文学校的创建完全是依靠着一大批海外留学生的满腔热情创办起来的。学校能发展到今天这样的规模,也是当初我们这些人未能预料的。但其中的艰辛也是外人所不能知晓的。”③

  休斯敦华夏中文学校顺应天时——中国国力的增强带来全球中文学习热潮,借助地利——休斯敦是继纽约、洛杉矶、芝加哥后排名第四的大城市,也是华人最多的城市之一,营造人和——学校的董事会、校务会和家长理事会同心同

---

① 全美中文学校协会. 做在当代,利在千秋:全美中文学校协会[EB/OL]. (2016 - 12 - 28)[2021 - 12 - 27]. http://www.csaus.net/archive/CSAUS-history2016.pdf.

② 张麟. 美国休斯敦华夏中文学校的调查与思考[D]. 石家庄:河北师范大学,2015:13 - 14.

③ 张麟. 美国休斯敦华夏中文学校的调查与思考[D]. 石家庄:河北师范大学,2015:13.

德，科学运营，所以该校的发展能如此之迅速。同期开办的其他一些中文学校也有类似的腾飞经历，譬如同样入选首批"华文教育示范学校"的希望中文学校，1993 年 8 月在马里兰大学注册成立，本着"家长拥有，义工运作"的办校方针，经过一代代人的辛勤耕耘，现在已经成为横跨华盛顿特区、马里兰州和维吉尼亚州，拥有 8 个校区和 5 000 多名学生的大型中文学校；1995 年创办于华盛顿州西雅图的西北中文学校，经过 20 多年的努力，现在已经拥有 3 个校区、1 900 多名学生、近 100 名教职员工；1995 年创建于新泽西州的华夏中文学校，由开始的 70 多名学生增加到目前 7 000 多名学生，20 所分校遍及新泽西州、纽约州、宾夕法尼亚州和康涅狄格州，是全美最大和最成功的中文学校。

这些大规模的中文学校都不仅开设中文班，还开设各式各样的文化课，如舞蹈、绘画、棋艺、功夫、篮球、足球等，为满足其他族裔美国人日益高涨的中文学习需求，还增设中文外语班。但也有一些华人较少地区的中文学校规模较小，譬如笔者在访学期间担任志愿者教师的俄克拉何马州静水中文学校，开设的课程就只有中文班。无论这些中文学校的规模是大是小，它们都不仅使华人青少年能够学习中文和传承中华文化，而且对团结当地华人、建设华人社区以及向美国人民传播中华文化发挥着积极的作用。首先，因为周末送子女上学，华人在中文学校相遇相聚，子女求学与家长社交紧密联系在一起。其次，中文学校经常举办各类文化活动并邀请华人家长共同参与，华人家长找到参与族裔活动的大舞台，一些中文学校逐渐发展为当地服务华人社区的中心，譬如波士顿的剑桥中文学校和剑桥文化中心；芝加哥的希林中文学校和希林社区服务中心；休斯敦的华夏中文学校与之后成立的中国人活动中心仅有一墙之隔，共享停车场并共同举办许多社区大型活动。[①] 最后，中文学校的组织管理者通过办学获得更多与主流社会接触的机会，在与政府部门沟通方面的表现日益成熟，这使他们能够充分利用主流资源发展壮大中文学校。

二、全美中文学校联合总会的成立与活动

进入 20 世纪 90 年代，特别是克林顿总统在任期间，美国政府对发展少数族裔的传承语持积极肯定的态度。在 1994 年《双语教育法》修正案中，联邦政府历

---

① 全美中文学校协会. 做在当代，利在千秋：全美中文学校协会[EB/OL]. (2016-12-28) [2021-12-27]. http：//www.csaus.net/archive/CSAUS-history2016.pdf.

史上首次将少数族裔语言视为一种资源,学校双语教育的开展得到最强有力的政策和财政支持,全国再次掀起开展双语教育的高潮。与此同时,来自中国大陆、香港地区、台湾地区等地的华人移民持续涌入,华人数量在 1990 年达到 1 645 472 人,比 1980 年翻了一番。人口的增加和宽松的语言环境为中文传承语教育走向繁荣创造了条件,大量新的中文学校应运而生,原有的中文学校规模得以升级,并开始尝试融入主流社会的教育资源。坐落于硅谷中心的帕罗奥图(Palo Alto)学区在 20 世纪 90 年代初同意当地中文学校学生通过一定测试后,能够获得高中的外语学分,这是中文学校最早获得 K-12 主流学校学分认定的地区。① 此时已经有越来越多的中文学校管理者认识到,比起单打独斗,拥有将各学校联合起来的组织才能在主流社会发出更响亮的声音,赢得更有力的支持。

1994 年 4 月 16 日,美国国家外语中心与南加利福尼亚州中文学校联合会携手在华盛顿召开会议,并召集全美各地的中文学校协会、联谊会及联合会等共同成立全美中文学校联合总会(National Council of Associations of Chinese language Schools)。该会以"推广中华语言与文化,并使其进入美国及国际学术界主流,维护全美中文学校之权益"为宗旨,会员包括美东中文学校协会、休斯敦中文学校联谊会、美东南中文学校联合会、北加利福尼亚州中文学校联合会、美西科州中文学校联合会、达福区中文学校联谊会、美中中文学校协会、密歇根侨教联谊会、西北区华文学校联谊会及南加利福尼亚州中文学校联合会。主要的工作内容包括:推动主流教育机构与中文学校实现学分认定,建立全美中文学校年级标准,进行师资培训以及与美国外语教师组织加强联系。②

全美中文学校联合总会下属的中文学校以早先的侨校以及港台移民创办的学校为主,目前辖下已有 700 多所的中文学校。自成立以来,该会一直致力于促进台湾地区移民创办的中文学校融入主流社会的教育资源。1995 年,在旧金山中文学校联合会的支持下,中国城的 5 所中文学校成功获得公立学校认可,学生每年可以参加由市教育局组织的语言测试,通过测试的学生可以获得所在高中的外语学分。③ 此后越来越多的中文学校与当地主流高中成功实现学分互认。

① 麦礼谦. 传承中华传统:在美国大陆和夏威夷的中文学校[J]. 华侨华人历史研究,1999(4):55-69.
② 丁曙. 迈向主流外语教学的中文学校全美中文学校联合总会成立二周年之回顾[N]. 世界周刊,1996-4-21.
③ 麦礼谦. 传承中华传统:在美国大陆和夏威夷的中文学校[J]. 华侨华人历史研究,1999(4):55-69.

2003 年 6 月美国大学理事会宣布启动 AP 中文考试项目后，在全美中文学校联合总会的努力下，美国大学理事会于 2006 年 5 月公布 AP 中文考试采用简体字和繁体字，中文拼音和注音符号并用的原则。此后它还与台湾"侨务委员会"及"对外华语文教学政策委员会"等密切合作，共同编撰适合 AP 中文考试的教材。其中《美洲华语》就是由全美中文学校联合总会教育研究发展委员会编写的，全套共 12 册，教材中的内容设计与美国高中 AP 中文课程和美国大学的中文教学相衔接。

进入 21 世纪，面对中国大陆移民创办的中文学校的不断扩张和台湾地区移民数量的逐步减少，台湾地区移民创办的中文学校的招生数量呈现下降趋势，且繁体字和注音符号的使用空间受到严重挤压。为了实现中文学校的永续经营，全美中文学校联合总会于 2015 年召开第一届中文传承教育大会，会议主题为"中文教学之转型与重塑"，针对中文教育因环境变迁而遇到的各类问题进行研讨，包括华人学生的语言与文化传承教育、K - 12 华人学生之中文教学、华人学生在大学阶段的华语教学、中文学校之发展与经营等。① 这说明中国台湾地区移民创办的中文学校在融入主流教育上已经更进一步，以美国众多少数族裔语言传承教育一分子的视角来探讨中文学校的可持续发展。

2016 年 8 月第二届中文传承教育国际研讨会在马里兰州举办，主题为"全球参与，创新教学"，主要探讨"未来中文传承教育积极推展全球的参与以及寻求创新的教学方法"②。事实上在台湾地区"侨务委员会"等部门的支持下，全美中文学校联合总会在教学方法的创新，特别是实现数字化教学方面已经进行了大量的工作并取得卓越的成效。早在 2007 年，北加利福尼亚州中文学校联合会就向台湾地区行政管理机构争取到"数字典藏与数字学习计划"经费，用于推广海外华语文数字化教育工作。③ 不少台湾地区移民创办的中文学校也已加入 2013 年正式上线的"全球华文网"所提供的"云端教室"平台，通过这一平台实现学生学习效率的提高、教师教学效能的强化，以及学校之间资料和课程资讯的分享等功能。

为了配合中文传承语教育数字化时代的到来，全美中文学校联合总会也注

---

① 周静琬. 乘兴而来兴尽而返：全美中文学校联合总会 2015 年年会及第一届中文传承教育研讨会报导[J]. 华文世界，2015(102)：52 - 56.

② 周静琬. 绿茵不减来时路，且留好音期秋实：报导全美中文学校联合总会第二届中文传承教育国际研讨会[J]. 华文世界，2016(118)：75 - 79.

③ 寇惠风. 美国北加利福尼亚州中文学校之教学现况[J]. 华语学刊，2017：97 - 101.

重加强中文教师数字教材设计能力和云端运用能力的提高,每年举行春、夏教师研习会,选拔教师到台湾地区参加电脑技能培训班等。经过多年的积累,教师们对于"教学部落格""云端教学影片""云端电子书"及"云端资料存取的界面操作"等网络技术都略为通晓,并能在教学过程中加以运用,从而实现课堂的数字化。"云端校园"的打造可以弥补美国中文传承语教育周末教学时数不足、中文使用机会少的缺点,对于提高学生的中文学习效率是传统实体教室难以项背的。截至目前,全美中文学校联合总会在中文传承语教育对接数字化教学方面成绩斐然,全美中文学校协会未来可与其在这方面加强交流与合作。

三、全美中文学校协会的建立与活动

全美中文学校联合总会成立之后,1994 年 5 月,由中国大陆移民创办的中文学校迅速做出反应,马里兰州希望中文学校等 5 所学校的代表在华盛顿倡议成立全美中文学校协会。同年 12 月全美中文学校协会正式成立,它与全美中文学校联合总会由不同地区的协会等联盟而成不同,采用的是各所中文学校自愿注册加入的原则。其宗旨是"加强全美中文学校之间的交流与合作,促进美国的中国语言和文化的教育,推动中美两国间的文化交流与合作",主要使命包括促进全美中文教育理论体系的开发与完善;为全美中文教育教师、教学管理人员和各地中文学校提供交流和学习的渠道;促进全美乃至世界中文教育培训、创新和教材完善,进而推动全美中文学校教育的长期和正向发展,促进中美间的文化交流与合作,增进两国和平、友好。①

全美中文学校联合总会和全美中文学校协会两大中文学校组织的建立,是美国中文传承语教育发展的第三次飞跃。从此全美中文学校有了事业发展的共同体,使美国政府和中国政府都能够重视中文学校这个庞大的群体,并给予中文学校更多的支持和帮助。全美中文学校协会成立之后,伴随中国的崛起和华人移民在美国实力和地位的提升,得到了丰富广泛的资源和日新月异的发展。目前协会已经拥有 400 余所会员学校,分布在全美 46 个州,在校学生达 10 万人以上。②在过去的 20 余年里,该协会主要从以下几个方面不遗余力地推动着美国

---

① 全美中文学校协会. 欢迎访问全美中文学校协会[EB/OL]. (2018 - 12 - 31)[2022 - 01 - 05]. http://www.csaus.net/about12.asp.

② 全美中文学校协会. 欢迎访问全美中文学校协会[EB/OL]. (2018 - 12 - 31)[2022 - 01 - 05]. http://www.csaus.net/about12.asp.

中文传承语教育事业的发展。

第一，组团回国考察，加强与中国政府、学术团体和民间组织的联系。1998 全美中文学校协会第一届理事会成员组成教育考察团回国访问，并在国务院侨务办公室的协助安排下，走访与侨务工作相关的部门，向各部门反映美国华人创办中文学校的热情、规模和需求，就教材、教师培训和青少年夏令营等问题与侨办领导进行商讨。2006 年第六届理事会成员组团回国访问国务院侨办、四川省侨办、西安市侨办、华侨大学、暨南大学、北京市海淀区教师进修学校附属实验学校、成都市银都小学，加强与国内侨务机构、中文教学机构的沟通与合作，建立深入到中小学教育机构的合作据点。2009 年协会派出近 10 人的代表团，参加在成都召开的首届世界华文教育大会，2011 年又派出代表参加第二届世界华文教育大会，与世界各地华文教育工作者进行交流。

第二，组织青少年参加中华文化活动。1999 年夏天，全美中文学校协会组织加利福尼亚州两所会员学校——洛杉矶希望中文学校和旧金山的新意中文学校的部分学生参加国务院侨办首次举办的"海外华裔青少年中国寻根之旅"夏令营，此后几乎每年都组织华裔青少年回国参加夏令营和冬令营，大大拉近了他们和中国的距离，提高了他们学习中文的热情。协会还组织学生参加中国主办的"海外华裔青少年中华文化大赛""鲁迅青少年文学奖""少年儿童图文创作大赛""国际青少年儿童艺术大奖赛"等文化艺术赛事。此外协会每年还自主组织或参与组织一些青少年文化和才艺大赛，譬如 2013 年协会创办了全美青少年"中国情"才艺大赛——"华舞杯"舞蹈比赛。

第三，参与中文教材的编写与修订。1996 至 1997 年间，全美中文学校协会就曾组织会员学校的老师们参加暨南大学《中文》教材的编写工作。2006 至 2007 年，协会辅助国务院侨办收集《中文》教材的修订意见，并与赴美的暨南大学《中文》教材编写组进行座谈，交流意见。近年来，协会根据各中文学校最近几年使用暨南大学《中文》教材的经验以及发现的问题，积极与国务院侨办进行合作，对这套教材进行较大范围的改动，使其能够更加美国本土化，更加适合美国华人子弟学习中国语言文化的需要。

第四，组织教师参加交流培训。每年暑期全美中文学校协会都会组织会员学校的教师回到中国参加各类证书培训班或者游学活动，譬如 2009 年 7 月协会组织中文教师分别前往北京、大连、上海、厦门 4 个城市参加培训班。2000 年协会首次与国务院侨办合作，邀请国内专家在全美范围巡回讲学，开展中文教育师资培训和教学研讨会。此后每年中国都会派出由专家、教师组成的"华文教育名师巡讲团"到美国为中文学校教师进行授课和培训。协会每两年召开一次全国代表大会暨华文教育研讨会，为中文学校的教育者和管理者提供交流平台。2021 年 12 月全美中文学校协会第 13 次全国代表大会在圣地亚哥召开，会议的主题是"风雨兼程兴华教，与时俱进谱新章"，呼吁广大中文教育工作者要勇于打破传统的教育模式，要勇于接受中文线上线下教学并行、课程虚实融合的新变革。

第五，加强对外交流与合作。全美中文学校协会多年来坚持派代表参加历届全美外语教学大会和在中国举办的世界华文教育大会，对美国的语言政策和中国的海外华文教育政策有深入的了解。2013 年为了加强与其他组织的交流，在俄亥俄州立大学国家东亚语言资源中心的帮助下，全美中文学校协会与全美中文学校联合总会、全美中小学中文教师协会共同成立全美中国语言文化联盟（National Chinese Language and Culture Coalition）。联盟的主要任务是提高 21 世纪的美国年轻人在中国语言和文化方面的交流能力，以加强美国的竞争力，并促进全球和谐，这标志着两岸中文学校组织从对立、竞争走向合作，共同为提升美国国家竞争力而服务，是美国中文传承语教育发展史上的第四次飞跃。

第六，争取美国主流社会的认同。1999 年，在全美中文学校协会第三次全国代表大会上，受邀参加的美国国家外语中心主任在发言中建议协会写信给美国大学考试委员会，要求开设 AP 中文考试。2001 年协会将 AP 中文考试的正式建议书递交给大学理事会，在 2002 年 12 月举行的第四次全国代表大会上，协会再次向美国负责语言教育和考试的官员提出开设 AP 中文考试的提议，并发起会员学校教师和家长的签名运动，作为带有签名的建议书的附件寄给大学理事会。在中国政府的支持和协会的不懈努力下，2003 年 9 月美国大学理事会宣布启动 AP 中文考试。中文教育进入美国主流高中，这给中文学校一向头痛的年级越高学中文人数越少的问题打了一剂强心针。值得一提的是，在争取 AP 中文考试设立的过程中，全美中文学校协会与全美中文学校联合总会没有因考题的繁简设计而产生不可调和的矛盾，双方达成妥协，AP 中文考试最终采用简体字和繁体字，中文拼音和注音符号并用的原则。

四、美国主流学校中文传承语教育的实践与问题

根据全美中文学校联合总会和全美中文学校协会的统计数据，全美目前至

少有 1 200 所以上的中文学校,这其中并不包括一些没有加入这两大组织的规模较小或者新兴的中文学校。根据上课时间的差异,这些学校主要以三种形式运行:周末中文学校、课后中文学校及暑假中文学校。规模较大的周末中文学校每周上课时间三个小时,其中两个小时用于学习中文,一个小时用于开展中国文化活动,如舞蹈、毛笔、武术等;规模较小的学校一周只安排两个小时的中文学习课程。课后中文学校的上课时间安排在周一至周五 K - 12 学校放学之后,即下午三点至六点,开设课程一般为一个小时的中文学习,一个小时的中国文化活动及一个小时的英语、数学等课程辅导。暑假中文学校则是在暑假集中上课,持续时间 6~8 周,每周周一至周五上课,上课时间至少三个小时以上。

社区中文学校的中文传承语教育对华人青少年的中文学习及文化认同产生了积极的影响。研究表明,不仅华人青少年可以在中文学校学习中文和了解中国文化,而且华人移民家庭之间也因此形成稳固的社会关系网络。[①] 他们彼此分享信息和资源,交流对美国主流文化的认识,同时也共同营造使用中文的语言环境,使青少年结识更多的华人朋友,让他们有机会通过交流来促进对民族身份的认同。目前中文学校已不仅局限于华人集中的中国城,也遍布大学城和郊区等,已然成为华人社区不可或缺的组成部分,但是在其发展的背后也存在着种种困境。首先是学习预期与学习效果的差距。由于主流社会的英语语言环境以及有限的中文学习时间,华人青少年在中文学校的中文学习很难达到预期目标,学生们在课堂内外的大部分时间仍然使用英语交流,只有在师生交流中才有时使用中文。其次是师资及教学设施的匮乏。大部分中文学校的教室是租借的,比如笔者在访学期间所在中文学校的教室是向俄克拉何马州立大学租借的,因此教室布置不像 K - 12 学校的教室那样符合学生的年龄特点,而且中文学校的教师多由学生家长或留学生志愿者担任,虽然他们自身具有较高的中文水平,但是一般没有受过中文教育的专门训练,对语言教育方法的认知有所局限。最后是与 K - 12 学校和高等院校的合作问题。社区中文学校长期以来被认为与美国主流教育无关,因此美国社会公众对社区中文学校的中文教育认可程度较低。在此情境下,社区中文学校倘若要进一步发展壮大,势必要积极寻求与美国主流教育机构的合作,这也是 1994 年两大中文学校组织成立以来致力实现的目标。

---

① Liu R. Maintaining Chinese as a Heritage Language in the United States: What Really Matters?[J]. Arizona Working Papers in SLA & Teaching, 2008(1): 65 - 79.

在两大中文学校组织的努力下,2003 年 6 月美国大学理事会宣布启动 AP 中文考试项目,这是继部分中文学校与主流学校实现学分互认后获得的又一大可喜的成绩。AP 中文考试全部采用机考的形式,考试时长 2 个小时 13 分钟,分为客观题和主观题两个部分,客观题测试听力和阅读,主观题测试口语和写作。如果要通过 AP 中文考试,学生不仅需要具备流利的中文表达能力,还需要具备一定的中华传统文化知识。基于此,从 2006 年起美国不少高中就开始设立 AP 中文课程,课程难度和范围相当于美国大学 4 个学期(约 250 小时)的外语学习,主要内容包括中文听说读写及中国文化。课程全部使用普通话教学,汉字书写可以自行选择简体字或繁体字。自 2007 年 5 月首次举办 AP 中文考试以来,参加考试的人数以每年平均 25% 的速度递增,且以华人学生为主体。AP 中文考试促使美国主流学校重视中文外语教育,极大地加快了美国 K‐12 学校开设中文课程的进度。

2006 年 1 月联邦政府全面实施关键语言教育政策,关键语言教育政策的实施主体包括国务院、教育部、国防部和情报联合部。为了培养高层次的关键语言人才,各个部门通过设立各类语言培训项目将外语学习往下扎根至中小学。作为最高级别的关键语言之一,伴随中国国际影响力的提升,中文得到主流学校前所未有的重视,美国 K‐12 学校纷纷开设线上或线下的中文外语课程。目前 K‐12 阶段并没有单独开设中文传承语教育的课程,而是与中文外语教育相混合,最受欢迎的中文教育模式是双向沉浸式中文教育,即班级里有数量相同的英语本族语学生和中文传承语学生共同学习中文。根据中文授课的时间,双向沉浸式中文教育以 90∶10 和 50∶50 两种形式展开。90∶10 是指在小学二年级之前 90% 的课程采用中文授课,10% 的课程使用英语授课,三年级及以后过渡到中文和英语授课时间各占 50%;50∶50 模式是指从幼儿园起就保持 50% 的中文授课和 50% 的英语授课。双向沉浸式中文教育的服务对象是英语本族语学生和中文传承语学生,教学目标是使他们能够达到或高于同年级学生的学业成绩水平,熟练掌握英汉两种语言并且具备积极的跨文化交际态度。

尽管 AP 中文课程和双向沉浸式中文教育为美国 K‐12 主流学校的中文传承语教育注入了新鲜的血液,但是其发展仍潜藏着一些障碍。从宏观角度来看,美国政府的语言教育政策是以同化少数族裔语言为宗旨的英语单语政策,特别是 2001 年《双语教育法》取消以来,主流学校的双语教育以缩减性双语教育为主,目标是使少数族裔学生实现从本族语向英语的语言转换。K‐12 学校是实行语言同化政策的主要场所,因此主流学校大多对学生保持传承语能力持漠然甚至负面的态度。当前 K-12 学校的双向沉浸式中文教育虽然属于添加性双语教育,但是其主要目标是让英语本族语学生学习和掌握外语,华人学生注册人数占比很低。根据对密歇根州一所小学的双向沉浸式中文教育项目的调查,幼儿园阶段有 106 名学生注册该项目,其中华人学生只有 5 人,K-6 年级共有 278 名学生注册学习,其中华人学生仅有 14 人。① 从微观层面来看,传承语学习者通常具有较强的听力和口语技能,但是读写技能有限,他们的学习特点与外语学习者存在较大差异。但是大部分中文外语教育或双向沉浸式中文教育的教师此前接受的都是第二语言教育训练,他们对于传承语学习者的学习特点还缺乏了解,无法提供有针对性的语言教育。从开设 AP 中文考试以来出现的中文学习热现象可以看出,K-12 学校中文教育项目的开办很大程度上有赖于高等院校对中文教育的重视程度,因此高等院校的传承语教育及相关研究的开展对 K-12 学校的中文传承语教育具有领航作用。

美国华人子女在高中以前学习中文的推动力主要来自父母或者其他家庭成员。进入大学阶段,他们通常会从被动遵循父辈要求学习中文转向自愿学习中文,主动探索自己的文化之根。对美国 5 个州 6 所大学的华人学习者学习动机的研究发现,华人学习者的学习动机发展是非线性的,也就是他们通常经历了儿童时期的挣扎、青少年时期的叛逆以及大学时期的回归。② 全美传承语资源中心(National Heritage Language Resource Center)的调查也显示高校的华人学习者的学习动机更多是以族群和文化认同为目的的融入性动机,这在一定程度上有利于他们保持学习中文的热情。美国高校的中文学习人数近年来呈明显增长趋势,2000 年注册学习中文的大学生是 34 156 人,到 2016 年人数达到将近 7 万人,这其中包括两类学生:中文传承语学习者以及中文外语学习者。大部分的中文课程仍然是围绕中文外语学习者而设计的,据统计 71% 的高校中文课程同时向两类学生开放,61% 的高校中文课程只对中文外语学习者开放。③ 换句

---

① Li G. & Wen K. East Asian Heritage Language Education for a Plurilingual Reality in the United States: Practices, Potholes, and Possibilities[J]. International Multilingual Research Journal, 2015(4): 274-290.

② Xie Y. L2 Self of Beginning-Level Heritage and Nonheritage Postsecondary Learners of Chinese[J]. Foreign Language Annals, 2014(1): 189-203.

③ Li Y., Xie T. & Wen X. CLTA 2012 Survey of College-Level Chinese Language Programs in North America[J]. Journal of the Chinese Language Teachers Association, 2014 (1): 1-49.

话说,大部分华人学生是与中文外语学习者同堂学习的,这种课程通常从最简单的中文知识开始教授,课程分为两个学年,第一学年为初级中文,主要是汉语拼音学习及口语训练,第二学年为中级中文,主要是汉字阅读和书写练习。由于班级里学生水平差距悬殊,教师通常采用任务教学法,让不同水平学生完成不同任务。越来越多高校已经在外语课程设置中增设专门的传承语教育项目。如弗吉尼亚大学于 1999 年开始为华人学习者另设中文班,这种班级的上课进度比普通中文外语班快,一个学期的中文传承语课程相当于两个学期的中文外语课程,教师根据传承语学习者听说能力强、读写能力弱的特点进行有针对性的训练,注重将华人学生中文使用的语境从家庭拓展至学术或工作语境。相较于与中文外语学习者混合的班级,这样有趣且富有挑战的中文班能够让华人学生取得更大的进步。不仅如此,2002 年起美国国防部开始和一些高校合作,推出语言旗舰项目。其中开设中文旗舰项目的大学包括亚利桑那州立大学、密西西比大学、俄勒冈大学等 12 所大学,参与中文旗舰项目的学生在自身专业之外选择中文作为第二专业。项目提供奖学金资助学生学习中文,提供机会让学生到中国大学交流学习,组织暑假活动让学生到中国参观了解中国文化,而且组织学生到中国相关领域进行实习。这一项目使中文教育的时间延长至研究生阶段,为培养精通中文的高水平人才提供了有利条件。

华人学生是美国高校中文学习的主力军,特别是在美国西海岸的一些公立大学,华人学生的比例很高,高校也陆续开设专门的中文传承语教育项目,但是在发展过程中仍存在一些问题有待解决。首先是政府与学界语言价值观的分歧。美国政府英语单语教育政策始终没有改变,虽然 9·11 事件以来美国政府开始资助一些关键语言的教育以培养高端的外语人才,但动机主要是出于国家安全,背后的逻辑是这些关键语言国家对美国存在潜在的威胁;而美国学界则更加强调尊重传承语学习者传承母语的权利以及传承语作为一种资源对于个人和社会的宝贵价值。其次是华人学生的中文能力评估。由于华人学生进入高校前接受的中文传承语教育参差不齐,客观评价他们的中文能力十分困难,这就导致无法对他们进行合理地分班、有效地教学和准确地评估学习效果。最后是 K-16 阶段中文教育的有效衔接。目前社区中文学校、K-12 学校和高等院校的中文传承语教育虽然进行了一些合作尝试,但是还没有形成 K-16 阶段中文教育的连续性,华人学生在不同阶段不断重复学习中文基础知识,这不仅不利于其深入学习中文,也导致教育资源的浪费,出现中文传承语教育费时低效的现象。

第四节　语言规划视角下的分析

中国实行改革开放以后，中美两国交流日益增多，自 80 年代起前往美国的中国新移民数量持续攀升。2015 年在美华人达到 452 万，跃升至美国第二大少数族裔，中文也成为继西班牙语之后的第二大传承语。[①] 中国新移民抵达美国之后，凭借为下一代创造学习中文和中华文化条件的美好愿望和满腔热情，摸着石头过河地创办中文学校。随着中国在世界舞台上扮演越来越重要的角色，中国政府越来越注重加强对海外华文教育事业的推动，使中国新移民在办校的过程中得到"娘家人"的帮助。而美国政府推出关键语言教育政策，将中文列为最高级别的关键语言之一，政府对主流学校将中文作为外语教育的支持与投入前所未见，美国社会掀起学习中文的热潮。"中文热"带动了中文传承语教育的发展，使其稳步地向主流社会迈进。以下对这一时期中文传承语教育与住在国和祖籍国语言规划的互动特征进行分析和小结。

一、住在国语言规划的特征

（一）优先发展型语言政策

9·11 恐怖袭击使美国社会陷入对多元文化主义的担忧，关于"多元文化主义削弱国家凝聚力，弱化国家认同"的讨论不绝于耳。在论战中，"尊重文化差异、给予多元空间的同时重塑主流文化、强化国家认同"的声音逐渐占据上风，美国社会由此步入后多元文化时代。体现在语言政策上的重大变化就是联邦政府对双语教育政策的扬弃，《双语教育法》退出历史舞台，但双语教育并未从此消失，少数族裔的语言和文化仍然得到最大限度的尊重和包容。而且为了发展美国民众的语言能力，联邦政府转向推行优先发展关键语言的教育政策，并将之与国家安全紧密挂钩，以此警醒美国人民重视语言能力的提高。传承语教育迎来发展的春天，联邦政府将国家的传承语资源与关键语言政策相接轨，传承语使用者成为关键语言人才的重要来源。中文作为美国最高级别的关键语言之一，得

---

① 武晓慧. 美人口普查局：美国华人已逾 450 万 系亚裔最大族群[EB/OL]. (2015 - 05 - 02)[2020 - 07 - 01]. https://www. census. gov/quickfacts/fact/table/stillwatercityoklahoma/ PST045219.

到美国政府前所未有的重视和支持，"中文热"带动了中文传承语教育的发展。K-12 主流学校设置双向沉浸式中文教育项目，加强与社区中文学校的合作，部分高等院校实行中文作为传承语和中文作为外语的双轨教学，中文传承语教育正在一步步融入主流教育资源。

（二）多部门联动管理

美国民众向来对外语学习不甚热情，这点很容易理解，因为英语在世界上的强势地位已经使他们走遍世界都无忧了。进入 21 世纪，联邦政府致力于改变这种"外语弱"的情况，推出关键语言教育政策，凸显语言的安全功能，将语言教育提升到国家战略的高度。为了保障政策的顺利实施，政策实施主体由国务院、教育部、国防部和情报联合部组成，各机构通过设立一些新项目和扩展项目培养掌握关键语言的人才，致力于形成贯穿幼儿园、小学、中学、大学及职业阶段的一条龙外语人才培养体系。在多部门联合推动下，各级教育中的关键语言教育项目发展迅速，特别是中文项目，在美国中学的开设数量和选修人数都位居榜首。主流学校对中文教育的重视带动了中文传承语教育的发展，华人让子女学习中文的意愿越来越强烈，中文学校中 AP 中文班、SAT 中文班等适应主流学校教育的班级纷纷开设。而且越来越多非华人美国人加入中文学习的行列，他们为中文学校带来新的生源，许多中文学校目前已经增设中文外语班。

二、祖籍国语言规划的特征

（一）政府与民间组织共同治理

改革开放后中国赴美新移民数量骤增，中国政府着手恢复侨务政策，与美国华人社区的联系逐步恢复并得到加强。随着中国经济实力的增强，中国以更加自信的姿态走向世界。中国政府充分认识到语言传播对提升文化软实力和全球竞争力的战略意义。2001 年国务院侨办印发《关于大力加强海外华文教育和华裔青少年工作的通知》，要求调动各方面积极性，共同推动海外华文教育工作的开展。哈曼（Haaman）提出语言政策的主体可以划分为四个层次：政府、研究机构、团体和个人。①巴尔道夫（Baldauf）等人在以往研究的基础上，将语言规划的参与主体分为三类：有专业知识的人、有影响力的人和有权力的人。由于美国

---

① Haarmann H. Language Planning in the Light of a General Theory of Language: A Methodological Framework[J]. International Journal of the Sociology of Language, 1990(1): 103-126.

中文传承语教育已经转化为住在国管理下的传承语教育，中国华文教育政策不可能像之前那样依靠有影响力的人或政策机构来实现，而是更多地依靠民间和学术界的力量，特别是中国大陆的移民，他们的跨国迁移事实上已经在不知不觉中将普通话、汉语拼音和简化字传播到美国。

（二）两岸的竞争与合作

中国台湾地区对美国中文传承语教育的扶持较早，且在美国对中国实行全面封锁之后，联邦政府划拨给中国的移民配额主要由中国台湾和香港移民使用。20 世纪 80 年代，来自台湾地区的移民大大超过大陆移民，在美中文学校得到台湾地区"侨务委员会"的帮助，基本上都是使用台湾地区编写的教材，教繁体字和注音符号，将国语作为教学语言。中国实行改革开放以后，中国大陆赴美新移民越来越多，兴办的中文学校也如雨后春笋一般，在数量和规模上已经直追甚至赶超台湾地区移民创办的中文学校。由于中国大陆 20 世纪 50 年代的语言文字改革，中国大陆移民创办的中文学校将普通话作为教学语言，教简体字和汉语拼音。然而，两类中文学校在发展中难免产生竞争和摩擦，譬如 SAT Ⅱ 中文考试和 AP 中文考试中都发生过使用简体字或繁体字之争。但随着中国国力的增强和两岸交往的增加，两类中文学校的交流和合作也越来越多，中国台湾地区移民创办的许多中文学校开始增加教授简体字和汉语拼音的班级，简体字教学已经渐渐领跑美国中文传承语教育。①

三、中文传承语教育的发展特征

（一）后现代身份认同观

自《排华法案》废除以后，美国华人得以归化入籍，加上中美之间自 20 世纪 50 年代到 70 年代的对立，他们对美国的国家认同增强，其"中国性"逐渐减弱。但民权运动和多元文化主义的兴起让他们重新审视本民族语言和文化的价值，"中国性"的保持不是为了加强与祖籍国的联系，而是为了让自己在美国、在中国以外的地方生活得更好。斯图亚特·霍尔（Stuart Hall）在《文化身份与族裔散居》一文中论及认知身份认同的两种不同思维方式。一种是"种族本质论"身份观，认为身份认同是预设的，扎根于真正的集体"自我"，是"稳定、不变和连续的指涉和意义的框架"。另一种是后现代身份观，认为身份认同受历史、文化和权

---

① 简体教学渐领跑美国中文教育［N］. 侨报，2009 - 9 - 24.

力游戏的制约,随异质文化间力量的转换而不断地分裂并重构,是没有终极结论的。① 随着全球化的盛行和中国的崛起,美国年轻一代的华人越来越倾向于后现代身份观,这种身份观具有去中心性、想象性、破碎性、主观选择性、权力话语参与性的特征。2022 年冬奥会上选择为中国出战的朱易和谷爱凌身上恰能体现这种身份观,他们的能力为他们的跨国性提供了可能,让他们能够把世界当作自己的文化背景,把世界作为自己的舞台。因此,学习和传承中文意味着掌握未来多一种的可能性,岂非百利而无一害呢?

（二）全国性组织的形成

1994 年 4 月,全美中文学校联合总会在美国华盛顿成立,总会由早先台湾地区移民创办的中文学校自发成立的区域性组织联合而成。随后由大陆新移民创办的中文学校也成立了全美中文学校协会,协会由各个中文学校直接结盟而成。两大全国性中文学校组织的成立是美国中文传承语教育的第三次飞跃,从此全美中文学校有了事业发展的共同体。两大组织早期立场鲜明,下属学校使用不同的字体和拼音系统。但自创办以来,它们为改进教学、培训师资、争取资源和融入主流作出了杰出的贡献,充分体现了新移民的素质和能力。近年来它们的自主性逐渐提高,从竞争走向合作。2013 年在俄亥俄州立大学国家东亚语言资源中心的帮助下,两大全国性中文学校组织与全美中小学中文教师协会共同成立全美中国语言文化联盟,标志着中文传承语教育第四次飞跃的到来。联盟的主要任务是提高 21 世纪的美国年轻人在中国语言和文化方面的交流能力,以加强美国的竞争力,并促进全球和谐,这预示着未来中文学校将进一步融入主流。

---

① 罗钢,刘象愚. 文化研究读本［M］.北京：中国社会科学出版社,2000：211－215.

第七章

个案研究：美国华人支持中文传承语教育的动因与行动

前六章已经完整回顾了美国中文传承语教育 170 余年的发展历程，重点讨论了在华人社区的中观层面，美国中文传承语教育与中美两国宏观层面的语言规划之间的互动关系。本章主要呈现笔者于 2018 年至 2019 年在美国俄克拉何马州立大学访学期间，在当地静水中文学校担任中文教师志愿者时对美国华人开展的一项个案研究。研究邀请了 10 位一代华人父母进行访谈，主要了解他们支持中文传承语教育的动因以及付诸的行动，从而在微观层面管窥中文传承语教育之所以能够在美国绵延不息 170 余年，其来自美国华人自身需求的内生动力。本章个案研究的意义主要体现在以下三点。

一是传承语教育与外语教育最大的区别在于传承语教育起始于家庭之中，已有研究表明，父母对祖籍国语言和文化的态度对子女传承语的维持与发展具有直接的影响作用，他们行动上的支持与子女的传承语水平具有潜在的密切关系。[①] 通过前文对美国中文传承语教育历史演进的回溯不难发现，中文传承语教育最早是以家塾、私塾形式诞生，教学对象以家庭成员为起点和主体，而后扩展至家族、宗亲、同乡乃至同胞，换句话说，美国中文传承语教育的本质是家长驱动机制。然而，目前鲜少有研究系统阐述在微观层面华人迁移到美国之后坚持让后代学习和传承中文的驱动因素以及付诸的努力。开展此次访谈的目的就是揭开中文传承语教育能够在美国得以发展的、基于华人自身需求的原发驱动力。

---

① Mori Y. & Calder T. M. The Role of Parental Support and Family Variables in L1 and L2 Vocabulary Development of Japanese Heritage Language Students in the United States [J]. Foreign Language Annals, 2017 (4): 754 - 775; Park H., et al. Transactional Associations Between Supportive Family Climate and Young Children's Heritage Language Proficiency in Immigrant Families[J]. International Journal of Behavioral Development, 2012 (3): 226 - 236.

所有的今天都将成为历史,笔者将这一访谈结果记录于此,以期能为日后的研究者提供参考资料。

二是在对过去史料整理的过程中,笔者发现著名的社会学家吴景超先生在其 1928 年撰写的博士论文《唐人街:共生与同化》中,运用大量的访谈资料展示了美国唐人街的发展及社会结构、家庭生活和文化冲突等,其中有一段关于家庭冲突的记载:"我父母不会讲英语,所以我们在家对父母必须讲华语。我们在家和兄弟姐妹们都讲英语,对讲英语的朋友们也说英语。父母有时为总在家讲英语骂我们,并敦促我们去华人学校学习,以便学会中文说、写和阅读。这样,以后我们回国,才能与那里的人们共同生活。"当读到这段话时,笔者发现近 100 年前的父母和今天的华人父母在对子女学习和传承中文这件事上虽有不同,但也有许多相似之处。因此,研究今天华人父母支持中文传承语教育的动因和行动,或多或少可以窥见过去华人对此秉持的态度及付诸的努力。

三是静水中文学校创办于 1993 年,是中国大陆留学生定居美国之后,为了子女的中文传承语教育自发组织创办的。由前文分析可知,同期在美国东西岸华人聚集区创办的中文学校,有的如今已发展为拥有上千在校生的大规模学校,有的甚至实现连锁化经营,在各地设立分校。但是这样大规模的中文学校毕竟是少数,美国幅员辽阔,赴美华人现今的居住模式愈发分散,更多的中文学校依然保持着家长自发组织的小规模运营模式。由于静水市坐落于美国中南部俄克拉何马州,是一座大学城,总人口 50 299 人,其中亚裔人口仅占 6.7%。① 华人数量少,所以静水中文学校的生源有限,发展至今每年的学生规模基本与创办之初持平,每年 50 人左右,严格意义上只能被称为"中文班"。这所中文学校代表了 20 世纪 80 年代大陆新移民赴美后创办的周末中文学校的最初形态——学校属于非营利性组织,唯一支薪的是教师;运行依靠一届届学生家长的志愿服务,所有行政职务由家长一年一任义务轮流担任;没有独立的校舍,上课地点为向俄克拉何马州立大学租用的一层教室;上课时间短,每周日下午一次,每次 2 个小时;教学内容只有中文课程,没有开设其他的文化课;教师多由一些学生家长兼职担任,人手不足时邀请俄克拉何马州立大学的留学生或访问学者担任志愿者教师;因为学校规模一直较小,目前没有注册成为全美中文学校协会的会员学

① US Census Bureau. Stillwater City Census[EB/OL]. (2019 - 01 - 30)[2019 - 07 - 01]. https://www.census.gov/quickfacts/fact/table/stillwatercityoklahoma/PST045219.

校。所以与美国东西岸华人聚集区的家长不同，这里的华人家长仍然是自发地、摸着石头过河地运营着这所中文学校。

第一节 研 究 方 法

一、研究取样

笔者于 2018 年 8 月至 2019 年 8 月赴美访学期间，在俄克拉何马州静水中文学校担任两个学期的中文教师志愿者，由此获得参与式观察和与华人家长深度访谈的机会。该中文学校坐落于美国中南部的静水市，上课时间是每周日下午两点至四点，上课地点是向俄克拉何马州立大学租用的一层教学楼。静水中文学校规模较小，是典型的由华人自发组建运营的社区周末中文学校，每个学期开设 6～8 个班级，每个班级 5～10 人，分为初级、中级、高级三个等级。学生大多是当地华人移民子女，近年来随着美国社会掀起的中文学习热潮，间或有少数其他族裔的将中文作为外语的学习者。笔者首先以目的性抽样的方法，按照信息饱和以及能够为研究提供最大信息量的原则选取访谈对象；再以滚雪球的方法，邀请受访者引荐其他符合标准的访谈对象；最终，共选取 10 名访谈对象，受访者的基本信息见表 7－1。

表 7－1 受访者的基本信息

编号	性别	学历	职 业	子女数量
1	女	博士	大学教师	2
2	男	博士	大学教师	1
3	女	硕士	全职主妇	2
4	女	高中	餐饮店经营者	2
5	男	博士	大学教师	3
6	男	博士	公司职员	1
7	女	硕士	公司职员	2
8	男	博士	大学教师	4
9	女	硕士	大学实验员	3
10	女	本科	超市经营者	2

二、扎根理论

美国社会学家巴尼·格拉泽（Barney Glaser）和安塞尔姆·斯特劳斯（Anselm Strauss）于 1967 年出版《发现扎根理论：质性研究的策略》一书，将"扎根理论"（grounded theory）一词引入社会学研究。此后扎根理论在社会问题研究中开始发挥重要的作用，成为目前"应用最为广泛的质性研究解释框架"[①]。与一般的宏大理论不同，扎根理论不是对研究者自己事先设定的假设进行逻辑推演，而是采用定性的方式对文本资料进行归纳和总结，通过对所收集的原始资料进行不断的系统化分析和比较，自下而上地聚合形成概念，最后在概念合成过程中建构理论。对资料进行逐级编码是运用扎根理论最重要的一环，其中包括三个级别的编码。一级编码是开放式编码，即研究者以开放的心态，在收集的资料中提炼表征现象特征的概念类属，将含有该概念属性的文本资料进行归类；二级编码是研究者对一级编码形成的概念类属进行比较和归纳，发现和建立概念类属之间的各种联系；三级编码是在已发现的所有概念类属中经过系统分析后形成的核心类属。也就是说，扎根理论是把在逻辑上成体系的资料通过编码这种分析方式，提炼、归纳出概念化的核心类属及其命题，从而上升构建理论的过程。[②]

三、资料收集与分析

为了系统地收集受访者资料，根据研究目的，首先编制初步的半结构化访谈提纲，并使用该提纲对 2 名华人家长进行预访谈。预访谈结束后，将访谈结果与受访者的反馈加以总结修订，形成最终的访谈提纲。该访谈提纲包括 4 个方面：受访者的基本信息、受访者支持子女中文传承语教育的动因、受访者支持子女中文传承语教育的行动以及补充信息（见附录）。

访谈于 2019 年 6 月中旬至 2019 年 8 月中旬展开，历时两个月完成。具体访谈时间与地点皆由受访者决定，以受访者的方便作为优先考量。笔者采用半结构化访谈的形式，既保证访谈能够围绕提纲展开，又能依据当时的情境决定问题的次序以及弹性、自由地追加问题。受访者均是一代华人移民，因此访谈语言

① Denzin N. K. The Art and Politics of Interpretation[M]// Denzin N. K. & Lincoln Y. S. Handbook of Qualitative Research. Thousand Oaks：Sage，1994：18 - 20.
② 凯西·卡西兹. 建构扎根理论：质性研究实践指南[M]. 重庆：重庆大学出版社，2009：52 - 60.

为中文；在征得受访者同意的前提下，笔者将访谈全程录音并手写记录关键信息，访谈结束后当天将录音文件转为文本书件。全部访谈结束后，将文本书件导入 Nvivo 12 软件进行分析。运用扎根理论的三级编码技术，即开放式编码—关联式编码—核心式编码，在 Nvivo 12 软件上进行逐级编码，最终形成关于华人支持子女中文传承语教育动因的三个核心式编码以及关于支持子女中文传承语教育行动的三个核心式编码。

第二节　美国华人支持中文传承语教育的动因

一、族群认同

族群认同是指个体对一种文化、社团及群体的依附感、归属感以及基于这种归属感所表现出的行为倾向，它建立在血缘和文化的基础上，强调文化原始情感的重要性。① 根据对访谈结果的分析，族群认同主要包含种族身份、族群交流以及文化认同三个要素（表达类似观点的受访者人数分别为 8 人、4 人、6 人）。以下就族群认同这一动因展开讨论，限于篇幅，每个要素仅提供一至两个访谈文本作为示例（下文同）。

首先，种族身份是基于人种的天然差异而产生的一种自我意识，是族群认同最显性的特征。在访谈中大多数受访者肯定了自己的种族身份，认为这是他们支持中文传承语教育的动因之一。"我们本身又是中国人，不管怎么样，就算在美国出生，作为美国公民，但是别人看你的脸孔，肯定还是觉得你是亚裔，自动地认为你可能会说这种语言。"（2 号）也有受访者进一步说明作为美国华人，只有对本族裔的语言和文化有所理解，才有底气与其他文化群体进行平等的对话，才能在美国这一多元文化环境中拥有更好的生活。"我大女儿现在在读大学，她回来就和我小女儿说，你要好好学，不然你到大学时，要是你对中国没有一点认同或认可的话，人家会看不起你的。因为她毕竟长得是中国人，虽然她是美国人，但是外貌还是亚洲的，她到大学时发现最能和她交朋友的，大部分还是亚裔。所以这时对文化、民族的认同感会更强一些，她会觉得很自豪，会想学得更多。"（3 号）从两

---

① Robert R. E. , et al. The Structure of Ethnic Identity of Young Adolescents from Diverse Ethnocultural Groups[J]. The Journal of Early Adolescence，1999(3)：301 - 322.

位受访者的谈话可以发现，他们一方面肯定自己美国公民的政治身份，另一方面也认同他们作为华人的种族身份，因为种族的外貌特征是显而易见的，这些特征并不因为融入美国主流社会而消失。这印证了前文所提及的，21世纪以来当美国步入后多元文化时代以后，社会各界普遍认可不同的族裔在"存异"的基础上"求同"，即在不同的族群认同基础上建构统一的精神共同体——国家认同。

其次，保持族群成员交流、维系族群归属感也是华人支持中文传承语教育的原因之一。"还有跟家庭有关，我跟我爱人都有家庭，都有很多亲人在国内，我们有时候也回国去，所以他们能够和他们在国内的亲戚建立联系也比较重要。"（1号）语言是交流的工具，族群成员能够用同一种语言交流有利于拉近成员间的距离，增强亲近感和认同感。虽然美国华人远离故土，但是与国内亲友的联系并未中断，先进的通信设备为族群成员的联系提供了必备的硬件，说中文则是加强这种联系的重要软件。不仅如此，华人能用中文与子女交流、子女能够理解并有所回应对于亲子之间情感的沟通和维系也是锦上添花的。访谈中有2位受访者提到希望与孩子有深入交流是他们坚持让子女学习中文的理由。"我是第一代移民，总希望孩子能说点中文，我说中文说习惯了。他们上学后，聊的东西多了，有时和我说一些学校里的事，说英语太快我听不明白，我就让他们用中文和我说。我有时想和他们聊点什么深的话题，道理什么的，也都用中文，还好他们能听懂，但说得还不够好。"（10号）这位受访者的陈述与吴景超先生近100年前的访谈记录"我父母不会讲英语，所以我们在家对父母必须讲华语"颇为相似，不同之处在于如今的华人父母已不再如同往昔受尽歧视的华人一般，将子女的未来寄托于回到中国。

再者，对中华文化的认同也是促使华人让子女学习中文的主要原因之一。"我们原生的就是中国的家庭，中国文化、美国文化各有它的精华，关于文化，他对语言有一些接触，就会对文化有一些感觉。很多好的东西还是要能够留下来，原生的家庭、原生的文化就是这样。"（5号）语言是文化的载体，要想更好地理解中华文化，学习中文是不可或缺的。尽管通过英语也可以了解中华文化，但是有的华人已经注意到这种做法的效果远不如通过学习中文来感受中华文化。"光是看英文的书了解中国，还是不一样，我们家有一套介绍中国文化的卡通画，好像是新加坡出版的，但里面的内容是用英文写的，我主要就是用这套书让我的小女儿接触中国文化，但是和直接说中文，我觉得还是不大一样。因为那更像是外国人了解中国，但你要用母语去听去讲，这是不一样的感受。"（3号）

二、语言价值

语言价值是指语言能带给其使用者的眼前或未来的，显性或隐性的，有形或无形的利益之总和。① 访谈所关涉的语言价值主要包括学业要求、就业竞争、国际交流、认知发展四个要素（表达类似观点的受访者人数分别为 4 人、3 人、3 人、2 人），以下就各个要素展开探讨。

首先，有 4 位华人提到支持中文传承语教育的动因之一是为了满足子女在美国学校学习的学业要求。"另外，中文是一门语言，学习一门语言对他们也是很重要的，而且他们上了高中或者大学以后就要学一门外语，在美国很多人学西班牙语等，但我觉得那些都没有学中文有意义，所以我觉得既然要学一门外语，为什么不从小就给中文学习打上基础呢？"（1 号）自美国政府实施关键语言教育政策以来，主流学校的中文教育项目发展迅速。2003 年美国大学理事会宣布在高中的 AP 项目中增加中文考试项目。2006 年全美各地的一些高中开始设置中文课程，2007 年中文正式成为 AP 项目考试科目之一。AP 中文考试进一步加快了美国 K-12 学校开设中文课程的进度，在美国社会掀起学习中文的热潮，也带动了华人对中文传承语教育的重视，"AP 考试现在有中文科目了，他们现在学，以后可能也能挂上钩。"（8 号）

其次，有的华人认为让子女学习中文有利于未来他们在就业中获得优势。"还有就是现在美国人也学中文，中文越来越有用，中国国际交流多，多学一门语言，他们以后也多一样技能，说不定还能做个翻译什么的。"（4 号）这位受访者将语言视为一种技能，掌握这种技能具有潜在的就业优势。也有受访者进一步指出语言是一种资源，"现实点讲，以后找工作说不定也需要。老外也都学中文，父母都是中国人，这么好的资源不利用，不是浪费吗？"（7 号）语言学习需要付出时间、金钱和精力，所以语言学习本质上是一种投资行为。既然是投资行为，投资者都希望能够以最小的成本换来最大的回报。中文作为华人的母语，可以在家庭的自然语境中习得，现成的学习资源降低了学习成本，却有可能带来经济上和情感上的丰富收益，这也是华人支持中文传承语教育的考量之一。

再者，在全球化的裹挟下，掌握双语或多语是大势所趋，有些受访者提到掌

---

① 张治国. 语言价值、语言选择和语言政策［J］. 云南师范大学学报（哲学社会科学版），2019（5）：48-56.

握中文有利于未来的国际交流。"而且以后也难免要去其他地方,多学一门语言,交流更方便一些,比如去中餐厅点菜,也能用上。总之选择更多一些。"(7号)全球化的迅速扩张正在解构传统的"一个国家、一个民族、一种语言"的思维模式,多元文化主义自20世纪60年代开始在美国悄然兴起。尽管美国社会常常有声音质疑多元文化主义削弱国家团结,但是尊重文化差异、允许适度发展已经是美国社会的大势所趋。置身于多元文化的环境之中,美国华人对语言的多样性也持积极肯定的态度。"即使在美国,学中文也是有用的,就是特朗普的外孙女也学中文,中文、英语、西班牙语都会的话,就比较有国际性,去各个地方旅游,难度就不大。"(6号)

最后,掌握双语对于认知发展的作用也是华人支持子女学习中文的理由之一。"学一门语言就是一个学习的过程,对大脑是一种锻炼,应该也没有坏处。"(5号)已有大量研究表明双语学习对认知发展起促进作用,双语学习可以为双语者的认知控制带来系统的优势效应,这被称为双语优势。① 双语优势是美国学界呼吁对少数族裔儿童进行双语教育的理据之一,有一位受访者在访谈中指出中英两种语言存在较大的差异,并且认为这种差异对于认知的发展是有好处的。"现在也说学双语对大脑是有帮助的,中文和别的语言不大一样,别的语言很多是以拼读为基础的,和英语有很多相似性,中文完全是不同的语言,我就想说它对大脑的刺激是不是更大一些?"(3号)

三、中文声望

中文声望是指中文在国际上的地位和影响。结合访谈结果,中文声望可分为中国国际地位和中文国际传播两个要素(表达类似观点的受访者人数分别为2人、3人)。

关于中国国际地位,访谈中有2位受访者提到中国国际地位的提高是他们坚持支持中文传承语教育的理由之一。"而且中国慢慢强大起来,学中文当然是有用的。我们是第一代移民,肯定是要让他们学的。"(9号)经济的腾飞使中国与世界其他国家的贸易往来日益密切,这推动着中文在国际舞台上发挥越来越重要的作用,华人在访谈中也表达了对于中文未来国际地位的信心。"中国将来

---

① Bialystok E., et al. Bilingual minds [J]. Psychological Science in the Public Interest, 2009(3): 89 - 129.

跟世界其他地方的交流会越来越多，中文也会越来越重要，既然有这么好的条件，为什么不利用起来呢？所以还是希望她能掌握中文。"（2 号）

另外，21 世纪以来中国政府更加注重推动中文的国际传播，除了联合民间团体共同致力于海外华文教育工作的开展，还致力于加强对外汉语教育事业的发展。2004 年中国在韩国首尔设立第一所孔子学院，截至 2020 年全球已有 162 个国家（地区）设立 541 所孔子学院和 1 170 个孔子课堂。[①] 世界上越来越多海外华人加入中文学习的行列中，美国华人同样感受到了中文国际传播的飞速发展。"因为有很多美国人都学中文，作为华人，如果不学的话就有点浪费了，这也是学习的机会。"（5 号）根据美国非营利组织中美强基金会（The US-China Strong Foundation）的数据，2017 年上大学前学中文的学生人数达 40 万人，较 2015 年的 20 万人增加了一倍。[②] 中文的国际传播显然已经成为华人支持中文传承语教育的驱动因素之一。"我在网络上看到特朗普的外孙女也在背唐诗。我把那个视频给他们看，告诉他们美国人也在学中文。"（4 号）

第三节　美国华人支持中文传承语教育的行动

一、家庭内部行动

传承语教育通常起始于家庭，因此关于如何支持子女的中文传承语教育，10 位受访的美国华人都谈到了自己在家庭中的语言实践。以下分别从听说实践和读写实践两方面进行讨论。

关于听说实践，有 9 位受访者提到他们在家庭中的交流语言是中文，这反映了华人在家庭中对语言使用进行的规划，不管他们自身是否意识到这一点。"我在家里都跟她说中文，因为大体环境都是说英文，如果再跟她说英文的话，她的中文就彻底被丢掉了，所以我们一般在家里都说中文。以前她回答我是用中文，现在因为上学了，她一般就用英语。我会要求她再用中文说一遍。"（7 号）虽然美国未将英语定为官方语言，但是英语在美国具有不可撼动的强势地位。根据

---

① 中外语言交流合作中心. 孔子学院［EB/OL］. （2020 - 02 - 01）［2020 - 05 - 08］. http：//www. hanban. org/confuciousinstitutes/node_10961. htm.

② 朱敬一. 40 万学生学中文［EB/OL］. （2017 - 09 - 08）［2021 - 02 - 01］. http：//m. haiwainet. cn/middle/232657/2017/0908/content_31107303_1. html.

费什曼的观点,不同族群的人们移居美国之后,语言转用几乎是一种适者生存的必然选择。在美国,语言转用通常在三代之内完成,也就是说移民第三代将完全习得英语而放弃母语。华人移民同样面临着中文保持与传承的困境,据统计,只有 40%的华人二代移民能熟练讲汉语,而到第三代移民这个比例快速下滑至 10%。① 华人已经认识到环境对于语言习得的影响,作为一代移民,受访的华人大多强烈地表达了将中文作为家庭交流语言的观点,正如其中一位受访者说道:"我们强调在家里对话,家里的'官方语言'是中文。"(8 号)除了将中文作为家庭"官方语言"之外,有 4 位受访者提到家中会播放中国的影视剧,这是子女中文输入的另一个重要途径。"然后是他们看一些中文节目,我儿子喜欢看《熊出没》,我女儿喜欢看《家有儿女》。他们对中国文化就有一点了解。"(8 号)"第二,给他们看中国的电视剧,他们很喜欢看一些动画片,像《喜羊羊与灰太狼》《熊出没》之类的,最近我女儿在看《三生三世十里桃花》,他们都听得懂。"(9 号)

　　相对于听说实践,专门的读写训练对华人而言是比较困难的,有 2 位受访者谈到了他们对于子女读写训练付出的努力。"我妻子会做一些识字卡片,会布置一些练习,设置一些场景练习听说,和她一起读中文书。我妻子之前也买了中文教材,教了她第一册。教她认识汉字、写汉字,但是汉字的书写还是比较困难的。"(2 号)"因为我最开始一直是在家带他们,没有去工作,所以对大女儿花的时间比较多。当时除了在家说中文,我还会系统地带她写,带她读。"(3 号)然而,由于大多数华人有自己的工作,无暇坚持对子女进行中文阅读和汉字书写的训练,尽管他们支持子女学习中文,但在实践中却存在高意愿低落实的现象。"我有段时间自己教我儿子,但坚持了两个星期,第三星期就算了。"(9 号)从中可见如果仅靠家庭的力量,中文的传承是难以为继的,华人父母通常需要借助社区的力量,送子女上中文学校是华人父母最主要的选择。有 8 位受访者均提及在家中帮助子女完成中文学校的作业是他们支持子女中文学习的主要行动,"第二就是陪他做作业,完成中文学校布置的作业。"(10 号)。当然,华人也坦言,汉字读写是子女面临的较大挑战,"再就是上中文学校回来写作业,但作业对他们来说比较困难一些,认字比较难,中文学校一周就一次,他们回来不怎么用中文,认字就比较差。"(7 号)

---

　　① Porte A. & Rumbaut R. G. Immigrant America: A Portrait [M]. Berkeley: University of California Press, 2006: 77 - 78.

二、华人社区行动

家庭对维持传承语具有强大的影响力，但是如果没有社区的支持，无论家长多么努力，子女的语言传承都难以获得成功。[①] 因此，除了家庭内部行动，华人还借助华人社区帮助子女学习中文，在访谈中，华人提及的华人社区行动主要包括两个方面：中文学校以及社区文化活动。

华人对为子女进行读写训练常常感到力不从心，他们更乐意将子女送到中文学校学习。尽管这里的中文学校每周只有两个小时的课程，但是对于华人而言，学习结果并不是最重要的，孩子能够在中文学校感受到中华文化的氛围，从而增强族群认同，这才是弥足珍贵的。"在中文学校她有一些同伴，可以在一起交流。对他们来说，玩比学更多一点。之前我们在家里教她中文，教了一年多，有时比较难进行，因为孩子比较不愿意把父母当成老师。我妻子教她中文，到做练习、写字时她就会比较不愿意。但在中文学校，她看到有这么多人在学，就不会觉得只有自己要做这么多，会有团体的支持，会有保持文化氛围的环境。"（2号）同伴效应在儿童语言社会化过程中发挥着至关重要的作用，儿童走出家庭，在社区中找到以中文为传承语的玩伴，不仅有利于学习中文，而且有利于培养民族自尊感。静水市地处美国中南部，这里不是华人移民的聚居区，华人移民大多倾向于定居在旧金山、洛杉矶、纽约等大都市，所以这里的中文学习资源远不如华人移民聚居区丰富。这所中文学校最早由华人自发组织建立，至今已有30多年，一直以来都是依靠华人的自愿付出来维持运营。受访的华人中有3位在这所中文学校担任兼职教师，而他们最大的动力仍然来自让子女能够学习中文、了解中华文化的期望。"后来逼得我自己到中文学校当老师，我自己不得不备课，他也被逼得不得不学了。要不然我上班忙得要命，兼职多辛苦啊，也就几毛钱。"（9号）

除了中文学校，华人也让子女参加华人社区的一些文化活动。最主要的活动是华人教会，有4位受访者提到华人教会是子女接触中文的一个场所。"周日早上我们去教会都会带上孩子，几家孩子都认识，他们在一起能感觉有归属感。他们去完教会就一起去中文学校。"（3号）另外，近些年来随着来自中国的访问

---

① Fishman J. A. Language Maintenance, Language Shift, and Reversing Language Shift [M]. New York: John Wiley & Sons, Ltd., 2005: 25-30.

学者的增多,当地大学的华人学者和访问学者会共同组织春节联欢晚会,有4位受访者也提到这对于他们的子女也是一项中国文化活动,可以让他们熟悉中国的节日传统,有时也给予他们登台展示中文的机会。"我们每年都带孩子去春节联欢晚会,今年儿子也上去表演了,他们一起排个脱口秀叫《中文学校》,抱怨学中文有多难。"(8号)

三、跨国体验行动

跨国体验行动是指华人带子女回国探亲和旅游。有4位受访者提到带子女回国对于他们中文水平的提高具有显著效果。"但现在我儿子回国比较频繁,每年回一次,去年回来中文突然就进步了,回我话时能用中文了。所以回国特别有帮助,特别是把他丢在亲戚家,亲戚不会说英文,他就只能说中文。"(9号)语言环境对语言习得具有显著影响,美国华人子女回国后能有机会沉浸在中文环境中,能够近距离感受中华文化,对于中文习得大有裨益。但是由于中美两国距离较远,再加上父母忙碌,带子女回国的机会并不是太多,这也是一些华人的遗憾之处。"还有就是带他们回国,回过两次,儿子的语言能力还是很强的,他的语调很差,四声他是说不来的,但是他能够听懂一点。所以我觉得他在国内待的时间稍微长一点的话,他的语言能力还是能提高的。只是我们回去的时间总是比较短,而且回去的次数不多,所以他也没有太多这样的机会。"(1号)

第四节　美国华人支持中文传承语教育的动因与行动理论模型

前文对美国华人支持子女中文传承语教育的动因和行动进行了梳理和讨论,在此尝试在上述讨论的基础上进行理论模型的建构,具体见图7-1。

图 7-1　美国华人支持子女中文传承语教育动因与行动理论模型

　　美国华人支持子女中文传承语教育的动因主要包括族群认同、语言价值及中文声望。作为一代移民，虽然受访的华人都已在美国扎根，但由于在中国的生活经历，他们仍然具有较强的族群认同，这份认同是对于母国和母语的情怀。从访谈结果来看，这份情怀是驱动他们支持中文传承语教育的核心。但是情怀如果没有现实的利益作为支撑，常常会沦为空谈。在全球化的影响下，多元文化主义和语言资源观日益兴盛，掌握多语的价值得到越来越广泛的认可，美国华人也认识到掌握中文所具有的现实或潜在的价值。因此，语言价值是驱动华人支持中文传承语教育的基础。而中国国际地位提高和中文国际传播所带来的中文国际声望的提升则为美国华人支持中文传承语教育提供了外部保障，让他们更有底气支持子女学习中文和了解中国文化。总之，族群认同在情感上的驱动力需要有语言的现实价值作为支撑，当然也离不开中文的国际声望作为保障。

　　以上动因驱动着华人为子女的中文传承语教育付出行动。华人社区是连接华人家庭和美国社会的纽带，为中文的学习和传承提供实践环境，也为中文保持活力提供社会网络，在行动中起着无可替代的主体作用。特别是华人家长自发设立和运营的中文学校，尽管学校规模小、授课时间短、师资不稳定，但是在华人眼中仍然是子女学习中文、接触中华文化的重要场所。华人家庭内部行动是美国华人支持中文传承语教育行动的辅助，其中日常口头交流是子女习得中文最重要的途径；也有少数华人坚持对子女进行中文阅读和汉字书写的训练，但这需要大量的时间、精力和持久的耐心；而子女就读中文学校能够加强华人家庭对中文保持的重视。最后跨国体验是中文学习的补充，虽然这种机会有限，但却不失为拉近在美国出生的华人子女与中文和中华文化距离的有效途径。

第八章

回溯、结论与启示

本章主要回溯美国中文传承语教育的发展历程,总结其与中美两国宏观语言规划之间的互动关系,并且尝试性地从华人家庭语言规划、华人社区语言规划、美国政府语言规划、中国政府语言规划四个层面提出关于美国中文传承语教育发展的若干建议。

第一节 回 溯

依据中美两国语言政策的发展及美国华人身份认同的变迁,本书将美国中文传承语教育分为5个历史阶段,探讨了每个阶段美国中文传承语教育与住在国美国和祖籍国中国自上而下的语言规划之间的互动与张力,以下就每个阶段的发展历程进行回溯。

第一阶段是美国中文传承语教育的萌芽阶段,从1848年延续至1881年。在这一时期,美国政府对中文传承语教育的政策是容忍型的,华人可以在社区中自由地创办中文学校;而向来视海外移民为"天朝弃民"的清政府虽然在中西权势的倒转中悄然改变他们对美国华人的态度,但尚未将注意力转向他们的中文传承语教育。所以华人同美国其他族裔移民一样,出于文化的自觉,期望他们的后代能传承本民族的语言。最早的中文传承语教育以家塾形式出现,教育对象是家庭成员,而后慢慢扩展至家族、宗亲、同乡。伴随美国西岸一些州对华人的排斥,加利福尼亚州公立学校拒绝华人儿童入学,华人无奈只能将子女的教育更多地寄托在社区创办的中文学校上,中国城中出现大大小小的私塾或专馆。但受华人地域性认同的掣肘,此时的私塾和专馆的教学语言是广东不同地区的方言。

　　第二阶段是美国中文传承语教育的早期发展阶段,从 1882 年延续至 1911 年。1882 年美国政府颁布《排华法案》,华人的社会地位跌入谷底,他们被剥夺了参与社会流动的权利,中国城成为他们唯一的安身立命之所,现实逼迫他们只能封闭隔离于中国城中,过着自给自足的生活,中文也如同他们一样,在美国社会没有地位可言。此时清政府对他们态度的转变如同雪里送炭,在使领馆官员的倡议和帮助下,第一所民办官助的中文学校——大清书院创办。而后清政府又派遣梁庆桂赴美兴学,将国内教育改革的春风带向大洋彼岸,民办官助的中文学堂在各地的中国城设立起来,这是美国中文传承语教育发展的第一次飞跃,使其走上有组织、有规模的侨民教育道路。清政府于 1909 年颁布首个国籍法《大清国籍条例》,确立海外华人的国民身份,祖籍国的关心和拉拢促使美国华人逐渐摆脱原先狭隘的地域性认同,转向对国家和中华文化的认同。

　　第三阶段是美国中文传承语教育的中兴阶段,从 1912 年延续至 1942 年。摇摇欲坠的清政府虽然向美国华人伸出了橄榄枝,但是谁又能安心将希望寄托于一个腐败无能、自身难保的政府呢?美国华人积极参与到反清革命之中,中华民国的成立激发了他们的民族意识和爱国之情,他们重新看到了希望,在民国政府的华侨教育政策支持下,中国城又掀起一波办学的热潮,会馆、政治团体、文化团体和教会都参与到中文学校的创办中,且受国内国语运动的影响,教学语言逐渐统一为广州话,国语成为学校的授课科目之一。虽然美国政府的语言政策转向强制性同化,中文传承语教育遭到严格的审查,甚至面临被迫关闭的危险,但华人在美国受到的排斥反倒激发起他们对中华民国的国家认同,从而驱动着他们坚持发展中文学校。然而受《排华法案》的影响,新移民数量锐减,土生华人比例上升,他们在美国长大,在美国学校接受美国化教育,对中国和中华文化日渐疏远,他们为自己究竟是中国人还是美国人而彷徨,这不可避免地影响着他们的语言选择,英语的使用逐渐在他们的日常生活中占据上风。

　　第四阶段是美国中文传承语教育的衰落与复兴阶段,从 1943 年延续至 1979 年。受二战的影响,中文传承语教育在战时已经面临生源和师资方面的问题。《排华法案》的废除让华人的国家认同朝向美国,英语成为年轻一代华人的日常用语,再加上共产党领导下的新中国遭到美国的封锁,美国华人被迫中断与中国的联系,中国政府从国家安全和海外华人的长远利益出发,主动取消双重国籍政策,老一辈华人也渐渐落地生根,中文学校的发展一度陷入停滞。直到中国台湾和香港移民的大量到来,才使这种情况发生改变。在民权运动的影响下,华人的语言权利意识增强,他们意识到对自身"中国性"的保持可以让他们在多元文化的美国生活得更好,联邦政府实施的双语教育政策更让他们看到掌握双语的价值。在台湾地区华侨教育政策的支持下,周末中文学校广泛兴起,国语替代广州话成为美国中文学校的教学语言。随着中文学校的快速增加,区域性的中文学校协会和联盟出现,使中文学校之间能分享资讯、交流资源,实现了美国中文传承语教育发展的第二次飞跃。

第五阶段是美国中文传承语教育的繁荣阶段,从1980年延续至今。改革开放以后,大规模的中国大陆新移民奔赴美国,当他们在美国生儿育女后,如同前人一样,开始为子女的中文传承语教育考量,大陆华人创办的中文学校如雨后春笋般涌现。1994年,代表台湾地区移民创办的中文学校的全美中文学校联合总会和代表大陆移民创办的中文学校的全美中文学校协会成立,两大全国性中文学校组织的创办是美国中文传承语教育发展的第三次飞跃,为中文学校与主流教育体系创造了沟通平台。随着中国经济的发展和国际影响力的增加,中国政府加强对海外华文教育事业的推动,美国华人对族群身份的自豪感增强,他们持有后现代身份认同观,拥有更多跨国性的可能。21世纪以来,美国政府推行关键语言政策,中文作为最高级别的关键语言之一,被纳入优先发展的语言行列,政府多个部门的高度重视推动着主流学校中文教育项目的创办。2013年在俄亥俄州立大学国家东亚语言资源中心的帮助下,全美中文学校协会与全美中文学校联合总会、全美中小学中文教师协会共同成立全美中国语言文化联盟,标志着中文传承语教育发展的第四次飞跃,社区中文学校拥有了更多与主流学校合作的机会,进一步向主流社会迈进。

第二节　结　论

通过对美国中文传承语教育170余年发展历史的回顾与梳理以及对美国俄克拉何马州静水中文学校华人家长的个案研究,本书最后得出以下结论:

(1)美国政府对中文传承语教育的语言规划呈现"容忍—抑制—优先发展"的变化。美国中文传承语教育在20世纪80年代以来的快速发展与繁荣离不开美国政府的双语教育政策和关键语言教育政策的推动,中文传承语教育得以逐步走出华人社区,走向主流社会。

（2）中国历届政府对美国中文传承语教育的态度呈现"无视—关注—重视"的变化。态度的变化决定了中国政府不断加大对美国中文传承语教育的帮助和扶持力度。从 20 世纪初开始，晚清政府派遣视学专员到美国兴学，到民国后建立较为完善的华侨教育政策和制度，再到 21 世纪以来中国政府联合各个层面的华文教育规划，美国中文传承语教育能够在逆境中坚守，离不开中国政府的长期支持。

（3）美国中文传承语教育的发展呈现"自发组织—区域性联合—全国性联合"的变化。除了获得来自中国和美国语言规划的帮助，华人社区自身具备很强的能动作用，拥有长久逆境前行、夹缝求生的丰富经验。从自发组织到区域性组织再到全国性组织，华人社区语言规划的自主性逐渐提高，为其以后继续稳步发展、融入主流教育体系奠定了坚实的基础。

（4）受中国国内语言本体规划和地位规划的影响，美国中文传承语教育的教学语言选择呈现"粤方言—粤语—国语—普通话"的变化。中国对中文的标准化、规范化和现代化改革提升了中文的国际声望，有利于中文在国际上的广泛传播。

（5）美国华人的身份认同呈现"地域性认同—对中国的国家认同—对美国的国家认同"的变化。身份认同是影响美国中文传承语教育的"无形的规划之手"，促使中文学校的教学语言和办学形式随之发生转变。

（6）美国中文传承语教育的本质是家长驱动机制，最早以家庭成员为起点和主体，而后扩展至家族、宗亲、同乡乃至同胞。因此，华人对中文传承语教育的支持是中文传承语教育发展的原发驱动力。通过对美国俄克拉何马州静水中文学校华人家长的访谈发现，美国华人支持中文传承语教育的动因主要包括族群认同、语言价值和中文声望，其中族群认同是核心，语言价值是基础，中文声望是保障；采取的行动主要包括家庭内部行动、华人社区行动和跨国体验行动，其中华人社区行动是主体，家庭内部行动是辅助，跨国体验行动是补充。

第三节　启　　示

从 19 世纪中期至今，美国中文传承语教育已经走过 170 余年的历史，一路走来筚路蓝缕，栉风沐雨，中间既有来自祖籍国中国的扶持，也有来自住在国美国的推动,更有华人社区长期的坚守与抗争。历史是最好的老师,它忠实地记录下美国中文传承语教育走过的足迹,也能为其未来的发展提供启示。以下在本书研究结论的基础上,就美国中文传承语教育的未来发展提供若干建议。

（一）关于华人家庭语言规划的建议

根据本书的历史回顾和个案调查结果,随着中国国际影响力的增强和华人移民整体文化素质的提升,华人对族群身份的自豪感不断增强,对族群认同和国家认同的关系更加泰然处之。梁培炽在他的书中写道:"今天华裔联邦众议员赵美心,联邦政府劳工部部长赵小兰,能源部长朱棣文,美军中的传履仁少将,美国驻华大使骆家辉,三藩市市长李孟贤以及丁肇中、钱永健等诺贝尔奖获得者,又有谁会说他们是中国人呢？ 他们都是美国的公民,美国的华裔,或谓美国的华人。假以时日,在这北美的国土上,或将出现华裔的总统,为美国繁荣富强的发展尽心尽力,为我们族裔争得荣光。"①可见,美国华人学习中文和了解中国文化是对文化之根的传承,目的是在美国生活得更自信,更受人尊重,在华人文化的"根"上滋养出累累硕果。

摆正了对族群身份的认识,再加上中文声望的提升,越来越多美国华人希望子女能够学习和传承中文。然而,虽然华人让子女学习中文的意愿很强烈,但由于工作、生活的繁忙,他们大都只是尽量在家中与子女用中文交流,无法真正落实在家中指导他们学习中文。当孩子进入幼儿园,语言转用的速度就加快了,许多孩子回家便习惯用英文说话。倘若华人在家庭中能提升语言规划意识,多在家中播放中文节目,陪伴子女阅读中文书籍,与国内亲友经常保持联络,常带孩子参加华人社区的文化活动或者偶尔带孩子回到中国旅行,将会对中文的学习和传承大有裨益。

（二）关于华人社区语言规划的建议

美国中文传承语教育经过长期的发展,已经形成了两大全国性的组织机构,全美中文学校联合总会和全美中文学校协会。2013 年在俄亥俄州立大学国家东亚语言资源中心的帮助下,两大中文学校组织与全美中小学中文教师协会又共同成立了全美中国语言文化联盟。有了这样的交流平台,未来两大中文学校组织可以在以下两方面加强合作。

一方面是解决汉字的繁简之争。由于两岸的特殊背景,中文学校在繁体字

---

① 梁培炽. 美国华文教育论丛[M]. 北京：中国华侨出版社,2014：22.

和简体字、注音符号和汉语拼音的选择上争论不休。近年来随着中国移民的增多和中国国家实力的增强,简体字和汉语拼音在中文学校的推广已经是大势所趋,一些中国台湾地区移民创办的中文学校因为生源减少开始引入简体字和汉语拼音教学。然而台湾地区"侨务委员会"并不甘心失去美国市场,仍然致力于加强推广繁体字,这给美国中文传承语教育带来不必要的困扰和混乱。李光耀曾经说过:"汉语有很多单音节和声调,是一门非常难学的语言。口语或许几年就可以掌握,但想快速阅读却很难。"①在静水中文学校授课时,笔者有类似的感受,对于华人家庭的儿童,能够做到听说已然难得,认字和写字仅凭每周一次的中文学习几乎是无法实现的,而且大多数华人父母对此也不做要求,他们一般只希望孩子能够进行口头交流。教授繁体字将进一步增加汉字阅读和书写的难度,并不利于华人的中文传承,也不利于中文的国际传播。"汉字的简化,既符合它历史发展的规律,也符合汉字现代化发展的方向,更适应今天汉字使用的趋势。"②全美中文学校联合总会和全美中文学校协会在未来的语言规划中可以加强合作,尽量消除两岸在语言文字上的分歧,使两岸的语言文字从异中求同到逐步化异为同。

另一方面是推动中文传承语教育的数字化教学平台建设。在台湾地区"侨务委员会"等部门的支持下,全美中文学校联合总会在教学方法创新,特别是实现数字化教学方面已经进行了大量的工作,而全美中文学校协会在这方面工作还比较滞后。新冠疫情让线上教学、线上线下混合式教学的模式提前到来,在2021年12月召开的全美中文学校协会第13次全国代表大会上,全美中文学校协会向广大中文教育工作者呼吁要勇于打破传统的教育模式,接受中文线上线下教学并行、课程虚实融合的新变革。由此可见,加快中文传承语教育的数字化教学平台建设是未来的发展趋势,全美中文学校协会可向全美中文学校联合总会学习取经,加快云端教室的开发,拓展传统中文学校的时间和空间维度,提升中文传承语教育的教学效果。两大中文学校组织只有通力合作、互相借鉴、"美人之美",才能实现"美美与共"。

(三)关于美国政府语言规划的建议

美国政府关键语言教育政策的推行使主流学校的中文教育项目发展迅速,

① 李光耀. 李光耀论中国与世界[M]. 北京:中信出版社,2013:36.
② 梁培炽. 美国华文教育论丛[M]. 北京:中国华侨出版社,2014:22.

并且不断从高等院校向下扎根至中小学。目前已有不少高等院校在外语课程设置中增设专门的中文传承语教育项目,不少高中设立 AP 中文课程,一些小学设置双向沉浸式中文教学项目,这些举措有力地带动了华人学习中文的积极性。K－12 学校和高等院校的中文教育虽然与社区中文学校进行了一些合作尝试,但是目前美国主流教育体系还没有形成 K－16 阶段中文传承语教育的连续性学习,华人学生在不同阶段重复学习中文的基础知识,这容易导致教育资源的浪费。未来美国政府在进行语言规划时,可继续加强在各级学校的外语教育中实行中文作为外语和中文作为传承语教学的双轨模式,从而更加高效地为国家培养高层次的中文语言人才。

除此之外,埃里克·H.勒纳伯格(Eric H. Lenneberg)在他的著作《语言的生物学基础》(*Biological Foundations Of Language*)中提出,人类自然习得语言的关键期在 2 岁到青春期(12 岁)之间,此后伴随脑功能的侧化,语言学习所必需的一些脑神经组织逐渐失去灵活性,无法再达到语言学习的最佳状态。[①]尽管对于语言关键期的年龄区间还存在争议,但年龄小对于二语习得的优势已经得到普遍的承认。美国政府可在低龄儿童的中文教育中加强与社区中文学校的合作,引导社区中文学校将资源更多集中在低龄阶段,特别是 Pre－K 到 4 年级(3～10 岁)这个阶段,使之与华人家庭语言规划形成衔接,使中文教育进一步向下扎根,为后续语言教育打下更坚实的基础。

(四)关于中国政府语言规划的建议

美国华人同 6 000 万海外华人一起,是中文国际传播的点点星火,只要是他们生活的地方,就蕴含着中文传播的潜在资源。因此,美国中文传承语教育是中文国际传播的重要组成部分。中文国际传播可以依托华人社区长期以来形成的良好基础,扩大中文在美国的使用范围和人数,反过来,中文在美国的传播又可以为中文传承语教育的可持续发展注入动力。中国政府在未来的语言规划中应注意以下三点:

首先,尊重美国华人的身份认同。随着中国综合国力的增强,海外华人对族群身份的信心不断增强,但中国作为中文国际传播的核心输出国,应对此保持清醒冷静的头脑,准确定位中文国际传播的目标,使其既有利于海外华人在住在国

---

① Lenneberg E. H. Biological Foundations Language[M]. New York: John Wiley, 1967: 32－39.

发展的长远利益,又有利于中国在发展的同时保持与世界各国的友好关系。通过本书可以发现,虽然一代美国华人移民通常具有较强的族群认同,但是他们同样具备对美国的国家认同,这种国家认同在二代、三代会逐渐增强,而族群认同却逐渐走向式微。因此,中国政府在对美国中文传承语教育提供教材、师资培训等帮助的过程中,可以介绍中华文化,为美国华人提供了解祖辈文化、探索自身身份的窗口,但是不宜强调他们认同自己是华人,需要有民族感情或接受中华文化。任何短视的行为都可能造成美国华人身份认同的困扰以及住在国政府的反感甚至压制,最终带来适得其反的效果。

其次,努力提升中文的国际声望。中文是世界上使用人口最多的语言,但目前还不是强势语言,在政治、经济、军事、科技等领域的使用范围仍然狭窄。[1]孔子学院对于中文国际传播起了推动作用,却频频遭遇污名化,甚至与"中国威胁论"相挂钩,这是值得反思的。中国政府对此也十分重视并着手做出调整,2019年12月,此前连续举办13年的"全球孔子学院大会"更名为"国际中文教育大会",2020年孔子学院总部"国家汉语国际推广领导小组办公室"更名为"教育部中外语言交流合作中心"。事实上,语言传播更多取决于语言输入国的输入需求和国家利益,而非取决于语言输出国的一厢情愿。语言传播的根本动力在于其实用价值,语言实用价值的力量远胜于千言万语的劝说。因此,在中文国际传播过程中应该以传播语言为己任,强调中文作为一门语言的实用价值,在低调发展中促进中文国际声望的提升。

最后,加快建设优质的中文网络教育资源。在信息技术飞速发展的今天,大数据、人工智能、云计算等前沿技术为优质中文网络教育资源的共享提供了强有力的技术保障和支撑。2020年席卷全球的新冠疫情也使中文线上线下教学并行、课程虚实融合的变革提前发生。2020年3月,中国教育部中外语言交流合作中心应急推出"中文联盟"云服务教学平台,面向全球免费开放在线中文教学资源,这是良好的开端。未来在中文国际传播过程中,应继续充分挖掘"互联网+教育"的潜力和潜能,组织力量开发优质网络教育资源,一方面生产、普及数字化中文国际产品,譬如优秀影视作品的制作和推广;另一方面全面推动信息化中文学习平台建设,提供直播和录播等技术支持,开发优质的中文传承语教育线上课程,为美国华人的中文传承语教育提供有力的补充。

---

① 陈莉,牛俊超. 语言生态视域下的汉语国际传播[J]. 江海学刊,2017(4):216-221.

附　　录

访 谈 说 明

尊敬的老师/家长：

您好！

我是俄克拉何马州立大学教育学院的访问学者，于2018年9月至2019年4月在静水中文学校担任中文老师。在过去一年的任课过程中，我对华人父母对子女学习中文的态度及行动产生了研究兴趣，拟开展相关课题研究，为此需要做一些深入的访谈。访谈大致在30分钟到40分钟左右，为了更准确地获取信息，访谈将会全程录音。访谈资料只用作相关课题研究，不会对您个人产生任何影响，请您放心。非常感谢您在百忙之中抽出时间接受访谈。

以下是一些需要您填写的基本信息：

1. 您的最后学历＿＿＿＿＿＿＿

2. 您的职业＿＿＿＿＿＿＿

3. 您孩子的数量＿＿＿＿＿＿＿

访 谈 问 题

1. 您能谈谈您和您孩子的语言使用情况吗？

2. 您怎么形容您孩子的中文水平？

3. 您让孩子学习中文的理由是什么？

4. 您主要通过什么途径帮助您的孩子学习中文？

5. 您的孩子在中文学校的体验如何？

　　a. 中文学校对他/她的中文学习的主要帮助是什么？

　　b. 中文学校对他/她的挑战主要是什么？

6. 您觉得中文学校除了提供场所让孩子学习中文，还有其他的作用吗？

7. 关于孩子的中文学习和中文学校，您还有其他想要分享的吗？

索　引

致　　谢

感谢我的父母，他们生养了我，并把一些质朴的品质揉进我的生命里，比如老实，比如与人为善，还比如坚忍地活着。他们只有小学不到的文化水平，不理解学士、硕士、博士是什么，是 20 世纪 90 年代下岗工人潮的一员，却尽他们所能地供我读书，给了我用知识改变生活境遇的机会。在我撰写博士论文期间，父亲离开了人间，我一度因为悲恸搁笔，但还是命令自己要扛住。此后能坚持完成博士论文，最大的动力是想让父亲感到骄傲，我深信他会，因为打小我就是他生活里唯一的荣耀。

感谢我的导师洪明教授，他的知遇之恩让我有幸踏上读博之旅。求学期间，他引领我一步步从科研的门外汉蜕变为科研的探索者——发表第一篇 CSSCI 期刊论文时，他给予我诸多建设性的修改意见；发表第二篇 CSSCI 期刊论文时，他给予我充分的创作自由和肯定；到博士论文的选题和撰写时，他更给予我全方位的尊重和信任。正是得益于洪老师身为长者的鼓励和身为师者的扶助，我才能顺利地走完这趟虽艰辛却意义非凡的旅程。

感谢读博期间有幸遇到的其他老师们，特别是曾为我们授课的许明教授、黄仁贤教授和余文森教授，他们或敏锐，或宽厚，或犀利，但都不吝对晚辈学子的传道授业和指点迷津。除了遇良师，我在读博期间还有幸得一众良友——同门的兄弟姐妹和结识的同窗好友们，他们的一路同行为这趟旅程增添了许多温暖而美好的记忆。

感谢俄克拉何马州立大学的 Dr. Zhao 和 Dr. Bindewald，他们开设的 Philosophy of Education、Theoretical Foundations of Inquiry 和 Qualitative Research 课程提升了我对研究方法的认知，开拓了我的学术视野。感谢静水中文学校可爱的老师和家长们，他们抽出宝贵的时间接受我的访谈，使本书变得与众不同。

感谢我工作单位的领导和同事们，他们的提携和抬爱使我有勇气走出自己的舒适区，去挑战和拓展能力的边界。

感谢我的先生,命运曾经无情地将我们分开,但经过多年的离别和沉淀,我们最终又走到了一起。人世间最幸运的事莫过于兜兜转转再相遇,愿未来彼此珍惜,风雨同行。

感谢我的女儿,她是我的欢乐之泉和成长之源。她让我体验生命绽放的美丽,让我能够毫无防备地爱与付出,也让我灵魂的不安与孤寂得到疗愈。尽管在平时的生活中她总是如同黑洞一般,汲取着我的时间和能量,但问题是,倘若没有黑洞,宇宙将不复存在。

最后,感谢我自己,那个在日常的琐屑中没有放弃自我滋养和成长、在人生的逆境中没有放弃善良和勇敢的自己。

意大利作家卡尔维诺在《巴黎隐士》这本书中写道:"我对任何唾手可得、快速、出自本能、即兴、含混的事物没有信心。我相信缓慢、平和、细水长流的力量,踏实,冷静。我不相信缺乏自律精神,不自我建设,不努力,可以得到个人或集体的解放。"我深以为然并以此为勉。